Research on the Ownership of
Scientific and Technological Achievements

科技成果所有权研究

李政刚　著

法律出版社 | LAW PRESS
北京

图书在版编目（CIP）数据

科技成果所有权研究 / 李政刚著. -- 北京 : 法律出版社, 2025. -- ISBN 978 - 7 - 5244 - 0104 - 9

Ⅰ. D923.404

中国国家版本馆 CIP 数据核字第 2025A5C455 号

科技成果所有权研究
KEJI CHENGGUO SUOYOUQUAN YANJIU

李政刚 著

责任编辑 刘　琳
装帧设计 贾丹丹

出版发行 法律出版社
编辑统筹 法律教育出版分社
责任校对 李慧艳
责任印制 刘晓伟
经　　销 新华书店

开本 A5
印张 9.625　**字数** 268 千
版本 2025 年 4 月第 1 版
印次 2025 年 4 月第 1 次印刷
印刷 北京虎彩文化传播有限公司

地址:北京市丰台区莲花池西里 7 号(100073)
网址:www. lawpress. com. cn
投稿邮箱:info@ lawpress. com. cn
举报盗版邮箱:jbwq@ lawpress. com. cn
销售电话:010 - 83938349
客服电话:010 - 83938350
咨询电话:010 - 63939796

书号:ISBN 978 - 7 - 5244 - 0104 - 9　**定价**:52.00 元

凡购买本社图书,如有印装错误,我社负责退换。电话:010 - 83938349

目　录

引　言

“科技成果所有权”这个概念早在1980年左右就出现在国内学者和实务界的论述中，随后开始淡出学者视线，但因2012年前后创新驱动发展战略的提出，在国家出台科技成果转化政策时瞬时兴起。目前，尽管党中央、国务院、中央各部委及地方政府关于“科技成果所有权”改革的政策文件多达百余件，但国内并没有对该问题进行专门研究的专著和论文。部分专著和论文虽沿用了该概念，但均是在论述知识产权或科技成果转化时套用已有的政策概念或与之相关的法学术语。在高规格政策文本广泛使用及个别地方性法规立法用语中，“科技成果所有权”俨然已成为一个日渐被广泛接受且不断被“法定化”的概念。但这个没有比较法借鉴的中国概念，它的概念来源、法理基础、正当性依据及内涵都不确定，这正是本书的选题背景及研究重点。

一、选题背景

（一）科技成果所有权概念突然间的兴起

2016年11月，中共中央办公厅、国务院办公厅印发《关于实行以增加知识价值为导向分配政策的若干意见》，首次提出“探索赋予科研人员科技成果所有权或长期使用权”。2018年3月，国务院政府工作报告将该项政策纳入政府工作重点，并明确责任单位为科学技术部（以下简称科技部）。为落实国务院政府工作报告所确定的重点任务，2018 年 7 月，国务院《关于优化科研管理提升科研绩效若干措施的通知》（国发〔2018〕25 号）第 20 条再次以政策文件形式对该项政策作了详细阐述："对利用财政资金形成的职务科技成果，由单位按照权利与责任对等、贡献与回报匹配的原则……探索赋予科研人员所有权或长期使用权。"随后，在各省区市的百余个科技创新政策文件中，均明确提出"探索赋予科研人员职务科技成果所有权或长期使用权"。2019 年 1 月，全国科技工作会议将"开展科技成果产权制度改革，赋予科研人员职务成果所有权或长期使用权"列为 2019 年工作重点。进入 2020 年，以国务院名义印发的《关于构建更加完善的要素市场化配置体制机制的意见》等若干文件中均提及"科技成果所有权"，特别是 2020 年 2 月中央全面深化改革委员会第十二次会议审议通过《赋予科研人员职务科技成果所有权或长期使用权试点实施方案》，科技部等部委为贯彻落实国家职务科技赋权改革要求，更是首次以专门文件形式印发了《赋予科研人员职务科技成果所有权或长期使用权试点实施方案》。如果说政策文本对"科技成果所有权"的表述是一种术语习惯，那么 2021 年修订的《科学技术进步法》则打破了这一惯性。该法第 33 条规定："国家实行以增加知识价值为导向的分配政策，按照国家有关规定推进知识产权归属和权益分配机制改革，探索赋予科学技术人员职务科技成果所有权或者长期使用权制度。"由此，这个概念正式从国家立法上得以固化。

（二）科技成果所有权概念衍生于何处

"科技成果所有权"这个概念在中国发源并扩散，有着深刻的时代背景，这跟我国学术界和实务界长期所诟病的科技成果转化率低有直接关系。在学术研究中，谈及此概念的学者大多将 1980 年美国通过的《贝赫－多尔法案》（Bayh－Dole Act，又译为《拜杜法案》）作为参照样本，将《拜杜法案》的核心条款解读为"赋予高校院所拥有职务科技成果所有权"，并提及在全世界发达国家，如德国、加拿大、挪威、瑞典等国家的一些大学实行"发明人拥有科技成果所有权"制度。而查询中国知网后发现,在我国,“科技成果所有权”的概念早在 1985 年学者的论文中就被提及。但严格来说,这个概念并没有直接被提及,与此相关的概念包括技术成果权、智慧财产权等。“所有权”在法律上有着特定语境和含义,在其前面冠以“科技成果”的字眼,它并不会成为一个能被广泛接受的法学概念。科技成果范围很广,从著作权到商业秘密权,这些成果既有人身权属性,也有财产权属性,将其笼统称为“所有权”,颠覆了传统的法律认知和概念的周延性要求。

(三)科技成果所有权概念缘何在中国兴起

初步分析文献可知,与“科技成果所有权”相关的著述,均提及科技成果转化问题。所以,研究这个概念的缘起,必然要考察我国科技成果转化相关文献及政策。而科技成果转化制度改革的重要起点是党的十八大前后,为解决我国科技成果转化动力不足问题,国家部委出台了科技成果处置权、收益权和使用权“三权改革”。2011 年,国家财政部率先出台《关于在中关村国家自主创新示范区进行中央级事业单位科技成果处置权改革试点的通知》(财教〔2011〕18 号,已失效),这开启了我国探索科技成果处置权与收益权制度改革的大门。随后,以武汉东湖高新区为代表的地方政府,陆续出台了类似政策文件。2014 年国务院《政府工作报告》首次明确提出,要把科技成果处置权、收益权的改革试点政策,扩大到更多科技园区和科教单位。在国家政策引导之下,国内学者结合产权制度理论,逐渐将这个规定解读为国有科技成果作为一种产权,它本身应包括所有权、占有权、收益权和处置权等权能,其中所有权是主权利,其他权利是所有权的派生权。他们认为,通过政策和法律调整,可实现所有权、处置权、收益权的权能分离,这有利于化解国有资产监管与职务科技成果转化的矛盾,解决我国科技成果转化率低的难题。可以看出,这个概念的诞生因科技成果转化而兴起,因产权制度理论而找到归依,但在我国语境中,它却源于国家对国有资产拥有天然所有权的一种计划经济思维,更是我国社会主义制度中“国家所有”观念在科技成果转化领域的体现。

(四)法学界对科技成果所有权的研究不足

在政策明确且已逐步推开的情景之下,法学界似乎并没有对"科技成果所有权"这个概念给予足够关注,且不说这个概念本身是否在法学上具有逻辑周延性值得研究,就与之相关的科技成果转化问题,法学界的研究也远不如管理学界和经济学界。有些零星的关于此方面的研究,要么是纯法学学者将其置于知识产权法的体系下研究,要么是部分具有法学背景的交叉学科学者借鉴已有的经济学和管理学既定概念,侧重于论述科技成果转化,笼统采用科技成果所有权或科技成果权属,并没有从法学意义上的"所有权"角度分析该概念的使用场域,也没有在法律语境之下分析该政策是否符合法学术语或法学概念创造的周延性。由于科技成果的概念极其广泛,远远大于现有作品、商标、集成电路布图设计、植物新品种等传统知识产权法所调整的科技成果范畴,必然产生与这个概念相对应的科技成果权。倘若这个概念可在已经废止的《民法通则》第 97 条"公民对自己的发明或者其他科技成果,有权申请领取荣誉证书、奖金或者其他奖励"中找到支撑的话,那么,如何解释仅仅因"所有"二字的缺失而产生意义不同的术语?"科技成果所有权"概念为何没有在立法术语中明白无误地出现?科技成果权(技术成果权)与科技成果所有权到底有何区别?我国《民法典》总则第 123 条为何用"法律规定的其他客体"代替原《民法通则》第 97 条的"其他科技成果"?若将科技成果所有权作为"正当性"概念对待,那么,它作为包括专利权、商标权、软件著作权、集成电路布图设计专有权、植物新品种权等在内的上位概念,是否可从逻辑上推导出专利所有权、发明所有权、外观设计所有权、商标所有权、软件著作所有权、植物新品种所有权等概念?然而,所有的法学教科书都没有上述概念,要么用"知识产权"指代,要么用"权"作为后缀,并没有"所有权"作为后缀的术语。换言之,专利权与专利所有权是否是同一概念?或者说,专利权的上位概念"知识产权"为何没有在法学话语体系中采用"知识产权所有权"的表述?尽管曾有学者将"所有权"看成一切权利归属,产生了诸如"债权所有权"等概念,但在学者们的争论之下,它始终没有成为主流话语体系。即便"知识产权所有权”可以在此种理论下得以自圆其说，但它跟物权法上的所有权又有何不同？国外到底有没有同样的称谓？如果没有，它在我国是如何产生并演化的？它是如何与物权法上的所有权走上了不同道路，成为两个不同的学术术语？科技成果所有权到底能否在理论上得以解答并找到归依？

（五）本选题特色及可取之处

科技成果所有权因科技成果转化而兴起，因国家政策而逐渐固化并形成定势，但学者却忽略了所有权概念不当使用或被滥用可能造成的学术上的不必要混乱，也缺乏对这个概念内涵的解读。本研究基于此，至少在如下四个方面具有可取之处：一是对一个已经被学界和官方惯用的概念进行正本清源，回溯它的历史起源，符合当前科技成果转化及基础理论研究回顾的热点及趋势。二是所有权制度长期以来是物权法的专有概念，科技成果作为知识成果的上位概念，将科技成果与所有权进行组合而形成的概念，是否是周延的法学概念？它是否具有法学意义上的正当性？这个研究将对使用多年的“科技成果所有权”概念提供法学意义上正当与否的依据。三是研究这个问题，既能发挥笔者从事科技政策研究与起草的优势，又能通过元概念研究，促进法学与其他学科在此问题上的互动，有利于各方形成概念共识，推动我国制定或完善科技成果转化相关法律法规。四是当前社会中涌现出的诸多概念，披上法学的外衣（如新型权利），却鲜有学者从法学视角对其进行刨根究底的论证，容易形成一些习以为常的惯用概念，法学界应该积极面对，形成自己对某些社会问题的话语体系，研究这个问题，可以丰富概念学研究的法学范式。

二、研究价值

（一）理论价值

1. 建构符合法学概念要求的立法术语。所有权在法学话语中有着独立的概念界定和使用场域，所有权概念不应被泛化，但作为制度，它的创造也要有利于推动社会和经济发展。政策术语中的“科技成果所有权”被打上了法学概念上所有权的烙印。但迄今为止，尚未有法学学者对此作过正本清源的研究,除极个别国家法律和地方性法规之外,这个语词几乎全部出自政策文本之中。在学术层面,它更多被经济学等非法学领域的专家所谈及,在法学领域它并没有引起关注,也没有被转化为一种可为更多立法所采用的概念。因为所有权作为民事基本制度,无论给这个概念之前加上何种限定语,它绝对不能成为立法上可游离于法学所有权概念之外的怪物。一旦将它限定为法学领域的概念(实际上作为权利,它也只能在法学场域被使用),并将其作为立法条文写入法律,其立法主体必须是符合《立法法》所规定的相应主体。立法机构绝对不能为了贯彻国家政策,而不加考察和论证,简单套用既定政策概念或自创的"法学概念",否则立法将随意肢解已经建构的法学理论体系,立法就会变得没有"约束",科学性及严谨性亦不复存在。通过对这个概念缘起的研究,可以厘清相似概念间的关系,为矫正该概念提供法理依据,也为这个概念进入立法提供理论支撑。

2. 防止和纠正所有权概念的不当使用。前已论及,"科技成果所有权"是个并不周延的概念,迄今为止,尚未有法学学者对其进行准确界定。这个概念在学术上可能源于宪法上的"国家所有权",也可能源于"无形物""无形财产"等概念。实际上,所有权作为物权的核心研究对象,科技成果又跟知识产权有着紧密联系,在所有权与知识产权间寻找依据,也是一种妥当选择。但知识产权的客体到底可否纳入物权客体"物"的范畴,在大陆法系国家和英美法系国家因其法律渊源等不同,分别采取不同的界定。我国民法继承大陆法系的立法模式,《民法典》总则将物权、债权、知识产权作并列权利罗列,《民法典》物权编也没有将作品、发明、商标等知识产权客体作为物权客体。但在法律概念演变中,知识创造和智力劳动产生的成果确实跟"无形物"有关系。若"科技成果所有权"是专利权、商标权、著作权、植物新品种权等上述概念的种概念,那么,是否可以将专利权称为"专利所有权"? 如果可行,那么,它的法理依据何在? 在基础科学研究中,对自然规律的发现所产生的成果也属科技成果,按照此逻辑,是否可以将发现权冠以"发现所有权",这岂不是笑话? 法学概念的产生及适用并不是随意的,而是需要经过充分验证，我们不应随意创造一个概念，也不应将任何基于人的脑力劳动而产生的无形物都冠以“科技成果所有权”，这是所有权概念的泛滥和不当使用，更会造成法学研究中概念创造的随意性。因此，研究此问题，可以为法学概念的提出或创造确定一个范式。

3. 厘清相关概念间的关系并达成学术共识。有学者认为，产权是经济学概念，而财产权是法学概念。也有学者认为，产权就是财产所有权，“权”的本质只有在法学意义上才存在，二者是同一概念，而知识产权又是从财产权等私权中的特权演化而来。财产权如何演化到无形财产权，涉及无形财产权到知识产权再到科技成果权的演化脉络，科技成果所有权如何在实务界及学术界产生，涉及知识产权与所有权、国家所有权与个人所有权、无形资产国家所有权与科技成果国家所有权等。肃清这些概念的历史流变及其关系，才能为科技成果所有权概念的误读误用或正当与否提供法律依据和理论基础。此外，按照前已论及的概念演化及推导逻辑，学术上曾出现的专利权与专利所有权、物权所有权与知识所有权、无形财产权与知识产权、精神所有权与无形财产权等概念曾被学界讨论过许多年，但始终没有形成普遍共识，立法也从来没有对此进行过精确界分。因此，从上述概念产生的历史脉络中去分析概念的演化及其过程中的变异，可为学术界形成概念共识提供依据，并矫正学术界及立法上的一些误用。

4. 为科技成果所有权入法提供支撑。产生于 20 世纪 80 年代的“科技成果所有权”，有着“存在即合理”的正当性依据，但其在法学上作为权利的性质究竟为何？其主体、客体、权能、取得、消灭等制度如何设计？现有的立法只是出于贯彻国家政策目的，简单引用此概念，并没有对该概念的法律范畴进行确定。因此，通过对“科技成果所有权”概念进行解构，阐明其在中国语境和中国法上的内涵，可为科技成果转化政策完善和后续相关法律法规修订中该概念入法提供理论依据。

（二）实践意义

1. 通过元概念研究，强化交叉学科互动，共同推动构建科学的国有科技成果权属制度。科技成果转化与“科技成果所有权”几乎是形影不离的,但这两个问题却涉及不同领域。随着经济社会发展,新型权利及新兴事物需要在法律中找到归依和地位,于是交叉学科的研究开始兴起,如大数据、人工智能等。对这些事物的研究绝不仅仅是法学界的自言自语和各学科领域学者的自说自话,哲学、经济学、工程技术等领域的交叉研究成为共同推动建构科学制度的关键。而对基础概念和理论的研究已成为解决大变革时代学科交叉及前沿问题的重要范式,回溯基础性概念和基础理论研究正成为热点。正如舒国滢教授在《2019 年中国法学研究的回顾与展望》一文中所述,新兴(型)权利及其相关研究主题,在社会事实层面涉及新兴权利回顾与描述、新兴权利的正当性证成、新兴权利实证化的正当性证成、新兴权利的谱系勾勒与制度安排等。[1]他举例说,赵宏教授对"主观公权利"这一行政法基础范畴的历史追溯,彭诚信教授对权利冲突本质的探讨,房绍坤教授对个人信息的属性探源,施天涛教授、朱慈蕴教授等对公司社会责任性质的厘定等,澄清了学术界积久的对于"法教义学"的误解,对那些漫无目的的功利性议论起到阻却作用,继而接引至中国法学研究的"整体性提升"与"理性回归"。科技成果所有权同样如此,如果把它也看成是一种基于解决中国社会现实的新型权利,那么,这个概念缘何兴起,衍生于英美的财产权还是德国的物权所有权?它与知识产权有何种关联?怎么对它的正当性证成?与之相关的概念谱系勾勒与制度如何安排?厘清这个概念的分化演变,是法学所有权概念与经济学产权概念进行对话的基础,也是我国就科技成果转化问题进行立法时,最大限度促成实务界、学术界及经济学和法学等领域形成共识的基础,同样也会引起对我国科技创新法律概念及其制度的反思。

2. 为成果转化及其相关领域的科学立法提供支撑。科技成果所有权已成为基本定型的政策术语,要改变其用语十分困难。政策毕竟不是法律,它上升为法律的过程,应是一个凝聚共识的过程,更是体现民主立

---

[1] 参见舒国滢、王夏昊:《2019 年中国法学研究的回顾与展望》,载《中国社会科学报》2019 年 12 月 25 日,A05 版。

法、科学立法和依法立法的过程。立法是严谨而又科学的,不是随意哪个政策所惯用或创始的概念都可以进入立法。尽管美国《拜杜法案》有一定的参考意义,但全世界涉及科技成果转化的法律并没有采用这个概念,这本身就说明它的不周延性。然而,并不是所有的概念都具有理论上的周延性才能进入法律,知识产权借用经济学"产权"二字进入法学领域,迄今为止还有部分学者反对使用此概念,也提出许多替换性概念,且该概念在各国称谓均不相同,但它称谓为何并不重要,重要的是其背后的内涵是否相同。作为学者,我们有义务去探究这个概念的缘起和使用场域;作为立法机构,更应该听取学者关于这个概念是否符合立法准确性,是否有存在正当性的建议,然而却没有立法机构去深究这个概念的起源及使用。通过研究这个概念的基础理论问题,可化解适用中的一些误解,起到正本清源的作用,对那些漫无目的的功利性议论起到阻却作用,让立法使用科学用语,回归应有理性。

三、研究视角

千百年来,人们为稳定生产环境,制定了一系列规则来约束物与人的关系,慢慢地此种关系就演变成为现代的所有权制度。[1] 在法学体系中,所有权是民法体系下各法律立法的核心。在任何一个国家的法律制度中,所有权都是核心权利类型。我国《宪法》、《民法典》总则编及物权编均规定了所有权。在民法话语体系中,所有权是市场交易产生的基础,规范物的分配方式,保护合法的私有权利,一定意义上给人们积极创造财富提供了动力。

所有权是民法的逻辑起点,同样是经济学或政治学等相关学科的分析工作,通过对所有权的论述,各学科形成了不同的所有权理论。之所以产生经济学上的所有权与法学上的所有权这两种称谓,是因为西方新制度经济学派的"property rights"一词与西方法学术语中的"property rights"词源相同。但这并不是唯一因素,经济学家眼中的"property

---

〔1〕 参见王竣峰:《国家所有权理论新探》,山东大学2007年硕士学位论文。

rights”为产权,而法学家眼中的“property rights”为财产权,所有权是重要的财产权。除此之外,经济学上的所有权还往往跟现代企业治理制度的设计关联在一起,往往是基于公司法人治理的“两权分离”理论所创设,体现的是投资者或举办者对企业的控制权。也就是说,经济学上的所有权通常指企业“所有人”所享有的对企业的控制权和对企业剩余利润或剩余收益的索取权。在我国早期对国有企业实行所有权与经营权“两权分离”的过程中,就产生过关于法律所有权和经济所有权分离的争论。我国经济学家借助于马克思剩余价值理论中关于“借贷资本家与职能资本家之间产权关系界定”的观点认为,职能资本家通过借贷资本掌握的经济所有权不过是一种经营权,属于广义上的所有权。[1] 我国的国有企业改革也曾出现过试图以“国家所有权”和“企业法人所有权”的“双重所有权”构造理论来为“两权分离”寻找理论归依的尝试。可以说,在每个历史时代中,所有权以各种不同的方式在完全不同的关系下发展着,所有权在某种意义上属于历史范畴,而不单单是个法学概念。[2]所有权因时代需要而产生,而时代需要的形成则取决于社会的经济关系,所以,所有权的定义是以社会经济关系为基础。一个时代有一个时代的法律,正因各时代的经济背景互不相同,经济基础有变动,所有权亦不得不随之变更其内容。

即便在法学概念体系之下,不同法律部门之间对所有权的理解也大相径庭。在我国不同法律规范中,所有权所呈现和表达的意义也不相同。从不同维度划分,公法上的所有权与私法上的所有权不同,宪法上的所有权与民法上的所有权不同,国家(集体)所有权与私人所有权的意义也不相同。比如,我国《宪法》第 10 条规定了自然资源的国家所有权制度,《民法典》第 249 条规定了国家土地所有权、第 250 条规定了国家自然资源所有权、第 251 ~ 254 条规定了其他国有资产的国家所有权,

---

〔1〕 参见杨瑞龙:《现代企业产权制度》,中国人民大学出版社 1996 年版,第 186 ~ 189 页。

〔2〕 参见《马克思恩格斯全集》(第 4 卷),中共中央马克思恩格斯列宁斯大林著作编译局译,人民出版社 1958 年版,第 180 页。

但长期以来,国家所有权与物权法上的所有权制度如何衔接,则引起不少争论。问题的核心在于,宪法的所有权无法在民法上得到落实,因为宪法和民法具有不同制度功能,所有权制度长期作为私法范畴使用,被不恰当移植和嫁接进入公法领域,脱离了所有权制度设立初衷。我国宪法上所规定的所有权是新中国成立之初,借鉴苏联法律体制,为建立与资本主义国家完全不同的国家所有权或全民所有权,将所有权制度与生产资料所有制联系起来而创设的,所有权问题与民众政治觉悟挂钩,上升到政治伦理层面,作为政治先进与落后的评判标准,它并没有考虑到民法领域中所有权私权属性所要求的所有权主体必须特定的基本要求。宪法在规定所有权时,使用了"国家""人民""全体人民""全体劳动人民"等称谓,这些称谓都不能成为国内法上的主体。这些抽象概念不能以自己行为取得实际民事权利,也不能以自己行为承担法律义务和责任,造成物权法上的所有权无法与宪法上的所有权衔接。法律上的所有权制度是依据科学、严谨的规范建立起来的,而不是依据政治口号建立起来的,而我国宪法上的所有权制度则完全是在高度政治性目标的基础上建立起来,这一制度从建立之初,就被赋予政治色彩,立法者没有考虑法律科学性的要求,尤其是没有考虑民商法关于物权法基本原理的运用。[1]

在民法上,所有权作为物权法上的一种权利,具有浓厚的个人主义色彩,它并不因为人的身份和地位有所差异,其内涵就有所差异。罗马法上的所有权是一种纯粹的权利人对标的物的全面支配权,它的产生恰是罗马社会高度发达的商品经济的产物,"它所确立的绝对的、自由的、独立的所有权观念与制度,正是当时罗马简单商品经济于法律上的反映"[2]。近代资本主义生产关系的萌芽与发展以及14—16世纪的文艺复兴运动和宗教改革,人权观念甚嚣尘上,所有权作为与生俱来的权利

---

〔1〕 参见孙宪忠等:《国家所有权的行使与保护研究》,中国社会科学出版社2015年版,第413页。

〔2〕 梁慧星主编:《中国物权法研究》(上),法律出版社1998年版,第243~244页。

被解释为是上帝赋予所有人享有的一种绝对支配的与生俱来的权利，个人主义的绝对所有权制度成为民法层面最为光辉耀眼的制度。[1] 但受到当时历史条件的限制，当初的所有权意蕴已跟今天的所有权概念有着显著不同，但其实质要义仍延续着罗马法所有权固有的精神要义。前已论及，罗马法上的所有权是一种完全的物权性权利，权利人可以对其标的物自由占有、使用和处分。作为抽象性权利，所有权主体对物享有直接支配权利，这种支配权的内容恒定，不因时间、地点之不同而有所差异。尽管权利人可在自己享有所有权的物上设定他物权，但他物权一旦除去，所有权立即恢复到原来状态。此外，所有权还可以分割，分割仅是量上分割，分割后的所有权与分割之前的所有权性质相同，仅是范围不同而已。

显然，作为民法学概念的所有权，其基本逻辑结构跟经济学上的所有权和宪法上的所有权明显不同。前者是为保护某种特定利益而设，这种利益本身具有确定且稳定的客观存在形式，可以是物质形式，还可以是诸如科技成果等精神产品乃至理念；它不是单一权利，而是由诸多权利组成的权利集合，包含与其相关的需要它保护的一切法律权利；它所要保护的权利具有对世性，在任何时间和空间针对任何人；它所设定的主体享有其他人不能证明自己合法享有的与上述特定利益相关的所有的法律权利。而后者不具备上述条件。可见，所有权的概念在各种学科中具有不同的含义和语境，学术研究不应将其放在同一意义上进行理解。

所以，当我们说“科技成果所有权”时，不能脱离它所设定的民法语境，否则就会将法律上的所有权和其他学科中的所有权混为一谈。正因为如此，“科技成果所有权”往往在经济领域使用，即便是在国家科技成果转化政策如此普遍推行的情况下，也鲜见有法学学者对这个概念进行过界定。相较于民法视角，这个概念在经济学意义上探讨得更多，经济

---

〔1〕 参见刘美希：《论近代所有权绝对原则遭遇的现代挑战》，载《法学论坛》2006 年第 1 期。

利益色彩也更浓。如果按照经济学所倡导的财产权即为所有权，那么，“科技成果所有权”的确符合经济学的一贯主张，它表面看来是试图通过概念设计确定科技成果的归属，但背后反映的是个人、单位和国家各种经济利益的交织，而法学视野下的“科技成果所有权”则不单单是利益的反映，它还涉及发挥科技成果的效益，创造社会财富的目的。从经济学视野中讨论“科技成果所有权”概念的本质和合理性，不是本书的初衷，只是想通过所有权概念在不同学科中的不同意义，表达所有权并非民法或物权法的专有名词。

四、研究路径及方法

科技成果所有权正如“科技成果”这个名词一样，具有特定的时代背景和中国特色。科技成果在中国民事法律制度上并没有明确界定，《促进科技成果转化法》第2条仅对科技成果转化中的“科技成果”进行了定义，但概念模糊，且没有列举成果类型，而所有权则在民法上有着明确定义，其权利客体、权能、取得、消灭等有系统制度，二者的结合是否能产生与“物的所有权”同样的内涵？为此，本书的研究遵循概念界定、历史溯源、本土元素探究、正当性依据找寻、中国法释义的写作逻辑。

首先，从基本概念界定展开，将科技成果与同类概念进行比较，分析科技成果所有权出现的场域，从社会学视角透视其可能意义。其次，因所有权在成为权利之前，其先有“所有”之观念存在，后经法律规定，遂成为一种受公共力量所保护的权利。“所有权”之社会意识及其概念随着经济关系演进而变化，法律规定也随之而变更，在某种社会经济关系之下，就必然产生某种所有权观念。所以，所有权本身只是人类社会发展的制度工具而已，不存在天然的或一成不变的所有权概念。科技成果所有权基于所有权法哲学的解读，得到了充分验证，特别是精神所有权与知识产权的产生和演化，及其与物权千丝万缕的关系，都为其提供了足够的正当性依据。再次，在中国，“科技成果所有权”还有着基于社会主义制度而产生的国家所有权、市场经济发展下技术成果作为商品存在、理论和实务界对国外相关用语的错译和误读等多重因素，由此，它不太可能成为一个仅适用于某个学科的孤独概念。最后,所有权作为财产制度,其功能是确定物的归属关系,激励创造社会财富,稳定社会秩序,因此作为工具存在的“科技成果所有权”,完全可通过权利性质、权利主体、权利客体、权能析出、权利取得、权利丧失和消灭等规则创设,构造出符合民法权利体系、化解科技成果转化难题的新的权利类型。它是否需要存在,以何种形式存在,都取决于它是否能够解决现实问题,如果能够实现它所存在的功能,何必纠结是否符合民法概念创设的逻辑。

本书的研究采取以下方法:(1)历史研究法。一是从国家政策层面,溯源“科技成果所有权”概念的缘起;二是从所有权概念产生的历史背景中去探寻科技成果所有权概念的制度功能;三是科技成果所有权的概念为我国特有,国外一般将其归为知识产权,它被国家政策所沿用而由学者提出后被沿袭,因此对早期相关学者著述须进行分析。(2)比较研究法。一是科技成果所有权既是科技成果与所有权的组合,同时也是物权、知识产权及与之相关的财产权、无形财产权、智力成果权、知识所有权等概念的变异,通过比较相关概念的起源背景及性质,为概念适用的正当性与否提供理论支撑。二是对涉及该概念的相关著作和文献进行梳理和比较分析,特别是对国外相关概念进入中国后的适用进行分析,为后续证成或矫正该概念并提出替代概念奠定基础。

CHAPTER 01 >>

第一章

科技成果及其权利表达问题的提出

政策术语中的“科技成果所有权”已经被普遍接受和熟识，但在法律上提到这个概念，人们立刻想到的仅是专利权、商标权和著作权等传统知识产权，而不是科技成果所有权。科技成果种类多样，不同种类的科技成果所获得保护的可能性存在显著差异，如科研项目研究中产生的基础数据、形成的特有数学公式等，现实中经常难以对其进行识别和保护。研究一个概念，必须对概念所涵盖的对象进行界定，否则无法界定概念本质和法律性质，这是研究问题的基本逻辑和认知基础。科技成果所有权概念所涉及的科技成果，是该概念构建的现实基础和逻辑起点，从科技成果的概念本身出发，寻找法律规范中的可能出处，并对科技成果的种类及其与项目成果、技术成果等类似概念进行界分，可为探究科技成果所有权概念提供基础支撑。

第一节　科技成果语词释义

科技成果构成科技成果所有权概念的基石，然而学术界对何为科技成果并未有统一认识,加之政策文件和法律文本的界定也不统一,致使对科技成果概念的内涵和外延界定不清,甚至对概念本身的称谓也充满争议。“科技成果”作为一个法律术语,既是实践的产物,也是政策影响立法的结果。对这个概念进行释义,必须立足于社会实践,满足实践需要,还必须彰显其作为法律术语的科学性要求。

一、学术界对科技成果的定义

科技成果是我国科技管理领域一个专有名词,国外并没有与此相对应的概念。[1] 在管理学、经济学等不同领域,学者对科技成果概念界定并不统一。[2] 简言之,科技成果就是科学技术活动所产生的结果,而科技活动则是在科学技术领域内,与知识的产生、发展、传播和应用密切相关的活动[3],在我国主要是以科学研究与实验开发活动为主,包括基础研究、应用研究和试验发展三类[4];科技成果是科技人员的创造性成果,具体来说,就是高校、科研院所等从事科研开发活动的主体所研究开发的以市场应用为目标,对提高现实生产力有实际价值的各种技术成果[5];科技成果是科研人员通过脑力和体力劳动所取得的经过评审或鉴定等程序被确认的具有学术意义和实用价值的创造性结果[6];通过

---

[1] 参见吴寿仁:《科技成果转化若干热点问题解析(十四)——科研人员科技成果所有权探析》,载《科技中国》2018 年第 7 期。

[2] 实际上,“科技成果”一词不单是科技管理领域的专有名词,也不单存在于政策层面,我国《促进科技成果转化法》及《重庆市促进科技成果转化条例》、《上海市促进科技成果转化条例》等地方性法规对“科技成果”有着明确定义。

[3] 参见周霞、景保峰、陈骁聪:《基于 DEA 模型的广东省专业镇科技资源配置效率研究》,载《中国科技论坛》2011 年第 8 期。

[4] 参见吴寿仁:《中国科技成果转化 40 年》,载《中国科技论坛》2018 年第 10 期。

[5] 参见刘群彦:《科研人员法律意识的社会学研究——以上海为例》,华东师范大学 2017 年博士学位论文,第 22 ~ 23 页。

[6] 参见阙维明、张锦智主编:《现代科技管理辞典》,广东高等教育出版社 1986 年版,第 103 页。

科学研究与技术开发所产生的具有实用价值的成果即为科技成果[1]；被科技行政主管部门所设的登记机关所确认并通过登记程序登记的应用技术研究、基础理论研究、软科学研究等产生的学术论文、学术专著、研究报告、专利等具备市场转化条件的即为科技成果[2]。

二、政策文本对科技成果的定义

"科技成果"作为科技管理领域的专有名词，其称谓变化与我国科技体制改革相伴而生。这个名词最早见诸原国家科学技术委员会1978年出台的《关于科学技术研究成果的管理办法》（已失效）中，尽管该办法并没有对科技成果本身作出界定，但其将科学技术研究成果划分为自然科学理论研究成果、技术成果（所谓的"四新"：新技术、新方法、新产品、新工艺）和重大科学技术研究项目的阶段成果。随后的1984年，原国家科学技术委员会发布的《关于科学技术研究成果管理的规定（试行）》[（84）国科发管字141号，已失效]中首次使用了"科技成果"的概念，并将其界定为"对某科学技术研究课题，通过试验研究、调查考察取得的具有一定实用价值或学术意义的结果，包括研究课题虽未全部结束，但已取得可以独立应用或具有一定学术意义的阶段性成果"。在我国不同的历史时期，科技成果的内涵并不相同，较具代表性的是1986年《现代科技管理辞典》中将科技成果界定为"个体在科技活动中经复杂智力劳动产出的被公认为具有相应学术或经济价值的知识产品"。1987年原国家科学技术委员会发布的《科学技术成果鉴定办法》（已失效）虽然没有对科技成果作出定义，但将科技成果划分为科学理论成果[3]、

---

〔1〕 参见曹爱红、王涵、王艳辉：《职务科技成果所有权的法律归属研究》，载《科技中国》2018年第5期。

〔2〕 参见蒋坡主编：《科技法学理论与实践》，上海人民出版社2009年版，第289页。

〔3〕 科学理论成果是指阐明自然现象、特征、规律及其内在联系，在学术上具有新见解，并对科学技术发展具有指导意义的成果，包括基础研究理论成果和部分应用研究理论成果。

应用技术成果[1]和软科学研究成果[2]。科技部2000年发布的《科技查新规范》(国科发计字〔2000〕544号)将科技成果明确定义为在科学技术研究、开发、试验和应用推广等方面取得的收获,同时将科技成果分为基础理论成果、应用技术成果和软科学成果,与1987年的《科学技术成果鉴定办法》的分类保持一致,而后者曾于1994年予以修订,直到2016年才被废止。可以看出,原国家科学技术委员会作为科技行政主管部门,对科技成果概念的界定除随国家政策有所变化外,其本身涵盖的范围具有较为浓厚的科研项目导向性。

三、法律法规对科技成果的定义

我国法律虽没有直接使用科技成果概念,但从其他相关概念中,可以推导出其确认和保护科技成果的本意。比如,《宪法》第20条对科学成果和技术发明两类科技成果给予了宪法确认[3];原《合同法》第十八章关于技术成果的概念及相应的司法解释[4];2004年《公司法》第24条提出非专利技术[5],这里的非专利技术是相对于原《中外合资经营企业法实施条例》等所提及的专有技术而言,非专利技术主要包括技术秘密和没有取得专利的公有技术。若将科技成果拆分为科学成果和技术成果,那么,上述法律中所涉及的概念可作为科技成果概念内涵的界定基准之一。

---

〔1〕 应用技术成果是指能解决生产建设中的科学技术问题,具有新颖性、先进性和实用价值的成果,包括新产品、新技术、新工艺、新材料、新设计和生物、矿产新品种等。

〔2〕 软科学研究成果是指推动决策科学化和管理现代化,对促进科技、经济与社会的协调发展起重大作用的成果。

〔3〕 我国《宪法》第20条规定:"国家发展自然科学和社会科学事业,普及科学和技术知识,奖励科学研究成果和技术发明创造。"

〔4〕 1999年的《合同法》第十八章"技术合同"中出现"技术成果"的概念,但未规定技术成果的具体定义;直到2004年年底最高人民法院发布的《关于审理技术合同纠纷案件适用法律若干问题的解释》才正式有了对"技术成果"的司法解释。

〔5〕 2004年《公司法》第24条规定,股东可以用货币出资,也可以用实物、工业产权、非专利技术、土地使用权作价出资。

我国现有法律法规中，虽有《民法典》《国家科学技术奖励条例》等法律法规在部分条文中提及科学技术成果的语词，但并没有对其概念进行界定。唯一对科技成果概念从法律上进行界定的是《促进科技成果转化法》第2条，该条规定“本法所称科技成果，是指通过科学研究与技术开发所产生的具有实用价值的成果”。除此之外，与其类似的概念即技术成果在最高人民法院2004年颁布的《关于审理技术合同纠纷案件适用法律若干问题的解释》（法释〔2004〕20号，以下简称《技术合同纠纷案件司法解释》）中有所界定，该司法解释于2020年修正。《技术合同纠纷案件司法解释》第1条规定，技术成果是指利用科学技术知识、信息和经验作出的涉及产品、工艺、材料及其改进等的技术方案，包括专利、专利申请、技术秘密、计算机软件、集成电路布图设计、植物新品种等。如果说科技成果是科学技术成果的简称，那么《促进科技成果转化法》中的“科技成果”显然要比《技术合同纠纷案件司法解释》中的“技术成果”概念更为宽泛，且在内涵上也不一样，前者更强调实用价值，而后者则限于技术方案；从概念所隐射的语境来看，前者侧重于成果转化，后者侧重于权属确定。可能是法律制定时延续了政策中的表述，加之类似概念较多，且实践中还有所谓的项目成果等称谓，使得对科技成果内涵和外延的界定并不容易。笔者认为，法律对重要主体间的关系进行选择性调整，对科技成果的定义采取不同方式是出于对不同法律语境中科技成果性质及科技成果转化活动规律的把握，恰印证了对其进行界定的必要性。

四、科技成果及其相关概念的比较分析

科技成果作为科技管理领域中的名词，在法律和实践中，与之相关联的概念至少包括技术成果、项目成果、科研成果、智力成果等。这些概念经常交叉使用，要对其全部进行区分并没有学术意义，因此，笔者仅从法律角度对技术成果、项目成果等与科技成果的区别进行分析。

（一）技术成果与科技成果之区别

《技术合同纠纷案件司法解释》罗列了专利、专利申请、技术秘密、

计算机软件、集成电路布图设计、植物新品种六种技术成果，并用“等”作为兜底条款，但从本质上来说，技术成果是一种技术方案，它不包括含技术内容的其他智力创造成果，如作品[1]，而科技成果则包含了一切具有实用价值的成果，当然也包括通过研究活动形成的论文和作品。如果说这种划分还不能使二者的区分明显被认知，那么《技术合同纠纷案件司法解释》基于原《合同法》中关于技术成果的定义，实际上是为了保护技术秘密，而《促进科技成果转化法》中的科技成果则并不全是为了保护技术秘密。换言之，《技术合同纠纷案件司法解释》对技术成果所下的定义是放在保护技术秘密的前提下设定的，而《促进科技成果转化法》中的科技成果则并不是为了保护所谓的科技成果本身，公有技术或者权利人放弃权利的技术方案不能成为《技术合同纠纷案件司法解释》中的技术成果，但它却是所谓的“科技成果”，因为它具有实用价值。可见，在我国的法律体系中，科技成果与技术成果概念大致相等，但科技成果的外延要大于技术成果，技术成果属于科技成果的一部分。

（二）科学成果与科技成果之区别

科学成果是对人类实践经验的概括和总结，是关于自然、社会和思维的各种理论知识和研究成果。在现代科学时代，科学活动的内部分工越来越细，人文科学和社会科学逐步从自然科学中分离出去，“科学”一词更多时候指代的是自然科学，而自然科学的目的在于科学发现。[2]发现是指经过研究探索等看到或找到前人没有看到的事物或规律[3]，如对新星球、数学定理、物理理论、地震规律等的发现。科学史上曾记载的哥白尼的地动说、牛顿的万有引力定律、门捷列夫的元素周期表、爱因斯坦的相对论等，都是对自然界及其客观规律的科学发现。[4] 科学发现作为描述和论证自然法则的新概念和新知识，其创造价值在于发现未

---

[1] 参见齐爱民：《知识产权法总论》，北京大学出版社2010年版，第305页。

[2] 参见吴汉东：《关于知识产权基本制度的经济学思考》，载《法学》2000年第4期。

[3] 参见中国社会科学院语言研究所词典编辑室编：《现代汉语词典》，商务印书馆1987年版，第294页。

[4] 参见吴汉东：《关于知识产权基本制度的经济学思考》，载《法学》2000年第4期。

知，认识奥秘，这些发现并不一定能够应用于生产实践，但它是人类探索自然及人类自身奥秘的基础，有的可能被进一步引入应用科学研究中，成为工业技术发明创造的基础。所以，科学成果是科技成果的属概念。

（三）项目成果与科技成果之区别

项目成果与科技成果最大的区别在于前者是依托科研项目而形成的成果，后者则不限于此。通常来说，科研项目成果从形式上看主要包括研究报告、学术论文、著作、专利以及在项目研究过程中所产生的各种原始数据和资料。仅从科学研究活动的结果上来说，项目成果和科技成果的类型是等同的，但实践中，项目成果因为其来源不同并没有准确的范围。我国长期通过财政资金的方式支持应用研究和基础研究，通过具有行政机构属性的国家自然科学基金委员会来评审、组织实施和管理自然科学基金项目。《国家自然科学基金条例》是我国科研项目领域唯一的行政法规，它虽然没有对科技成果直接进行概念界定，但国家自然科学基金委员会网站上有一个专栏为“成果公布”，将成果形式限于期刊论文、会议论文、著作和奖励四类。这可能跟《国家自然科学基金条例》所确定的资助对象为公益性科研机构有关，由于资助对象排除了大量企业及营利性机构从事自然科学基金项目研究的可能性，加上自然科学资金资助对象基本为基础研究，而基础研究又将发表论文、出版专著作为重要甚至唯一的评价标准，注重产出新技术、新工艺、新装备、新产品等成果形式的企业基于经济利益考虑，较少参与项目申报和实施。可见，项目成果的类型被局限于专著和论文形式，与科技成果的类型并不等同，后者的范围要广泛得多。

（四）知识产权客体与科技成果之区别

科技成果源于我国计划经济体制下对科研创新活动产出的概括，后国家政策对这一术语的沿用，使其成为我国科技管理领域的专有词汇。但笔者查询欧洲发达国家及美日韩等国，并没有发现类似于我国科技成果概念的对应名词，上述国家多以专利、论文、论著、科技报告、技术标准等，将创新活动产生的结果进行具体化，实质上采用的是知识产权的概念。那么，知识产权与科技成果之间到底是何种关系呢？科技成果本质上是创造性智力劳动的产物，而知识产权正是主体对其创造性智力成果所享有的专有权利，所以将科技成果作为知识产权客体，赋予科技成果知识产权法上的保护效力，是知识产权法应有的功能。[1] 从这个意义上来说，知识产权客体和科技成果二者的内涵基本一致，但它们依然有所区别：(1)并非所有的知识产权客体都是科技成果，如商标商号等标示性权利和商业秘密等禁止不正当竞争权利，虽然不同程度体现出创造性劳动，但它们并不属于科技成果；(2)并非所有的科技成果都可以作为知识产权客体，如我国科研项目成果中的科学发现[2]，或者疾病诊疗方法、原子裂变方法所获取的物质及我国法律明令禁止的诸如克隆人等，是不能授予专利的，也得不到知识产权法的保护[3]，但毫无疑问，它们是科技成果。因此，知识产权的客体并不与科技成果一一对应。

五、本书对科技成果及其范围的界定

无论是技术成果还是项目成果，抑或是原《民法通则》等曾出现的智力成果等不同称谓，上述概念的外延均小于科技成果。科技成果的范围非常广泛，一切具有实用价值的成果都可以称为科技成果，不论这种成果是专有技术还是已经公开的公有技术。因此，本书对科技成果概念

---

〔1〕 参见葛章志：《权利流动视角下职务科技成果转化机制研究》，中国科学技术大学2016年博士学位论文，第29~30页。

〔2〕 科学发现只是阐明科学事实或者客观规律的基础科学研究成果，这些成果属于人类的新思想、新理论和新观念，具有认识的前所未有性、唯一性和真理性特征，因此不宜为发现人所垄断或专有，发现人不能阻止他人运用他的科学发现，将科学发现确定为知识产权，必然会限制他人使用该科学发现，这将违背知识产权制度促使科学技术进步的价值目的。但这并不意味着法律不保护发现人的利益，我国的科技奖励制度有由国家给予发现人荣誉证书、奖章和奖金的相关规定。

〔3〕 我国《专利法》第5条第1款规定："对违反国家法律、社会公德或者妨害公共利益的发明创造，不授予专利权。"第25条规定："对下列各项，不授予专利权：(一)科学发现；(二)智力活动的规则和方法；(三)疾病的诊断和治疗方法；(四)动物和植物品种；(五)原子核变换方法以及用原子核变换方法获得的物质；(六)对平面印刷品的图案、色彩或者二者的结合作出的主要起标识作用的设计。对前款第(四)项所列产品的生产方法，可以依照本法规定授予专利权。"

的确定，采取概括与列举相结合的方式，且将其限定在法律语境之下。政策层面的概括或列举并不能解决本书要化解的相关法律问题，诸如科技成果外延与知识产权保护对象的外延间是否是重合关系，这取决于所设立的研究对象。笔者以科技成果转化作为切入点，对科技成果的概念进行分类并试图给出自己的定义，借此确定本书的研究对象。

（一）概括法定义方式

《促进科技成果转化法》第2条规定，科技成果是通过科学研究与技术开发所产生的具有实用价值的成果。换言之，科技成果是指就某一科学技术问题通过科学研究或技术开发活动所取得的具有学术意义或使用价值且能够得到认可的成果。这个定义至少有三层意义：一是科学研究与技术开发活动，通常体现为调查考察、实验测试、研究制作、观测等系列活动。二是具有实用价值，此处所谓的“实用”，是指该成果具有一定新颖性、先进性、实用性和学术意义，必须在前人已有的成果基础上有所发明、有所创造、有所前进和提高。这就排除了未经过研究创新，借用甚至剽窃而来的成果，也包括虽经过了研究活动，但没有取得价值性的突破，或仅仅是对现有成果的重述，没有任何创新意义的成果。三是这种成果经过鉴定、验收、评估、评价被证明是具有实用价值的，即它得到了某种机构的认可，到底是否具有实用价值并不是成果完成人来界定。但科技成果到底是否应包括人文社会科学领域的成果，则有不同观点。在《促进科技成果转化法》语境下，科技成果不包括具有学术意义或学术价值的基础研究成果、决策科学研究成果、人文社会科学领域的研究成果，因为这些成果不具有创造性，或者只是常规性的技术应用、技术支持。[1] 一般来说，科技成果必须能够应用于社会生活，发挥实际效用，无论是在人文社会科学领域还是自然科学领域，只要该成果能够比既有规则更好地调解人与人之间的关系，或者能够实际应用于生产领域，推动方法创新、工具创新、思维方式创新，提升社会生产力，那么这种成果

〔1〕 参见吴寿仁：《何为科技成果?》，载《华东科技》2019年第2期。

就应该是科技成果。[1]

(二)列举法定义方式

尽管科技成果包含具有创新性的技术、发现、思想观点、方法及程序等,但任何成果都必须以一定的载体表现出来,而不能仅仅停留在思想层面,因此对科技成果的概念界定还需要对其类型化。科技部2016年废止的《科学技术成果鉴定办法》曾将科技成果划分为基础理论成果、应用技术成果和软科学成果,还有学者将科技成果按照所属的行业领域划分为自然科学类、农业科学类、医药科学类、工程与技术科学类、人文与社会科学类,也有学者站在科研项目验收结题的角度,将科技成果分为公益类科技成果和应用类科技成果,并将其类型划分为论文类、著作类、专利技术类、专有技术类等[2],上述这些分类非常笼统,且并不是法学意义上的分类。《技术合同纠纷案件司法解释》中罗列了专利、专利申请、技术秘密、计算机软件、集成电路布图设计、植物新品种六种技术成果;2007年《科学技术进步法》中罗列了发明专利权、计算机软件著作权、集成电路布图设计专有权、植物新品种权四种成果[3];《民法典》

---

[1] 参见吴国喆:《国家自然科学基金项目成果知识产权法律问题研究》,中国社会科学出版社2015年版,第5页。

[2] 参见刘群彦:《科研人员法律意识的社会学研究——以上海为例》,华东师范大学2017年博士学位论文,第22~23页。刘群彦站在科技项目完成角度,针对高校、科研院所的科研人员,从是否满足市场化的商业价值需求上将科技成果分为两类:一是公益类科技成果,即任何社会主体均可使用的公开性成果,如科技论文、科技专著等,这也是中国几十年来衡量科技发展或成就但被市场应用所排斥的核心指标;二是应用类科技成果,即具有交易属性和交换价值的成果,如专利、专利申请、技术秘密、软件著作权、动植物新品种等。前者作为社会公共产品,其公开性特点决定了其对人类科学技术发展具有普遍意义;后者作为权利人所特有的科技产品,其垄断性、专属性决定了其主要用途在于市场价值的实践应用。

[3] 2007年《科学技术进步法》第20条第1款规定:"利用财政性资金设立的科学技术基金项目或者科学技术计划项目所形成的发明专利权、计算机软件著作权、集成电路布图设计专有权和植物新品种权,除涉及国家安全、国家利益和重大社会公共利益的外,授权项目承担者依法取得。"

第 123 条以知识产权客体来表述[1]，其中部分客体也与上述科技成果的种类相同。

（三）各种定义遭遇的困难

对科技成果按照不同的方式界定，可能会得出不同的结论，主要原因在于：一是科技成果所涵盖的种类在各国界定不同。以发明为例，各国法律或学术界对其均有不同的定义。《美国专利法》第 101 条将发明界定为“任何新颖而实用的制法及其制造品、物质的组合或者任何新颖而适用的改进方案”；《拜杜法案》则规定，发明是指可根据本法保护的任何发明、发现或专利或植物新品种保护方案中规定的新颖多样的植物新品种。[2]《日本专利法》第 2 条则将发明定义为“利用自然规律的具有高度创造性的技术构思”。德国学者柯拉称发明是“以技术形式表现出来的人的精神创造，是征服自然、利用自然并能产生一定效果者”。而我国学者则从技术性条件和法律性条件两个方面对发明进行了界定：从技术性条件来说，发明是利用自然规律在技术上的创造和革新，不是认识自然规律的理论创新，是为解决特定技术难题而提出的新技术方案，且发明必须通过一定的物质形式表现出来，不能仅仅是停留在脑海中的构思。从法律条件上来说，发明必须具备新颖性、创造性和实用性。二是同一种类科技成果所包含的内容也不相同。我国可授予专利权的发明至少包括智力劳动创造的产品发明，如机器、机床、设备、装置、工具等制品发明，利用自然规律作用于某一物品或物质产生新的物品或物质的方法发明，对已有产品发明、方法发明所提出的具有革新的技术方案的改进发明。我国 2001 年《著作权法》第 3 条对文学、艺术和自然科学、社

---

〔1〕《民法典》第 123 条规定：“民事主体依法享有知识产权。知识产权是权利人依法就下列客体享有的专有的权利：（一）作品；（二）发明、实用新型、外观设计；（三）商标；（四）地理标志；（五）商业秘密；（六）集成电路布图设计；（七）植物新品种；（八）法律规定的其他客体。”

〔2〕参见吴国喆：《国家自然科学基金项目成果知识产权法律问题研究》，中国社会科学出版社 2015 年版，第 21 页。

会科学、工程技术等作品均予以保护,罗列了八种类型[1],并用了"法律、行政法规规定的其他作品"的兜底条款,但即便如此,八种类型还可以继续细分,如文字作品包括小说、诗词、散文、论文、专著、报告等以文字形式呈现的作品,与通常的文学作品也不相同[2],可见科技成果类型之复杂。三是科技成果涵盖了未纳入保护的成果。比如,我国《民法典》没有将"科学发现"纳入知识产权权利客体[3],我国《专利法》第25条也明确规定对科学发现不授予专利权;与商标类似的特殊标志,如北京奥运会的会徽、吉祥物"福娃"等通常是国家资助的项目所产生的成果,因为公益性较强,其本身保护方式跟知识产权法上对商标的保护不同[4];基于科研项目所产生的科技成果往往不会产生商标这类科技成果,因为科研项目资助的目的不是设计商标,但若在项目研究中,产生了文字、图形或其组合,可被用于商品或服务上的标识,且被登记后能够取得商标专有权,此时商标可作为科技成果;在从事研究过程中通过测量、检验、勘验等方式取得的物质资料、基本数据资料、实物样品,以及根据研究需求进行系统处理和整理而形成的数据产品和信息,这些数据他人通过实验也可以获取,国家也倡导对基础数据进行共享和公开,由此它们并不受知识产权法保护,但上述信息毫无疑问是科技成果。

---

[1] 2001年《著作权法》第3条规定:"本法所称的作品,包括以下列形式创作的文学、艺术和自然科学、社会科学、工程技术等作品:(一)文字作品;(二)口述作品;(三)音乐、戏剧、曲艺、舞蹈、杂技艺术作品;(四)美术、建筑作品;(五)摄影作品;(六)电影作品和以类似摄制电影的方法创作的作品;(七)工程设计图、产品设计图、地图、示意图等图形作品和模型作品;(八)计算机软件;(九)法律、行政法规规定的其他作品。"

[2] 参见王迁:《著作权法》,北京大学出版社2007年版,第47页。

[3] 参见易继明:《知识产权法定主义及其缓和——兼对〈民法总则〉第123条条文的分析》,载《知识产权》2017年第5期。

[4] 1996年国务院颁布《特殊标志管理条例》,这是我国法律中第一次提到"特殊标志"这个名词,该条例规定了特殊标志的法定来源、取得途径、使用的权利义务及救济途径,但该条例至今未曾做过修订。除此之外,我国还于2002年和2004年先后颁布了《奥林匹克标志保护条例》《世界博览会标志保护条例》。

(四)本书对科技成果的定义

我国科技管理活动中所指代的科技成果,往往是与科研项目相对应而言,无论是财政资金资助所产生的成果,还是研究开发机构、企业等自行立项所产生的成果,它们都是本书所指的科技成果的范畴。在《促进科技成果转化法》中,科技成果又是与传统的知识产权客体,如专利、软件著作权等不同的概念,它所要求的专利、软件著作权并不要求具备科学性,只需要有一定技术含量或具有价值即可,这个标准远低于专利法等知识产权法的标准。尽管科技成果在不同的政策和法律语境中的内涵不同,但综合政策、法律和学者的分析来看,科研活动的产物要成为科技成果必须具备如下三个条件[1]:一是它是人的体力或者脑力劳动的产物;二是必须具备一定的学术价值或实用价值;三是必须经过有关机构的确认,这里的"确认"不一定是取得知识产权,如科技行政主管部门的成果登记行为或者没有被法律明令禁止的公有技术等。由此,笔者从民法学的角度,将科技成果界定为从事科研活动所产生的具有一定学术价值或实用价值且得到法律确认的人的体力或者脑力劳动的产物,包括但不限于技术方案(新产品、新工艺)、新设计、技术秘密、工艺图纸、计算机软件、论文、集成电路、生物品种、科学发现等类型。当然,上述分类只不过是基于本书论述的需要,实际上,没有任何一种对于科技成果的分类是完美无缺的,经济、科技与商业的发展永远会不断地创造新的成果类型,从而挑战和颠覆现有的分类、理解和认识。

第二节　科技成果所有权概念的演化及应用

当今许多法学概念均移植于西方,然而,科技成果所有权这个概念在西方法学中则并没有与此相对应的概念。跟科技成果一样,它可能也

[1] 参见李政刚:《职务科技成果权属改革的法律障碍及其消解》,载《西南电子科技大学学报(社会科学版)》2019年第2期。

是我国科技管理领域中的一个独有词汇。查询中国知网数据库资料发现，这个概念1985年就出现在学者学术论文中[1]，但它却并没有引起足够的关注，也很少有学者专门研究这个概念的内涵与意蕴。但2011年后，这个概念突然在学术界和实务界中兴起，瞬时成为科技管理领域的“网红”语词。然而，仔细分析发现，大量引用这个语词的学术论文、政策文本乃至极少数的法律条文并没有对概念本身作出界定。管理学界的研究者往往有意无意地忽视在“科技成果”之后冠以“所有权”所具有的法学意义，而法律领域内的学者则并没有对概念本身进行科学界定，仅有的文献直接引用该语词。如果说科技成果作为科技管理语词，其法学意蕴尚不浓厚，但科技成果所有权却因为它戴上了“所有权”的头衔，则必须将其置于法学视野下进行梳理。否则，这个概念的适用场域及指代对象将无法得到证成或矫正。

一、科技成果所有权概念的学术视界

（一）学者对技术成果所有权概念的使用

科技成果所有权可能来源于技术成果所有权，而“技术成果所有权”这个概念从来就没有进入中国的任何一部法律。这可能是中国学者对我国相关法律解读时自创的一个法学概念，它在20世纪80年代就已出现，90年代被大量使用，具体体现在学者的论著中。这里仅举几例：有论者提及，经济法中的科学技术法规，不仅确认和保护了科技成果的所有权，而且推动了科技成果的转让和运用。[2] 有论者发表《科技成果所有权受侵害问题浅析》的文章，但在论述中却使用“科技成果权”一词。[3] 有论者将我国1987年的《技术合同法》解读为其主要内容包括了技术成果的所有权、使用权和转让权的规定。有论者在分析技术咨询

[1] 在中国知网数据库期刊搜索中输入关键词“科技成果”，发现该词语最早出现在张祖志1985年发表在《贵州社会科学》第4期的《科技成果商品化与按劳分配的贯彻》一文中。

[2] 参见王九云主编：《法学概论教程》，哈尔滨工业大学出版社1988年版，第256页。

[3] 参见苏鸿元：《科技成果所有权受侵害问题浅析》，载《河南科技》1989年第9期。

合同的法律特征时认为，技术咨询合同不涉及所有权转移，它不像技术转让合同那样产生技术成果所有权或使用权的转移问题。有论者将我国1987年《技术合同法》第50条“双方在履行合同中新改进而产生的技术成果的归属”直接解读为新技术成果所有权的归属有两种情况：一是顾问方或者服务方利用委托方提供的技术资料和工作条件完成的新的技术成果，属于顾问方或者服务方，委托人无权对此主张所有权；二是委托方利用顾问方或者服务方的工作成果完成的新的技术成果属于委托方，顾问方或服务方对此不能主张所有权。[1] 有论者认为，科研人员与需方相勾结秘密转让单位技术成果谋取私利构成犯罪的，侵犯了单位的科研秩序和科技成果所有权。[2]有论者在其合同法相关论著中认为，技术合同法律调整的多样性，是基于技术的开发、转让、服务而产生的合同关系，因而在技术成果所有权等方面要接受知识产权制度的调整。[3] 有论者认为，技术转让合同涉及三种性质的权利转让，其中之一便是技术成果所有权的转让，如专利权转让合同，在转让过程中，技术成果的所有权从转让方转移给受让方，其还说，专利权转让是专利技术所有权的转让。[4] 有论者在解读原《合同法》第324条时认为，该条主要规定了技术成果的所有权归属。[5]

（二）著述对科技成果所有权的定义

有论者认为，技术成果既然是商品，就存在所有权问题，所有权即技术成果的占有、使用、收益、处理并排除他人干涉的权利[6]，也有论者

---

〔1〕 参见王和平：《有关咨询成果的几个问题》，载《科技与法律》1993年第4期。

〔2〕 参见夏吉先：《经济犯罪与对策：经济刑法原理》，世界图书出版公司1993年版，第233页。

〔3〕 参见郭明瑞、王轶：《合同法新论·分则》，中国政法大学出版社1997年版，第400页；张兰、屈茂辉：《新合同法释论》，湖南人民出版社1999年版，第338页。

〔4〕 参见陶鑫良等编写：《技术合同法及其实施条例名词解释》，专利文献出版社1990年版，第61页。

〔5〕 参见孙晓洁：《商事合同法律规制》，中国政法大学出版社2014年版，第283页。

〔6〕 参见《技术市场理论与实践》编写组：《技术市场理论与实践》，机械工业出版社1998年版，第31页。

在《谈科技成果的所有权》一文中认为,科技成果所有权属于知识产权范畴,并分析了协作研究、涉外研究、委托研究、中间试验和验证等所取得的成果的所有权的归属问题[1];有论者认为,科技成果所有权集中地体现于成果所有者或持有者对成果的生产、制造、使用或销售转让权,以及由此而带来的各种形式的获奖权,科技成果的所有权和使用权具有社会性,科技成果是属于社会的,技术成果权过了保护期限,就会回归社会,个人拥有的技术成果所有权和使用权只是暂时的[2];有论者认为,全民所有制单位经国家投资开发的技术,其所有权属于国家,研究开发单位对技术成果享有持有权,所有权表明技术成果作为财产的归宿,而持有权是对归宿权的运用和管理,非专利技术成果只有使用权和转让权,而没有法律意义上的"所有权"[3];有论者界定了技术成果权的概念,认为技术成果权作为知识产权的一种,既有财产权特征,又有人身权特征,亦可作为债权客体,该论者将其类比所有权,认为转让技术成果后,权利人转让的是财产权,人身权(精神权利)还保留[4];有论者分析科技成果所有权时认为,所有制属于经济范畴,所有权属于法律范畴,一般的所有权具有绝对性和排他性,而技术商品作为一种财产,具有绝对性和排他性等特性,它是一种知识性财产,失去了独占性也就失去了所有权,要赋予所有者对技术商品的所有权,必须是所有者能够控制它的传播,也就是保证所有者对它的独占性[5]。

(三)对科技成果所有权相关问题的分析

学术研究中使用"科技成果所有权"这个概念之学者,多数并不是法学领域学者。总结起来而言,多数学者认为科技成果也是商品,既然

---

[1] 参见荆明新:《谈科技成果的所有权》,载《河南科技》1989 年第 9 期。
[2] 参见王清杨等主编:《科学技术论原理》,山东科学技术出版社 1991 年版,第 195 页。
[3] 参见刘东升主编:《社会主义市场经济十万个为什么——技术市场》,光明日报出版社 1993 年版,第 22 页。
[4] 参见郭庆存:《科技成果权属争议及其处理》,载《科技与法律》1995 年第 4 期。
[5] 参见史世鹏:《高技术经济:创造国民财富的战略方法》,长安出版社 2002 年版,第 116 页。

是商品,就必须明确所有权,只有确定所有权才能实现市场交易[1],最初科技成果所有权概念基于这样的逻辑而产生,后被广泛引用。按照制度经济学,物品的不同属性可以成立不同的所有权[2],于是诸如技术知识所有权[3]和知识所有权[4]便应运而生,这些概念与科技成果所有权的概念有着同样的理论逻辑,也在日常用语中被广泛地交叉使用。也有学者将所有权看成一种确定物的归属的表达方式,如在法学学者论述中出现了遗传资源所有权[5]、发明所有权[6]和病历著作所有权[7]等。这些使用严格来说并不规范,但因为口语使用习惯或者学者研究对象不同,以及所研究该话题的学者处在不同的研究领域,使用此类概念尚且可以理解。这个概念被真正使用较多的语境,跟我国科技成果转化的国家政策密切相关。特别是2011年以来,我国科技成果转化中的"三权分置"政策,使得关于"科技成果所有权"的研究变得异常丰富。仿照当初改革土地产权的做法,职务科技成果要从过去的国家所有变成个人所有或国家与个人混合所有,职务发明人没有参与科技成果转化的积极性,只有赋予其所有权才能化解这种被动。[8]参考《美国专利法》"无约定时,职务发明所有权归科研人员享有"的规定[9],我国将包括专利在

---

〔1〕 参见苏鸿元:《科技成果所有权受侵害问题浅析》,载《河南科技》1989年第9期。

〔2〕 参见史尚宽:《物权法论》,中国政法大学出版社2000年版,第63页。

〔3〕 参见崔政:《当代科学与技术知识所有权问题——以实践的观点看》,浙江大学2013年博士学位论文,第100页。

〔4〕 参见康永超:《论知识生产关系》,载《自然辩证法研究》2006年第7期。

〔5〕 参见严永和:《遗传资源财产权演进的历史逻辑》,载《甘肃政法学院学报》2013年第1期。

〔6〕 参见吴国喆:《国家自然科学基金项目成果知识产权法律问题研究》,中国社会科学出版社2015年版,第79~81页。

〔7〕 参见蔡维生、王树华:《法哲学视域下的病历著作权和所有权研究》,载《医学与哲学(A)》2017年第2期。

〔8〕 参见熊筱伟:《职务科技成果改革为何必须动所有权?》,载《四川日报》2017年3月14日,第9版。

〔9〕 参见葛章志:《权利流动视角下职务科技成果转化机制研究》,中国科学技术大学2016年博士学位论文,第42~43页。

内的职务科技成果所有权明确归科研人员享有[1]。当然,若科研成果最终未能转化,国家或实施主体可以收回对科技成果的所有权。[2] 科技成果所有权就是在这种背景下被学者创生并被不断扩大使用,且学者将科技成果所有权界定为,它是在科技成果转化领域中产生的包括著作权、专利权、技术秘密权等一种权利或多种权利所构成的复合权利。[3]

二、科技成果所有权概念的政策演变

2011 年推行的科技成果"三权"下放改革迅速在全国掀起职务科技成果权属改革的探索,武汉市和成都市率先推出相关政策举措。2014 年 4 月,武汉市市长唐良智在《求是》杂志发表文章《下放处置权 扩大收益权 探索所有权——创新高校职务科技成果管理制度的思考与实践》,文中提及"开展向职务发明人转让科技成果所有权试点"。自此,这个概念"冰冻"多年后迅速见诸各大媒体。

如果说武汉市市长学术文章中的提及仅是一种建议,还未见诸实践,2016 年 6 月,成都市发布的《促进国内外高校院所科技成果在蓉转移转化若干政策措施》(成委办〔2016〕12 号,以下简称"成都新十条")则将其落到了现实当中。[4] "成都新十条"明确提出,支持在蓉高校院所开展职务科技成果权属混合所有制改革,鼓励高校院所与发明人对既有职务科技成果进行分割确权,通过探索职务科技成果权属混合所有制改革,将发明人的科技成果收益分配权前置简化为对发明人的科技成果所有权的奖励。主流媒体将此解读为"成都对职务科技成果的所有权进行改革,在全国城市中属于首创"。实际上,早在这之前,2014 年 9 月,

---

〔1〕 参见李政刚:《职务科技成果权属改革的法律障碍及其消解》,载《西南电子科技大学学报(社会科学版)》2019 年第 2 期。

〔2〕 参见孙芸、王程、胡雪洁:《实施科技成果所有权和长期使用权的建议》,载《中国科学报》2019 年 4 月 18 日,第 6 版。

〔3〕 参见吴寿仁:《科技成果转化若干热点问题解析(十四)——科研人员科技成果所有权探析》,载《科技中国》2018 年第 7 期。

〔4〕 参见冉倩婷、张明海:《"成都新十条"力促科技成果转移转化,发明人可享有不低于 70% 的股权》,载《四川日报》2016 年 6 月 3 日,第 7 版。

四川省人民政府《关于印发支持成都高新技术产业开发区创建国家自主创新示范区十条政策》（以下简称“成都十条”）就明确提出，一年内未完成转化的职务科技成果，成果完成人或团队拥有成果转化处置权，转化收益中至少70%归成果完成人或团队所有。在这之后，2015年11月，中共四川省委作出的《关于全面创新改革驱动转型发展的决定》（川委发〔2015〕21号）第6条第2项中提出，开展职务科技成果权属混合所有制试点，明确科技人员与所属单位是科技成果权属的共同所有人。从成都市到四川省，该项政策的力度越来越大，且一些概念被接连提出。对2015年四川省委文件中关于“科技成果混合所有制”改革试点的做法，《四川日报》等四川主流媒体将其解读为改革的实质是实现“三个改变”：一是将职务科技成果所有权由单纯的国有改变为单位、个人混合所有；二是将“先转化”改变为“先确权”；三是将成果转化的处置权、使用权和收益权改变为成果的所有权。有了成都市委和四川省委的文件背书，始于2010年的西南交通大学科技成果混合所有制改革终于有继续深入推进的“底气”。2016年1月，西南交通大学出台《西南交通大学专利管理规定》（以下简称“西南交大九条”），正式提出并推行职务科技成果混合所有制改革试点办法。2016年5月，该试点文件经中央媒体报道以后，在科技界引起强烈反响，许多地方前去学习取经，并积极加入到探索实践行列。

2016年5月，李克强总理在全国科技创新大会上指出要“推进科技成果产权制度改革，提高科研人员成果转化收益分享比例”。受媒体报道和总理讲话等因素影响，2016年11月，中共中央办公厅、国务院办公厅印发《关于实行以增加知识价值为导向分配政策的若干意见》，首次以高层文件形式提出“探索赋予科研人员科技成果所有权或长期使用权”。紧接着，2017年3月全国“两会”上，四川省代表团61位全国人大代表联名建议修改《专利法》第6条，向全国人大争取《专利法》对“职务科技成果混合所有制”改革试点的确认，由于各界对科技成果混合所有制改革存在不同看法，这个提议并没有被写入当年的《政府工作报告》。但时隔一年之后的2018年3月的国务院《政府工作报告》，却明确提出

"探索赋予科研人员科技成果所有权或长期使用权"。随后2018年7月国务院出台的《关于优化科研管理提升科研绩效若干措施的通知》(国发〔2018〕25号)及9月出台的《关于推动创新创业高质量发展打造"双创"升级版的意见》(国发〔2018〕32号)再次对财政资金形成的科技成果明确提出"赋予科研人员科技成果所有权或长期使用权"。2018年12月,《国务院办公厅关于推广第二批支持创新相关改革举措的通知》(国办发〔2018〕126号)明确提出将四川省探索的"以事前产权激励为核心的职务科技成果权属改革"复制推广到全国8个试验区,该通知附件"第二批支持创新相关改革举措推广清单"中明确提出"赋予科研人员一定比例的职务科技成果所有权,将事后科技成果转化收益奖励,前置为事前国有知识产权所有权奖励,以产权形式激发职务发明人从事科技成果转化的重要动力"。2019年1月,《中共科学技术部党组关于以习近平新时代中国特色社会主义思想为指导 凝心聚力 决胜进入创新型国家行列的意见》再次明确提出"开展科技成果产权制度改革,赋予科研人员职务成果所有权或长期使用权"。2019年1月,中共中央、国务院《关于坚持农业农村优先发展做好"三农"工作的若干意见》明确提出,建立健全农业科研成果产权制度,赋予科研人员科技成果所有权。2020年3月中共中央、国务院印发的《关于构建更加完善的要素市场化配置体制机制的意见》及5月中共中央、国务院印发的《关于新时代推进西部大开发形成新格局的指导意见》均明确提出,深化科技成果使用权、处置权和收益权改革,开展赋予科研人员职务科技成果所有权或长期使用权试点。特别是2020年5月,科技部等9部门印发《赋予科研人员职务科技成果所有权或长期使用权试点实施方案》,对科技成果所有权的权利对象、赋权范围、成果作为国有资产管理的方式等作了明确规定。进入2021年,中共中央办公厅、国务院办公厅印发《建设高标准市场体系行动方案》,提出"深入开展赋予科研人员职务科技成果所有权或长期使用权试点,探索职务科技成果产权激励新模式"。2021年12月新修订的《科学技术进步法》第33条规定,"探索赋予科学技术人员职务科技成果所有权或者长期使用权制度"。

至此,这个概念在政策领域基本形成共识,各地在中央各项政策的引导之下,出台了诸多"科技成果所有权"改革的政策文件。与此同时,科技管理实务界对这个概念的话语体系基本确立下来。当然,在国家政策经历从"三权改革"到"科研人员科技成果所有权"再到"职务科技成果所有权"的过程中,学者对这个话题的研究也不断兴盛,但梳理发现,对这个概念或话题的研究却多以经济学界、管理学界的学者居多,法学界则较为少见。

三、科技成果所有权概念的立法应用

(一)写入地方性法规的典型案例

"科技成果所有权"这个概念,在我国科技成果转化的国家政策频繁制发之前,并没有被中国的法律所吸收。然而,这种状况在近年的地方科技创新立法修订时却发生了改变。一些地方立法机构,在修订地方科技成果转化条例、科技创新促进条例等地方性法规的同时,为贯彻"赋予科研人员科技成果所有权或长期使用权"的国家政策,将这个概念写进了地方性法规中,从而使它成为了法律。比如,2019 年 11 月 29 日修订出台的《山西省促进科技成果转化条例》规定"健全以知识价值为导向的科技成果权益分配机制,依法推进职务科技成果权属改革"。山西的这一条例虽没有在正式法律文本中出现"科技成果所有权"的表述,但在其条例草案中,却明确提出"探索赋予科研人员职务科技成果所有权或长期使用权",不知道何种原因,在最终表决和出台条例时,对该条作了上述修改。

与此相类似的还有北京出台的《北京市促进科技成果转化条例》,其草案中明确规定"赋予科研人员职务科技成果所有权或长期使用权"。可能是意识到这个立法术语存在表达不规范的情况,2019 年 11 月,北京市人大常委会正式审议通过的《北京市促进科技成果转化条例》则将其修改为"政府设立的研发机构、高等院校,可以将其依法取得的职务科技成果的知识产权,以及其他未形成知识产权的职务科技成果的使用、转让、投资等权利,全部或者部分给予科技成果完成人,并同时约定双方科技成果转化收入分配方式”。用“知识产权”取代了“草案”中的“科技成果所有权”，这个改变可能是立法学者质疑、人大常委会予以吸收而形成的，但其造成的法律用语却并没有就此消失。目前对《北京市促进科技成果转化条例》的各种政策解读依然将其称为“科技成果所有权”改革。比如，科技部官网等诸多主流媒体将《北京市促进科技成果转化条例》的相关条款解读为：顺应了国务院《关于优化科研管理提升科研绩效若干措施的通知》(国发〔2018〕25 号)中“开展赋予科研人员职务科技成果所有权或长期使用权试点”等改革精神，使职务科技成果所有权、处置权和收益权尽量向科研人员倾斜，此举可谓抓住了根治科技成果转化不畅痼疾的“牛鼻子”。

然而，“未能入法”这一状况却被 2020 年 3 月出台的《重庆市促进科技成果转化条例》打破。该条例第 23 条明确规定，鼓励开展职务科技成果所有权和长期使用权改革试点。据参与该法修订的西南政法大学教授所说，最初的《重庆市促进科技成果转化条例》草案中并没有该条文，因为在参与修订的法学学者眼中，科技成果所有权并不是一个被上位法或者法学研究所认可的概念，这个概念的出现有着复杂的政策背景，贸然将其纳入法律规定，会产生概念界定难、条文解释难等问题，与之相对应的知识产权概念已足够满足这个概念本身所想要达到的立法目的。但在该草案表决通过之前的两天之内，重庆市人大常委会负责该法修订的机构经过反复讨论，认为重庆率先将已经被国家政策所明确规定的条文融入重庆地方立法之中，是一种贯彻上位法的创新，可以更好促进重庆科技成果转化。在这个条文增进条例之时，恰是中央财经委员会第八次会议明确提出“使成渝地区建设具有全国影响力的科技创新中心”的国家战略在重庆被广泛关注的时刻，这个条文的增进带有浓厚的政治色彩。但它的确是一种大胆创新和尝试，为全国第一个将“科技成果所有权”概念写入法律的地方性法规，这个概念从此不能再被法律学界置之度外。如果说重庆将“科技成果所有权”写入法律只是基于直辖市身份的一种政治姿态，那么，2020 年 8 月 26 日深圳市人大常委会审议通过的《深圳经济特区科技创新条例》第 37 条则绝对是一种更为激进和大胆的创新[1]，该条用三款分别对科技成果所有权的来源、取得、处置及收益等作了较为详细的规定，将政策中最受关注的问题统统用法律形式规定下来，为全国推行的“职务科技成果所有权”改革试点工作添上了浓墨重彩的一笔。除此之外，还有《成都国家自主创新示范区条例》《湖南省长株潭国家自主创新示范区条例》《郑洛新国家自主创新示范区条例》等将“科技成果所有权”概念写进了法律。[2]

但随之而来的问题是，按照现行《立法法》的规定，民事基本制度和基本经济制度只能由法律加以规定。“所有权”毫无异议属于民事基本制度，它作为我国物权法上的重要概念，是由物权法对其加以规定的。虽然原《物权法》第2条明确“法律规定权利作为物权客体的，依照其规定”，但这里的“权利作为客体”是借鉴罗马法及大陆法系德国物权法的规定，权利作为客体有着明确的界定，它并不包含“精神产品”，即我国民法上的“物”并不包括专利、商标、著作、信息等无体物，它们由知识产权法调整，是它的客体。即便英美法系采用包括知识产权在内的财产权

[1] 《深圳经济特区科技创新条例》第37条规定：“全部或者主要利用财政性资金取得职务科技成果的，高等院校、科研机构应当赋予科技成果完成人或者团队科技成果所有权或者长期使用权，但是可能损害国家安全或者重大社会公共利益的除外。依据前款规定，赋予科技成果完成人或者团队科技成果所有权的，单位与科技成果完成人或者团队可以约定共同共有或者按份共有。约定按份共有的，科技成果完成人或者团队持有的份额不低于百分之七十；赋予科技成果完成人或者团队科技成果长期使用权的，许可使用期限不少于十年。对于同一职务科技成果，科技人员获得职务科技成果所有权或者长期使用权的，其单位可以不再给予成果转化收益及相关奖励。”

[2] 《成都国家自主创新示范区条例》第16条第1款规定：“鼓励企业、高等院校和科研院所开展科技成果所有权、使用权、处置权、收益权改革创新，建立知识价值评价、成果权属与利益分配机制。高等院校、科研院所在不违反国家有关规定的情况下，可以自主处置科技成果。鼓励依法建立职务科技成果混合权属和利益分配机制。”《湖南省长株潭国家自主创新示范区条例》第16条规定：“自创区探索职务科技成果转化激励新方式，对完成职务科技成果作出重大贡献的科研人员，职务科技成果完成单位可以赋予其一定比例的职务科技成果所有权或者长期使用权。”《郑洛新国家自主创新示范区条例》第27条第1款规定：“鼓励企业、高等院校和科研机构开展以事前产权激励为核心的职务科技成果权属改革，形成赋权形式、成果评价、收益分配等制度，赋予科研人员职务科技成果所有权或者长期使用权。”

作为民事基本制度称谓，财产所有权也同样由法律加以规定。而在我国采取大陆法系立法模式的情境之下，科技成果所有权则显得有点不伦不类。既然是"所有权"，那么就应该由法律加以规定，至少在上位法没有这个概念之时，地方性法规不应创设一个"所有权"概念。然而现实却是，作为上位法的《科学技术进步法》《促进科技成果转化法》并没有规定"科技成果所有权"这个概念，但地方性法规却作了突破。

（二）相关联概念在法律中的表述

当前，我国管理学领域和经济学领域频繁地出现"科技成果所有权"词汇。前已论及，这个称谓起初并没有被我国法律所明确规定，早之前仅有一些与它相近的概念在我国法律中被明确使用。20 世纪 50 年代开始，我国学习借鉴苏联的法律理论，将西方法学概念中的著作权、专利权、商标权等此类民事权利用"智力成果权"来统称。后因我国市场经济及全面改革开放，"知识产权"这一概念开始引入我国并被广泛接受和使用。1986 年颁布的《民法通则》第五章之第三节"知识产权"中，罗列了著作权、专利权、商标专用权、发明权以及其他科技成果权。1999 年《合同法》第十八章"技术合同"中，有大量技术成果的表述，特别是第 326 条和第 327 条分别规定了职务技术成果和非职务技术成果权属确定的规则。2015 年新修正的《促进科技成果转化法》界定了科技成果的概念，同时也规定了职务科技成果权属规则。此外，1993 年《科学技术进步法》[1]和《著作权法》[2]等也有技术成果、科技成果的表述。在这些法律概念交替使用下，"知识

〔1〕 1993 年《科学技术进步法》第 60 条规定："剽窃、篡改、假冒或者以其他方式侵害他人著作权、专利权、发现权、发明权和其他科学技术成果权的，非法窃取技术秘密的，依照有关法律的规定处理。"笔者认为，按照文义理解，这里的"其他科学技术成果权"应该包括"技术成果权"。所谓"科学技术成果权"（或"科技成果权"），应该是专利权、著作权、商标权、发现权、发明权等智慧财产权利形态的上位概念。从"科学技术"与"技术"两个概念的联系与区别来看，"技术成果权"只是更加侧重实用技术成果而已。

〔2〕 《计算机软件保护条例》第 16 条规定：软件合法所有人对软件复制品享有所有权。笔者认为，软件复制品之上的权利为所有权，似乎混淆了著作权与所有权的关系。《著作权法》第 10 条规定，展览的权利归知识产权人享有，但第 20 条又规定，作品原件所有权的转移，不改变作品著作权的归属，但美术、摄影作品原件的展览权由原件所有人享有。

产权”“科技成果权”[1]“技术成果权”[2]等词汇，开始频繁而又广泛地在我国法律、法规和政策文件中被使用，它们从不同角度指代某些类型的民事权利。然而，无论是智力成果权，还是科技成果权或技术成果权，这些称谓中并没有“所有权”的概念，它们并不是同一类权利。智力成果权是舶来品，科技成果权是在科技管理领域中对科技成果称谓的一个延伸，而技术成果权是科技成果权的下位概念，两者只不过是在权利客体的范围上有所区分。

总体来看，科技成果所有权概念并没有被法学领域广泛使用和接受，它的下位概念诸如专利权、商标权、著作权等通常被知识产权的概念所取代，而在管理学、经济学领域中大量出现的技术成果权、科技成果权与科技成果所有权的关系则并不明确。[3]

第三节　科技成果所有权相关概念的理论范畴

职务科技成果的产权由“国家所有”变为“国家、职务发明人共同所

---

[1] 参见郭庆存：《谈谈技术成果权》，载《知识产权》1996年第1期。郭庆存认为，技术成果权的客体不是物，也不是行为，而是智力劳动成果。

[2] 在西门子（深圳）磁共振有限公司与上海联影医疗科技有限公司著作权权属、侵权纠纷案中[一审：(2014)沪二中民五(知)初字第46号；二审：(2015)沪高民三(知)终字第26号；再审：(2016)沪民再11号]，法院的判决传递了这样的信息：技术成果权是一个复合概念，它与知识产权既有交叉又有不同，单纯的权利本身并不能纳入知识产权专门法的保护，因此在判断技术成果权究竟是一种绝对权还是相对权或仅仅是一种利益时，应当在确定其权益属性基础上，判断其是否能纳入知识产权专门法的保护。如果不能依据知识产权专门法获得绝对权的保护，那么，该权利仅具有相对性，仅能依据签订的合同约束相对方。

[3] 笔者认为，科技成果权的内涵相当丰富，从原《民法通则》对“其他科技成果权”的定义可以推断出，专利权、发明权、发现权等与科技成果权存在交叉或包容关系，既是原《民法通则》第94~97条规定的四种知识产权类型，也是所谓的科技成果权。而科技成果权包含了技术成果权、智力成果权，由于这里的“权”是一种类似于物权的绝对权，上述概念也被学者称为“科技成果所有权”。

有”,源于2016年年初全国科技创新大会上中央领导明确提出推进科技成果产权制度改革的讲话,同年11月中共中央办公厅、国务院办公厅印发《关于实行以增加知识价值为导向分配政策的若干意见》,正式提出“强化产权等长期激励”,“探索赋予科研人员科技成果所有权或长期使用权”,使得“科技成果所有权”一词正式成为国家政策的用语。但政策用语和法律用语毕竟不同,作为科技管理领域的特有名词,“科技成果所有权”在世界民法学说和民事立法中从未被采用,与其相关的概念及学说大多也没有成为主流,之所以出现这个称谓,除我国国有资产国家所有权的制度推力外,也可能只是语言使用和表达的习惯使然。

一、非主流学说及所有权概念异化

在民法史上,与科技成果这种非物质性财产相关的学说,最早起源于欧洲大陆保护知识、技术的“精神所有权”学说。该学说将知识视为物的一种,认为知识产权是对精神创造成果拥有的权利,精神创造的成果和物质成果一样是创造者的财产,其“所有人”有权按照自己的意志处分自己的财产,未经权利人授权或许可,他人无权使用该成果或者妨碍权利人行使权利。〔1〕这种权利被理解为一种排他的、可对抗一切人的权利,是所有权的一种。但从所有权的含义来讲,上述权利并非真正的所有权。〔2〕在“精神所有权”之外,约瑟夫·科勒(Joseph Kohler)的非物质财产权说也对科技成果在民法财产权体系中如何自处有过论证。该理论认为传统的物权只能涉及物质财产,而创作者的权利(知识产权)涉及的是对被视为具有经济价值的非物质财产作品享有的专有权利,实际上是一种具有经济性质的权利,因此他创造了“非物质财产权”这个新的法律类别。〔3〕日本民法学界也曾主张通过对民法关于物的概

---

〔1〕参见张伟、陈金库、孙燕玲:《转型期我国知识产权保护与经济增长的互动传导机制及对策研究》,山东大学出版社2015年版,第15页。

〔2〕参见尹田:《法国物权法》,法律出版社1998年版,第51页。

〔3〕参见赵娟霞:《近代中国的知识产权制度安排》,载《江西财经大学学报》2010年第1期。

念的扩张解释,使无体物能够被承认为所有权的客体。[1]

从技术和知识的所有权到创作者的非物质财产权,虽然科技成果并没有被作为物权法上所有权的客体,但至少说明"科技成果所有权"并不是纯粹的概念杜撰。实际上,在民法所有权概念演化的历史中,借用"所有权"概念而建构权利体系的事情并不少见,学术界也曾出现过所有权概念扩展使用的"变异"现象,具体体现为以下四种较具代表的称谓:

一是债权所有权。传统大陆法系以所有权来统领财产体系,按照此种逻辑容易得出主体享有"债权的所有权""土地使用权的所有权";英美法系没有所谓的"绝对所有权"。一些学者赞成物权法的调整范围应限于对"有形物"的调整,对于无形财产应该单独立法,如知识产权法。[2]也有学者认为,物权的客体是有体物,债权的客体是行为,知识产权的客体是智力成果,它们都是典型的财产权,财产权也可以被称为财产所有权。既然所有权代表着拥有某种东西,当拥有债权的时候是否也可以说对该债权享有所有权呢?如果这个结论可以成立,那么,知识产权也可以被称为"知识产权"所有权。但权利的所有权是什么?所有权本身就是一种权利,权利的权利这岂不是荒谬?这个讨论同样被国内学者嗤之以鼻。[3] 孟勤国(2004 年)认为,将债权说成某人对债权享有所有权,这是逻辑混乱,且毫无意义,如果所有权的客体包含权利,那么,客体与权能之间将不断循环,近乎荒唐,这是典型的形式主义。[4]

二是专利所有权。自 1979 年我国开始研究起草新中国第一部专利法时,职务发明国家所有权制度就被引入专利制度框架之中。特别是 1983 年 11 月 22 日,原中国专利局回应原全国人大法律委员会意见的解释中,将涉及国家与个人关系的"职务发明"权属制度直接概括为"关于

---

〔1〕 参见邓曾甲:《日本民法概论》,法律出版社 1995 年版,第 46 页。

〔2〕 参见马俊驹、梅夏英:《无形财产的理论和立法问题》,载《中国法学》2001 年第 2 期。

〔3〕 参见张淞纶:《财产法哲学:历史、现状与未来》,法律出版社 2016 年版,第 136 页。

〔4〕 参见孟勤国:《物权二元结构论——中国物权制度的理论重构》(第 2 版),人民法院出版社 2004 年版,第 40 页。

专利所有权的归属”问题。[1]《专利法》“三元两权”(个人、集体、国家的“三元”及专利所有权和持有权的“两权”)的权利归属构造,也体现了原《民法通则》中“全民所有制企业对国家授予它经营管理的财产依法享有经营权,受法律保护”的规定,“专利权持有,实际上即国家对专利权有所有权,但企业对专利权有利用权即经营权”[2]。一些学者在学术文献中提出专利所有权(title to patent)概念,将其定义为专利权人对一项专利享有的全部权利;也有学者沿用专利所有权概念,将其定义为“对依法获得的专利权所享有的占有、使用、收益和处分的权利”;还有学者借用了类似概念著书立说,但并没有进行论述。有论者以知识产权所有权的名义发表文章,但其论述中并没有涉及该语词;也有论者提出技术知识所有权概念,但实际上分析的是美国《拜杜法案》中“由政府出资的科研项目中所取得的专利,专利权归属于发明人所在的科研机构所有”的相关问题[3]。

三是权利所有权。20 世纪 80 年代,有学者支持经济学界提出的劳动力所有权的观点,认为按照罗马法传统,权利作为无体物可以成为所有权的客体,劳动力是无体物,也可以成为所有权客体,他们据此分析了无体物所有权(无体物权)的特征,认为劳动力是无体物权,当然也可以称为劳动力所有权。[4] 在立法者看来,“物的所有权”与“权利的所有权”具有同等意义。因为在法理上,知识产权本身可以作为客体物看待。[5]也有学者认为,凡是权利都有其主体,亦即有归属,物权的“所有权”概念可实现这种搭档,即使是知识产权,也可以用“所有”来表示权

---

〔1〕 参见赵元果编著:《中国专利法的孕育与诞生》,知识产权出版社 2003 年版,第 211 页。

〔2〕 参见文希凯等编撰:《专利法释义》,专利文献出版社 1994 年版,第 28 页。

〔3〕 参见崔政:《当代科学与技术知识所有权问题——以实践的观点看》,浙江大学 2013 年博士学位论文,第 100 页。

〔4〕 参见寇孟良:《对劳动力所有权的再研究——关于劳动力所有制讨论的一个侧面》,载《经济问题探索》1983 年第 3 期。

〔5〕 参见孙宪忠:《德国当代物权法》,法律出版社 1997 年版,第 2 页。

利的归属，借用物权法的“所有权”概念只是表述其归属而已。[1] 比如美国法中的“所有权”（ownership）一词，并没有大陆法系中所有权的内涵，仅仅表示人与事物（包括权利）间的归属关系，由此一些学者提出“版权所有权”的概念[2]。也有学者通过对德、日、中三国专利法与《德国民法典》的文本比较后认为，专利权与所有权在权利内容条款上显示出了相同的构造方式，即所有权将对物的各种利用可能性笼统地赋予权利人去实现，专利权是将对发明的各种利用可能性笼统地赋予权利人去实现，二者的实现过程都能够排除其他任何人的干涉，赋予权利人全面的、绝对的、排他的控制权。[3]

四是双重所有权。产权是财产所有权、财产权、所有权的简称，产权作为资产所有权，所包含的经济关系是双重的，一重是法律上的资产所有权，另一重是经济上的资产所有权。经济上的资产所有权可以实现分离，产生借贷和租赁等。全民所有制资产的所有权归国家，国家政府机构直接经营企业，可以拥有独立的产权，即经济所有权。[4] 过去我国经济理论界关于“产权”问题的讨论曾衍生了一种所谓“法人所有权”的观点，该观点主张对国有企业的财产实行“国家的终极所有权”和“企业的法人所有权”的“双重所有权”制度[5]。这种观点得到了经济学界的刘国光、厉以宁及法学界的王家福、谢怀栻等权威专家的认可，但这与“所有权”排他性的法律特征相违背。随着科学技术和商品经济的发展，财产权的类型得以扩张，所有权权能出现分离，产生了与所有权迥异的财产权类型，如信托权。它与传统所有权有别，不能简单归入物权或债权，

---

〔1〕 参见赵宇霆：《无形财产权理论研究》，法律出版社2011年版，第197～198页。

〔2〕 参见王海波：《美国版权法中的“所有权”定义解释——从著作权独占许可的角度》，载《电子知识产权》2018年第3期。

〔3〕 参见郭雪军：《专利权的所有权构造方式及其功能》，载《电子知识产权》2018年第10期。

〔4〕 参见陈文通：《社会主义产权理论和产权制度改革》，载《经济研究参考》1992年第Z1期。

〔5〕 参见纪坡民：《产权与法》，三联书店2001年版，第23页。

英美学者曾试图用“双重所有权”来阐释信托关系的本质。[1]

二、所有权相关概念及其关系论争

财产权、所有权、知识产权是与科技成果所有权最为关联的三个基本概念范畴，但财产权在不同法系有着不同内涵，其权利客体范围也不相同。而所有权作为最重要的物权，它孕育了知识产权，知识产权的诸多权利规则与其完全相似，或者说是知识产权借鉴了物权的规则。实际上，关于所有权及其客体的界定长期以来在学术界都存在争论，正是这些经久不息的学术争议，附以我国科技成果转化难的现实困局，使得科技成果所有权这种变异的概念能够得以生存。

(一)财产权与所有权的关系论争

法国学者吉诺萨尔认为所有权并不代表着一种对物的权利，而代表着一种归属关系，在此基础上，所有权成了最基础的财产权利，既可以针对有体物，也可以针对无体物。[2] 吉诺萨尔借用法国人格主义理论，以具体义务入手，建构了全新的财产权利结构，它以所有权为基础，认为财产权客体包含有形的客体，还包含无形的客体，如知识产品及其构成的知识产权以及债权。[3] 法国学者伊夫·居荣(2004年)指出，工业产权(propriété industrielle)又被称为工业所有权。在这里，选用“所有权”一词是为了强调其持有人的权利范围。权利持有人可以用其权利对抗所有的人，并且可以自由处分这些权利。[4] 英国学者F.H.劳森及伯纳德·冉得(2009年)认为，从财产法的角度看，凡可以被称为财产的物必定是可以被人拥有的和可以交易的，所有被称为财产的物大体分为十类，知

---

〔1〕 参见吴汉东、胡开忠：《无形财产权制度研究》(修订版)，法律出版社2005年版，第26页。

〔2〕 参见[法]雅克·盖斯旦、[法]吉勒·古博：《法国民法总论》，陈鹏等译，法律出版社2004年版，第167页。

〔3〕 参见张凇纶：《财产法哲学：历史、现状与未来》，法律出版社2016年版，第136页。

〔4〕 参见[法]伊夫·居荣：《法国商法》(第1卷)，罗结珍、赵海峰译，法律出版社2004年版，第778页。

识产权是其中之一，也就是说在普通法上，知识产权就是一种物。普通法中的一个技术就是“将权利视为财物”（treating rights as if they were things）。[1] 实际上，“所有权”一词可以是针对有形物的，也可以是针对无形物的，将所有权广泛应用于无形资产具有悠久历史。伟大的法史学家梅特兰德（Maitland）说过：任何具有长久性的权利或一组权利都可以被视为一种财物（a thing），从中世纪开始，财产法中就充满了无形财物（incorporeal things），因此在普通法中，常用“专利所有人”、“抵押所有人”或“地产所有人”等概念，表示权利是可以成为所有权的标的物的。[2]普通法的这个独特思维和立法技术在1872年加利福尼亚州的一部立法（California Civil Code，S. 655）中得以体现：“任何可以被占有和交付的非生命财物都可以有所有权。任何家畜家禽、全部债务、作者的劳动与技术、商行的商誉、商标和商号、立法所设立和授予的权利都可以成为所有权的标的物。”[3]澳大利亚学者彼得·德霍斯对知识产权的“无体所有权”理论进行质疑，否定知识产权领域的天赋性和所有权性（property），认为应当以工具主义的态度来定性知识产权，即知识产权是由国家授予的有限制的垄断权，传统所有权理论从理性和自然法的角度出发，认为所有权是人的基础性权利，是不可剥夺的，但对于知识产权，不应从传统所有权理论角度去考察，因为这对于威胁性权力来说无疑是加固剂。[4] 从这个意义上来说，知识产权是垄断或负义务的特许权，而不是所有权。

（二）财产权与知识产权的关系论争

知识产权是一个外来语，在20世纪60年代以前，它的表述在各国

---

〔1〕 参见［英］F. H. 劳森、［英］伯纳德·冉得：《英国财产法导论》，曹培译，法律出版社2009年版，第42页。

〔2〕 参见［英］F. H. 劳森、［英］伯纳德·冉得：《英国财产法导论》，曹培译，法律出版社2009年版，第92页。

〔3〕 参见［英］F. H. 劳森、［英］伯纳德·冉得：《英国财产法导论》，曹培译，法律出版社2009年版，第92页。

〔4〕 参见［澳］彼得·德霍斯：《知识财产法哲学》，周林译，商务印书馆2017年版，第227页。

和地区都不一致。法国人称它为“无体财产权”,英国人称它为“精神财产权、智慧财产权、人的产权”,德国人称它为“无形产权”,俄罗斯人(苏联)称它为“智力成果权”,日本人称它为“无体财产权”或“精神所有权”。在我国,1949年前没有出现过这个概念,1949年后由于受苏联影响,也称它为“智力成果权”[1];我国台湾地区则称它为“智慧财产权”。可以说,传统的民法学理论依权利的内容,将民事权利最概括地分为财产权与非财产权,所有权是最典型、最重要的财产权。[2] 而知识产权的出现要晚于传统的财产权,它是一种新型的民事权利,具有财产权与人身权的双重内容。因此,简单地将知识产权归于财产权或非财产权都是不妥当的。现代意义上的知识产权是一个“权利束”,各项权能都是设定在同一知识产品之上的,它完全背离传统财产法的“一物一权”主义,使得同一知识产品拥有若干权利主体的情形普遍存在。

我国著名知识产权法学家吴汉东教授对财产权与知识产权关系的研究在学术界具有重要影响。他认为,在知识产权概念成为国际通用法律概念之前,创造性智力成果所获取的民事权利称为“无形财产权”。无形财产在不同国家有着不同的理解,或指智力创造性成果(如日本),或指特定财产权利(如法国),或泛指一切具有财产意义之抽象物(如英国)。[3] 他分析了知识产权产生的历史条件后指出,知识产品是独立于传统意义上的物的另类客体,是一种私人享有的无形财产权。[4] 实际上,无形财产萌芽自罗马法中的无体物,但在演化中却出现了分离。法国法上的无形财产是指不具备实物形态,只能通过思维的、抽象的方式认识其存在的财产,包括知识产权,而德国民法上“物必有体”原则主要

---

〔1〕 参见吴礼林编著:《知识产权法》,武汉理工大学出版社2002年版,第1页。

〔2〕 参见谢怀栻:《论民事权利体系》,载《法学研究》1996年第2期。

〔3〕 参见吴汉东:《关于知识产权本体、主体与客体的重新认识——以财产所有权为比较研究对象》,载《法学评论》2000年第5期。

〔4〕 参见吴汉东:《科技、经济、法律协调机制中的知识产权法》,载《法学研究》2001年第6期。

运用于物权法。[1] 其原因在于，在英美法系发展过程中，没有产生与大陆法系"物"的概念相对应的概念，英美法系以财产概念取代物，而财产包括知识产权等非物质财富。从这个意义上来说，所有权是一种财产权利，知识产权也是一种财产权利，二者本质上没有区别，只不过后者不以有体物为对象。[2] 然而，众所周知，财产权与人身权是传统民法理论中最基本的两类权利，而财产权可分为有形财产权、无形财产权和其他财产权。[3] 知识产权与所有权都是财产权范畴，前者属于无形财产权，而后者则属于有形财产权，因此，将无形财产权扩大到债权和票据权利，主张将其限定在精神产品范畴，也就是限定在知识财产范畴的观点并不妥当。[4] 不过，有学者认为，无形财产不仅是一种财产形式，而且是相对有形物所有权的一种财产权体系，除所有权以外的其他权利均属于无形财产范畴。[5] 也有学者认为，财产与财产权是不同的概念，财产多是有形的，而财产权是无形的，所以并不存在所谓的无形财产权和有形财产权之分，因为一切权利都是无形的。[6] 当然，这样的界定使得作为知识财产的无形财产与作为有形物的其他财产变成了同一概念。

三、科技成果的权利表达及其适用

科技成果转化是我国的独有概念，境外一般称为知识产权转移或技术转移。迄今为止，科技成果所有权的概念只出现在个别国家有关科技

---

〔1〕 参见胡开忠：《无形财产形态的历史演变及启示》，载《云南大学学报（法学版）》2003年第1期。

〔2〕 参见胡开忠：《无形财产形态的历史演变及启示》，载《云南大学学报（法学版）》2003年第1期。

〔3〕 参见吴汉东、胡开忠：《无形财产权制度研究》（修订版），法律出版社2005年版，第28页。

〔4〕 参见吴汉东、胡开忠：《无形财产权制度研究》（修订版），法律出版社2005年版，第31页。

〔5〕 参见马俊驹、梅夏英：《无形财产的理论和立法问题》，载《中国法学》2001年第2期。

〔6〕 参见赵萃萃：《英美财产法之Estate研究：以财产和财产权的分割为视角》，法律出版社2015年版，第13～14页。

成果转化或知识产权的法律制度中,并没有成为通用语。20 世纪 80 年代,美国的《拜杜法案》被广泛认为是有益于技术转移的最重要的法律,被誉为“大学技术转移的大宪章”,学者将其核心内容解读为“凡是联邦资助的大学实验室取得的发明成果,联邦不得提出所有权主张”[1]。受其影响,日本 2000 年颁布的《重振经济特别措施法》,具有日本版“拜杜法案”的美誉,该法第 30 条规定:“受国家和特殊法人委托研究开发所得的成果和知识产权可归属于受委托人”。2005 年俄罗斯颁布第 685 号政府令《经营实体利用财政预算获得的科学技术成果所有权的富裕与转让条例》,规定国家科研机构对其获得的科技成果拥有所有权[2],但俄罗斯的法令中出现的“科学技术成果所有权”是否翻译错误有待考证,但即便是如此,这个称谓也始终没有成为主流法学概念。《俄罗斯帝国民事法律汇编》曾将知识产权纳入“所有权”的范畴,1845 年颁布了《音乐所有权规则》,1846 年颁布了《艺术所有权条例》,在立法体系上将包括著作权在内的知识产权纳入民法典“物权”部分,而《俄罗斯联邦民法典》是将知识产权立法作为与所有权和他物权相并行的独立一编[3]。此外,美国 1980 年《拜杜法案》、1984 年《商标明确法》、1986 年《联邦技术转移法》、1989 年《国家竞争力技术转移法案》、1995 年《国家技术转移促进法》、2000 年《技术转移商业化法》均有涉及与科技成果所有权相关的立法术语,但都没有直接冠以“科技成果所有权”。

既然在国外的立法史上没有该概念的相应表述,那么,这个概念就只能是中国人的独创。虽然除《科学技术进步法》外,该概念目前还没有普遍出现在国家立法中,但从 20 世纪 80 年代就开始使用并沿用至今,它绝不仅是一个语言习惯,背后肯定存在浓厚土壤,可能跟三个社会

---

〔1〕 袁晓东:《激励技术创新的法律制度研究》,华中科技大学出版社 2007 年版,第 135 页。

〔2〕 参见周宇:《PPP 模式在俄罗斯科技创新领域的应用》,载《全球科技经济瞭望》2012 年第 1 期。

〔3〕 参见张建文:《俄罗斯知识产权与民法典关系的立法史考察》,载《河北法学》2009 年第 12 期。

背景有关：一是与商品经济发展有关系。有论者认为，18 世纪由英国开始的工业革命是以技术上的革命为先导的，发明家长期占用科技成果影响社会进步，但不保护又会打击其创造积极性，为解决此矛盾，就必须承认技术成果的所有权，承认它可以成为商品；[1] 有论者认为，为了鼓励人们积极进行创造活动、熟练掌握技术诀窍，必须用法律的手段来保护成果所有权。[2] 二是与国际技术交易有关系。有论者认为，通过跨国间的技术服务，我国可以取得技术成果所有权，该所有权属于技术引进方所有，对方有义务保守技术秘密，通过技术协助取得的技术成果的所有权通常属于技术引进方所有，技术协助专家有义务保守技术秘密，不得向第三者泄密。[3] 三是与国有资产监管有关系。原中国专利局编写的《专利法释义》中明确规定，专利权持有问题的产生是“专利权也是一种财产权，在全民所有制企业，它只能属于国家所有”的现实造成的。2000 年《专利法》修改时，时任国家知识产权局局长姜颖所作的《关于〈中华人民共和国专利法修正案（草案）〉的说明》指出，之所以简化条文不再采取专利权持有与所有分离的规定方式，是因为原法“关于国有单位专利权归属的表述与国有企业改革的精神已经不相适应”，根据当时国有企业政企分开的改革原则，国家作为出资者，对国有资产的所有权与企业法人财产权进行分离。国有资产有无形资产和有形资产之分，无形资产包括知识产权，国有企业的财产所有权通常由国家享有，作为财产权的一部分，知识产权的所有权也应该归属于国家，受国有资产法监管，国有企业仅拥有占有、使用和收益的权利，这种权利是一种财产权，而财产权又具有某种物权特征。[4] 国有科技成果虽为无形财产，但也

---

〔1〕 参见姜振寰等：《科学技术哲学》，哈尔滨工业大学出版社 2001 年版，第 206 页。

〔2〕 参见曾鹏飞：《技术贸易实务》，冶金工业出版社 1989 年版，第 168 页。

〔3〕 参见陆琰、穆为民主编：《国际贸易合同的签订与履行》，中原农民出版社 1995 年版，第 282 页。

〔4〕 参见尹锋林：《新〈促进科技成果转化法〉与知识产权运用相关问题研究》，知识产权出版社 2015 年版，第 47 页。

必然属于公共财产，贸然将其赋予特定的发明人恐不符合宪法规定。[1] 在“所有权国有”这一基础不可动摇的前提下，想要发挥发明人的积极性，将所有权和使用权相分离，不失为两全之策，通过使用权的转移，就可实现在所有权不变的情况下将所有权的大部分权能移交给他人。在国有资产领域，为了实现效率最大化，国家多次运用使用权转移方法，尽可能将所有权的权能、权益剥离出来赋予使用权人，以达到使用权“类所有权”的效果。

实际上，科技成果所有权并非仅出现在科技成果转化的语境之下，与其相关概念在民法、科技法等法律部门中早已存在，学者对其作为一种“所有权”而存在的正当性及意义也进行过论证。有论者认为，1993年《科学技术进步法》第60条的“其他科学技术成果权”和原《民法通则》中的“其他科技成果权”概念上是等同的，是专利权、著作权、商标权、发现权、发明权等智慧财产权利形态的上位概念。[2] 从“科学技术”与“技术”两个概念的联系与区别来看，“技术成果权”只是更加侧重实用技术成果而已，但它们都是一个计划经济体制下行政色彩浓厚的法律规范。有论者将《拜杜法案》解读为科研机构利用联邦政府科研经费完成的科技成果，若获得相关发明，则发明的所有权归于科研机构。[3] 有论者认为，我国的《科学技术进步法》参考美国《拜杜法案》，将国家资助研发的科技成果所有权归属于项目承担单位。[4] 有论者认为，科技成果作为创造性智力劳动的产物，凝结了主体大量的脑力劳动，因而具有价值；同时，科技成果能够满足人们的相关需要，如进行产品、工艺、方法

---

[1] 参见万浩、黄武双：《论国有科技成果权属制度——使用权“类所有权”化》，载《科技与法律》2019年第1期。

[2] 参见易继明：《知识产权的观念：类型化及法律适用》，载《法学研究》2005年第3期。

[3] 参见李玉清：《美国高校科技成果转化的经验及启示》，载《中国高校科技》2012年第Z1期。

[4] 参见马一德：《创新驱动发展与知识产权战略研究》，北京大学出版社2015年版，第172页。

的创新,具有相当广泛的用途,因而具有使用价值。[1] 鉴于价值和使用价值分别是商品的本质属性和自然属性,故科技成果符合马克思主义政治经济学对商品的定义,将科技成果商品化时,成果主体对科技成果享有的权利本质上是一种所有权。但因为无形物观念上的、法律拟制上的“所有”与有形物实际上的、自然的“所有”两者存在巨大差异,科技成果所有权的权能亦发生变化,即由“占有、使用、处分、收益”变为“持有、使用、处置、收益”。2015 年修正的《促进科技成果转化法》既继承了原法第 9 条对科技成果“持有”的表述,也对科技成果使用权、处置权和收益权“三权改革”的内容予以确认,业已形成科技成果所有权的权能体系,并成为所有权权能分离的有力注解。农村土地改革可以不涉产权,包产到户,职务科技成果改革为何必须动所有权?奖励权和报酬权、收益权都不能解决问题,那么,在上述三种权利之外,还有什么权利科研人员享有不了呢?恐怕只有赋予其所有权。[2] 有论者认为,我国引入职务发明所有权制度,是为了体现我国公有制经济特点。因此,我国 1984 年制定的《专利法》明确提出处理“国家、集体和个人”的三元财产权关系,并且通过区分专利权的所有和持有,保障国家对专利权的法律利益。[3] 有论者将我国 2007 年修订的《科学技术进步法》第 20 条解读为国家将科技成果的所有权赋予承担单位[4];有论者认为,从科技成果转化角度来看,国家类比经营权下放企业的做法,将科技成果所有权一般性归于相关单位[5];有论者认为,使用权、收益权、处置权与原权利的分离并不会使所有权人丧失对科技成果的所有权,所有权人仍然可以通过设

---

[1] 参见葛章志:《权利流动视角下职务科技成果转化机制研究》,中国科学技术大学 2016 年博士学位论文,第 33 页。

[2] 参见熊筱伟:《职务科技成果改革为何必须动所有权?》,载《四川日报》2017 年 3 月 14 日,第 9 版。

[3] 参见肖尤丹、徐慧:《职务发明国家所有权制度研究》,载《知识产权》2018 年第 8 期。

[4] 参见唐素琴、周轶男:《美国技术转移立法的考察和启示:以美国〈拜杜法〉和〈史蒂文森法〉为视角》,知识产权出版社 2018 年版,第 20 ~ 21 页。

[5] 参见万浩、黄武双:《论国有科技成果权属制度——使用权“类所有权”化》,载《科技与法律》2019 年第 1 期。

置、消灭权能或者改变、限制权能的内容或形式获得其所有权利益。[1]

四、科技成果权利表达的观点评述

吴汉东等权威知识产权专家对知识产权及财产权利体系的著述颇为丰富,也颇具代表性,但无论他们勾勒的财产权利体系架构为何,在他们的著述中,始终没有出现技术成果所有权或科技成果所有权的概念,从他们的观点中,也不能推导出其认可这一概念。比如,吴汉东教授将著作权、专利权、集成电路布图设计权、商业秘密权、植物新品种权统称为"创造性成果权",还专门论述了商标权、商号权、货源标记或原产地名称权、域名权等经营性标记权,以及形象权、商誉权、信用权、特许经营权等经营性资信权。尽管上述权利均属他所提出的无形财产权范畴,但他并没有直接提出所有权概念,所有权概念仍然局限于物权法上物的所有权。

赵萃萃等青年学者突破了传统思维,认为所有权是包括法律上能够涵盖的所有权利,它是权利束,只要拥有权利中的所有"束"即所有权能,就可认为对某客体拥有"所有权"。按照此观点,科技成果所有权可看成是包括科技成果全部权能的权利束,缺少任何权能这个权利就是不完整的,就不能成为所有权。然而,这又带来一个问题,使用权和收益权等权能分离后,难道所有权的主人就没有所有权了吗?比如,将科技成果使用权以 5 年为限转让给他人,难道原成果权利人就不是所有权人了吗?这显然是不合理的,至少在逻辑上无法自圆其说。

经济学界的刘国光、厉以宁及法学界的王家福、谢怀栻等权威专家认为国家对国有企业的财产享有所有权,进而提出所谓的国有资产双重所有权,可能是这个概念演化的一个最重要的源头,但这个提法并没有得到官方认可和接纳,在学术界也只是昙花一现。因为无论是有形财产还是专利权等无形财产,国有科研企事业单位的权利证书上的权利人一

---

〔1〕 参见翟晓舟:《科技成果转化"三权"的财产权利属性研究》,载《江西社会科学》2019年第6期。

栏均登记的是科研机构，而不是国家。实际上，法学界的产权和经济学界的产权并没有本质区别，严格来说，产权是法学概念也只能是法学概念，不可能有什么经济学上的产权概念。因为产权是权利，但凡是权利，都须以法律名义赋予，且作为产权标的的物，也不全是物质实体形态的物，可以是无体物，如知识产权。

英国学者F. H. 劳森及伯纳德·冉得（2009年）等认为，有了财产的经营管理和买卖支配便有了“所有权”，他们对所有权的概念理解侧重实用性强和形形色色的产权，并没有注重中国法律语境下完整严格的所有权概念。从民法角度看，专利权对于专利权人而言，是一种广义上的所有权，是专利权人对专利的所有。故在科技成果转化领域，运用所有权、使用权的概念论述，有其理论基础。但法律上的产权和所有权对应的是政治上的“所有制”，且在我国沿袭大陆法系模式的背景下，所有权被固定在某个场域，其扩充没有法理基础和比较法支撑，很难得到学术界认可。但对概念的使用，绝不能机械性地遵循定式，只要能够解决现实问题，符合语言表达及使用习惯，通过立法将其予以固化并不会带来混淆，就如知识产权概念那般，曾引起学术界广泛批判，但它最后还是成为法学上举足轻重的权利称谓。

CHAPTER 02 >>

第二章

科技成果所有权概念生成的中国元素

科技成果所有权是“科技成果”这个中国科技管理领域的专有名词与民法“所有权”概念结合在一起而形成的特色称谓，其产生有着特殊的中国背景。早期的国家所有权概念渗透国有企事业单位的国有资产监管理论中，作为国有资产管理的科技成果自然而然被纳入“国家所有权”范畴。而市场经济发展所产生的商品所有权却将经济学上的所有权与法学上的所有权糅合在一起，以市场交易必先确定产权为导向演化而来的“技术商品所有权”，辅之以法律专有名词翻译中不同国家对英文“所有权”的多重翻译和我国学者对《拜杜法案》的误读、误用，都为“科技成果所有权”产生提供了孕育场所和环境，并使它成为一个带有中国元素的概念。

第一节 国家所有权概念的扩展使用

在现今大多数国家的立法例里，所有权既是民法用语，又是宪法用语。[1]我国民事立法中的所有权制度长期带有政治色彩，不太重视法律技术科学性的要求，宪法上的国家所有权渗透民法所有权并被规定下来。我国将国有企事业单位的科技成果按照国有资产对待，坚守国家对该国有资产享有"统一和唯一的所有权"，这为"科技成果所有权"概念的产生创造了具有中国特色的生存土壤。

一、国家所有权理论对民法所有权之影响

通说认为，国家所有权这个理论源于苏联法学家维涅吉科托夫1948年撰写的《论国家所有权》，这一理论得到斯大林高度评价之后，遂成为社会主义国家定义国家所有权的经典理论[2]。作为第一个社会主义国家，苏联的所有权理论是基于社会主义所有制来设计的，因为所有制分为国家所有制、集体所有制和私人所有制，所有权也相应地被划分为国家所有权、集体所有权和个人所有权三种。在马克思看来，所有制是生产关系范畴的概念，而所有权则是上层建筑范畴的概念，所有制是一定生产关系的综合，是渗透在社会生产、分配、交换、消费领域内并且发挥决定作用的经济基础，所有制不能等同于上层建筑领域内的所有权。但20世纪30年代，斯大林对上述论断进行了改造，认为生产资料的所有制形式就是所有权，所有制必然反映为一种所有权，而法律上的所有权也必然反映着一种所有制。[3] 这种理论创造成为社会主义国家建立高度集中的计划经济的理论基础，坚持社会主义公有制，反映到法律上就是国家所有权。

基于此，这种理论的创立者在国家财产所有权中提出了"国家所有权的统一性和唯一性"学说。这个学说的含义是，国家所有权只有代表

---

〔1〕 参见税兵：《自然资源国家所有权双阶构造说》，载《法学研究》2013年第4期。税兵认为，民法把所有权视为一种物质性权利，民法所有权侧重于对所有物本身的保护，而宪法则把财产权视为一种基本人权，宪法所有权侧重于对财产权主体的保护。

〔2〕 参见孙宪忠等：《国家所有权的行使与保护研究》，中国社会科学出版社2015年版，第8页。

〔3〕 参见[苏]库德利雅夫采夫等编，法律出版社编译：《苏联法律辞典》（第1分册），法律出版社1957年版，第110～112页。

全体人民的意志和利益的国家才能享有,国家是国家所有权的统一和唯一主体,这是国家对国有企事业单位财产拥有所有权的基本特征。[1]这个学说在苏联国有财产权属规则的设计中体现出三个特征[2]:其一,主体的统一性和唯一性。国家是全部国有财产的统一和唯一主体,也是每个单独客体的所有人,不管何种国家机关行使国家权能,也不论一定的财产综合体配置给国有企业、生产联合企业还是国家机关或其他组织,国家不与任何人分享所有权。国家财产在不同国家机关之间的移转或依照合同在不同经济组织间移转,在所有权上并不发生任何变化,国家始终是财产所有人。其二,客体的广泛性。苏联《宪法》第 11 条规定,土地、矿藏、水流、森林为国家专有,国家对各种企业、生产联合企业、其他经济组织享有所有权,它们是国家所有权的复合客体,包括企业名称权、商标权、发明权等。其三,权能无限性。苏联高度行政化的国家所有权性质决定了其所有权的权能也是多种多样的,除民法上的占有、使用、收益和处分之外,各色管理权能也是国家所有权的重要部分。

苏联的国家所有权学说理论深深影响着我国政治制度设计。新中国成立初期,我国实行社会主义公有制改造,消灭私有制成为我国构建以公有制为主体的政治制度的重要手段。私有制的消灭,替代而来的是借鉴苏联创造的国家所有权,由于它在宪法上符合我国社会主义公有制的政治制度,很快得以确立。受此影响,我国从早期的民法学者开始,在国家所有权的问题上就已经偏离了科学轨道。20 世纪 80 年代权威教材《民法原理》写道,公有制和私有制是由资本主义和社会主义的国家性质决定的,对此,社会主义公有制下的所有权也应该作出相应解释。1986 年《民法通则》颁布后,整个法学界形成了对国家所有权理论的热议,包括民法学者在内的法学界表现出强烈的问题意识,如何在坚持“统一和唯一的国家所有权”原则下,为国有企业改革找到一个符合国情的

---

〔1〕 参见孙宪忠等:《国家所有权的行使与保护研究》,中国社会科学出版社 2015 年版,第 7 页。

〔2〕 参见孙宪忠等:《国家所有权的行使与保护研究》,中国社会科学出版社 2015 年版,第 108 ~ 109 页。

法理支点，成为当时讨论的重点问题。

党的十一届三中全会之后，法人制度和企业法人财产权问题成为讨论重点，特别是国有企业的财产若依然按照国家所有权思维，它就不具备民法上的独立法人资格，很难进入市场经济。然而，要为国有企业进入市场创设法人所有权，就必须否定“统一和唯一的国家所有权”学说，于是这一时期涉及国家所有权的研究开始出现了一些打破苏联法学理论束缚的作品〔1〕，但是法学界的主导观点还是强硬坚持“统一和唯一的国家所有权”学说。尽管在后来的民事立法中，陆续有诸多学者质疑，但在国家所有权问题上，因为民法被看成是宪法的部门法，为维护宪法基本法地位，民法在所有权制度上以贯彻社会主义所有制原则为基准，依然采用了宪法国家所有权的概念和相关理论体系。

苏联解体之后，尽管我国计划经济时代的印记开始消退，市场经济体制逐步确立，传统民法理念也得以回归，传统民法所有权观念不断复兴，但我国仿照苏联建立的国家所有权学说理论却并没有因此而瓦解。其原因在于：一方面，所有制与所有权的观点被我国主流学说所继承，难以短时消除，“在社会主义公有制下，国家不仅是政权承担者，还是国有财产的所有者”〔2〕；另一方面，我国实行社会主义公有制政治制度，国家所有和全民所有带有意识形态色彩，如果不将国家所有权进行拆分作为民法制度确立下来，恐会引发宪法危机。然而宪法上基于所有制创造的国家所有权理论，如果不加取舍嫁接到以市场经济和商品交易为基础的民事活动法律中，就会遇到很多理论困惑和现实难题。

首先，我国物权法上的国家所有权是全体劳动人民的所有权或者全体人民的所有权，简称全民所有。这里的“人民”一词，是我国现实生活中经常出现的一个术语，经常和国民、公民等混用，表达的含义泛指社会全体成员。而在我国宪法上，人民是政治概念，表达的是一种政治诉求。在早期，

〔1〕参见王开国：《国有企业法人所有权的确立与国家最终所有权的行使》，载《经济理论与经济管理》1994 年第 3 期。

〔2〕谭启平主编：《中国民法学》（第 2 版），法律出版社 2018 年版，第 285 页。

它是和敌人相对应的概念,更多的是宪法所体现的我国以工人阶级为基础的工农联盟的政治制度,将其移植到物权法中之后,则变成了"全体人民"或"全体劳动人民"这种特殊的法律主体。然而,民法是以保护个人权利为基础建立的,倡导法律面前人人平等,将人民概念移植到民法制度中,导致全体人民无法享有和无法行使具体的民事权利,因此以这个法律主体所塑造的国家所有权制度就成了物权法等民法制度的一个摆设。苏联法学的机械引进,把全体人民的财产所有权转换为国家所有权,相当于将人民的概念转换为国家。然而,"国家"一词和"全体人民"是不能混同的,国家的权利是一种主权,而不是所有权,国家在法学上是一种抽象概念,是领土、居民和主权的结合,人民只不过是国家概念的组成部分而已。我们将所有权在民法上划分为国家所有、集体所有和私人所有的三分法,给人们造成国家所有权至高无上的错觉,而在民法所有权体系中,所有权的主体是平等的,民法上的主体是真实而自由的,并不是一个类似于国家或全民的虚拟概念。

其次,民法上的所有权必须遵守主体特定和客体特定原则,完全抽象的全体人民和国家这种概念,无法成为民法财产所有权主体。将国家所有权移植到民法的财产所有权制度中,至少有五个方面不符合民法所有权的内在特征。

一是主体不明确。宪法上的全体人民或者全体劳动人民无法成为物权法律关系主体。人民是抽象的人的群体,无法满足所有权主体必须明确这个基本要求,而国家所有权中的主体"国家",也存在主体资格问题,它无法对具体财产行使所有权。国家是个虚拟存在,它由不同层级的立法机关、行政机关和司法机关等构成。这些机关在我国民法中被称为机关法人,罗马法以来的民法称其为公法法人。每个公法法人占有和支配的财产各种各样,将其强行套入"统一和唯一的国家所有权"理论和制度框架中,会导致这些公法法人的财产法律关系不稳定。正因如此,我国原《物权法》第 45 条规定国家所有权时,试图打破这种束缚,明确国有财产由国务院代表国家行使所有权。

二是客体不确定。我国《民法典》第 249 ~ 251 条所列举的在法律和法学上根本无法界定的资源,即国家所有权的客体,有土地、森林、草原、水流、矿藏、海洋、滩涂等重要不动产，还包括数不清的动产。难道一般人使用河流取水民用还需要征得所有权人国家的同意？珍稀濒危的野生动物从国内飞到国外，难道是对所有权的侵害？这些国家拥有的资源、动产和不动产到底有多少，恐怕也没有人能够统计清楚，国家所有权根本不符合所有权客体特定的原则。

三是权利不确定。物权法规定所有权是对特定物的支配，尽管什么是物尚存在争论，但国有资产数量如此庞大，管理环节如此众多，所有权的支配关系很难明确建立。从国务院到具体物品的控制人之间，不知道有多少中间环节，国有资产的占有、使用、收益和处分的权利到底是谁在行使？大学和科研院所对其拥有的科技成果到底享有什么权利，是否跟一般的物品是同一种权利？科研院所购买的用于会议使用的矿泉水，一旦采购进来，便成了国家所有，单位对这瓶水行使处分权难道还要征得作为所有权人的国家的同意？或者不通过代表国家行使所有权职能的财政部门的批准，单位消费这瓶矿泉水难道是对国家所有权的侵害？

四是义务不明确。因为国有经济在我国的特殊地位，国家所有权被高度政治化，多年来在我国形成了将尽可能多的财产归结为国家所有权的做法。这种做法体现在物权法上，看似在政治上非常崇高，至少是不会犯错误，也落实了宪法关于国有资产保护的规定，但立法者没有考虑到的是，作为所有权人，不仅仅享有权利，还需承担相应义务，这个义务就是要合理使用和管理自己的物，对其造成的损害要承担责任。不妥当地扩大国家所有权客体，无形之中会增加国家承担法律责任的范围和风险，埃及的羊肉出口案就是典型例证[1]。

---

〔1〕 埃及法院因我国某国有企业出口的羊肉不符合该国卫生标准而向我国提起诉讼，在执行中，埃及法院扣留了在埃及港口的我国某远洋运输集团的两艘集装箱巨轮，其扣押理由竟然为，羊肉出口企业和某远洋运输集团均为中国国有企业，依据中国《宪法》和原《民法通则》及中国学者数年来的一贯解释，上述两个企业在法律上的主体均为中国（国家），所以两个企业是一个所有权人名义下的财产。按照民法原理，所有权人要以自己的全部财产来承担对债权人的责任；按照我国法律，“国家”作为所有权人，当然应该可以以自己的全部财产来承担法律责任，埃及法院的做法似乎并没有错误。

五是责任不明确。虽可将国家作为所有权主体,但事实上它不可能自己行使所有权。[1] 这导致在国有财产的支配秩序中,法律上的所有权人和实际享有处分权的主体严重不一致,很多环节上的财产控制权和法律责任也不明确。因为国家不能在国内法上成为民事主体的原告和被告,在国有资产受到侵害的情况下,没有可以提起诉讼的主体,在国家财产致人受损的情况下,国家也不会承担责任,这种理论困境使得物权法上的国家所有权很难化解法律实践问题。

最后,这个学说在现实中遭遇到了严峻挑战。按照物权法规定,国家机关、国家举办的企事业单位对其直接支配的动产和不动产均纳入国家所有权的范畴。国家与国家机关、国家举办的企事业单位间就财产关系而言,更多类似于委托管理关系,它们对其直接支配的动产和不动产并不享有所有权。但《民法典》第 255 条、第 256 条又规定,它们对其直接支配的动产和不动产,享有占有、使用以及依照法律和国务院有关规定收益和处分的权利。这里的"直接支配"与"占有、使用、收益、处分"四大权能结合在一起,恰是民法所有权的含义。尽管《民法典》物权编增加了"依照法律和国务院有关规定"的前置条件,但也不能因此就否认上述组织对其支配的动产和不动产不享有所有权,即便是民法上的所有权,也常常会附加一些行使处分权的限制,比如公序良俗、权利滥用等。但问题是,理解国家所有权不能单从民法角度来看,我们所研究的对象"科技成果所有权"恰是跟国有资产的国家所有权纠缠在一起,苏联的国有财产理论对我国国有企事业单位的财产管理制度设计产生了重要影响,奠定了国有资产国家所有权在我国法律体系中的基本格局。

在行政法层面,无论是何种财产,只要它是国家投资形成的或者是由国家举办的企事业单位所拥有的财产,那么,它都被纳入国有资产。国有资产的管理制度,在国外有着多种法律模式,但在我国却因为社会主义公有制的经济体制难以套用。我国设计了独有的国有资产管理模式,这个模式就是企事业单位对其所拥有的财产并不享有所有权,尽管

---

〔1〕 参见谭启平主编:《中国民法学》(第 2 版),法律出版社 2018 年版,第 286 页。

它可能拥有占有、使用、收益和处分的所有权体系下的全部权能，但全部权能的集合并不等于所有权，因为每个权能都可能需要来自法律的授权或者需要所有权人的同意，比如对国有资产的处分必须报经财政部门审批，或者在其授权下进行处分。尽管民法所有权也附带有义务，如所有权的抛弃不能损害他人利益，但这种处分权的行使并没有前置条件。

可见，同样是基于国家所有权这一概念，但放在不同法律语境中，得出的结论就会大相径庭。更为重要的是，在我国《民法典》中，所有权被划分为国家、集体和个人三个层面的权利，其中具有绝对政治价值的国家所有权，其标的涵盖范围极其广泛，由此它还可能引起司法裁判中的混乱和不利益。比如，贪腐官员对国有资产侵吞造成的损失在我国向来是不能以所有权被侵害案件提起诉讼的。市场经济条件下，任何交易都是权利的移转，商品交易就是商品标的物的移转。当一个国有企业从他人手中购买一件物品时，企业获得的只是物品的经营权，而所有权属于国家；当企业出卖一件物品时，企业本来只拥有经营权，但他人买到的却是所有权，这完全违背交易常识和法理。虽然我国早已是市场经济国家，但各种涉及国有企事业单位财产的法律还是坚持原有的学说，如我国《企业国有资产法》仍规定国家对国有企业财产享有所有权〔1〕。

二、科技成果多源于国有企事业科研单位

“事业单位”这个名词产生于计划经济时代，是一个具有中国特色的称谓。在计划经济时代，我国并没有继受“法人—非法人”的组织划分模式，而是将社会组织划分为事业单位、行政机关和企业三种类型。按照苏联法学家拉普捷夫的学说，社会主义国家的国有企事业单位不再是民法意义上的法人，而是类似于经济和行政机关，因为它没有对自己财产的处分权，它作为法人的财产归国家所有，其内部管理也完全脱离

〔1〕《企业国有资产法》第2条规定，本法所称企业国有资产，是指国家对企业各种形式的出资所形成的权益；第3条规定，国有资产属于国家所有即全民所有，国务院代表国家行使国有资产所有权。

市场而存在，生产经营、内部管理等都不属于民法调整的范畴。作为基本社会组织形态，事业单位成立的首要目的是促进我国文化、科学、教育等非营利事业发展。[1] 在新中国成立之初，我国移植了苏联高度集中的政治体制和相对单一的计划经济体制，而与此相配套的是，我国政府主导型的以事业单位身份存在的科研组织体系也得以建立。

以1949年国家成立以中国科学院为主导的20多个科研机构为开端，到1952年国家参照苏联模式，进行了全国范围内的高等院校大调整，再到1956年我国建成的独立运行的410个科研机构，至此，我国的科研体系基本上形成了中国科学院、国防部门、高等院校、地方科研院所、国有企业五大体系。[2] 体系内的科研单位按照行政隶属关系由政府集中管理[3]，遵从国家指令性计划开展科研开发活动，其所有活动所需经费由国家财政承担。那个时代的科学技术活动的主体基本上是由国家科研事业单位包揽，没有所谓的民营科研活动，科研活动的产出结果即科技成果也归国家所有。这种情况到1985年有了改变，这一年中共中央印发了《关于科学技术体制改革的决定》（中发〔1985〕6号），

[1] 我国事业单位相关法律法规均对事业单位所从事的活动类型进行了列举，教育、科研、文化是最重要的活动范围。比如，《事业单位登记管理暂行条例》第2条第1款规定："本条例所称事业单位，是指国家为了社会公益目的，由国家机关举办或者其他组织利用国有资产举办的，从事教育、科技、文化、卫生等活动的社会服务组织。"《事业单位登记管理暂行条例实施细则》第4条规定："本细则所称事业单位，是指国家为了社会公益目的，由国家机关举办或者其他组织利用国有资产举办的，从事教育、科研、文化、卫生、体育、新闻出版、广播电视、社会福利、救助减灾、统计调查、技术推广与实验、公用设施管理、物资仓储、监测、勘探与勘察、测绘、检验检测与鉴定、法律服务、资源管理事务、质量技术监督事务、经济监督事务、知识产权事务、公证与认证、信息与咨询、人才交流、就业服务、机关后勤服务等活动的社会服务组织。"

[2] 参见周梦玲：《我国科研管理体制机制研究》，南京大学2015年博士学位论文，第53页。

[3] 涉及科研管理的中央政府部门有15个，它们都有具体的科技创新事务管理范围。目前，全国科技管理综合部门有7个，包括国家科技部、国家发展和改革委员会、工业和信息化部、财政部、国务院国有资产监督管理委员会、教育部和审计署等，还有直接隶属国务院的中国科学院。参见乔朝飞等：《我国科技体制现存的问题及深化改革的措施建议》，载《科技管理研究》2009年第5期。

从科技拨款制度和技术市场入手,对我国的科研组织体系进行了改革探索,但此次探索并没有改变我国科研活动主体单一化的格局,国有企事业单位依然是从事科研活动的主力军,科技成果基本上源于国有企事业单位。

1995 年 5 月开始,国务院启动了中央科研机构企业化转制的改革工作。[1] 经过 20 多年的改革,我国科研组织体系发生了较大变化,以市场化为导向建立的新型研发组织开始更多参与国家重大科技项目和各类重大科技攻关活动,非国有科研机构在我国科研活动中发挥的作用也越来越大。但即便如此,我国科研组织以国有科研机构为主导的局面未有根本性变化[2],重大科技成果依然由国有企事业科研单位产出的基

---

〔1〕 1999 年 5 月,国务院办公厅印发了《关于批准国家经贸委管理的 10 个国家局所属科研机构转制方案的通知》(国办发〔1999〕38 号),国家经贸委管理的 10 个国家局所属的 242 个科研机构开始逐步向企业化转制。2000 年 5 月,国务院办公厅转发科技部等部门《关于深化科研机构管理体制改革的实施意见》(国办发〔2000〕38 号),明确对不同类型、分属不同部门的科研机构实行分类改革。参见国务院法制办公室编:《中华人民共和国法规汇编》,中国法制出版社 2014 年版,第 160 页。2001 年公益类科研机构分类改革工作也拉开帷幕,248 个公益类院所的分类改革基本完成:89 个院所改为非营利性科研机构管理,由国家重点支持,61 个院所转为企业,其他科研机构通过并入大学、转为其他事业单位或转为中介机构等多种方式发展。参见文庭孝:《国立科研机构实力比较:理论、方法与实证》,湘潭大学出版社 2010 年版,第 7 页。

〔2〕 截至 2024 年 12 月,中国科学院拥有 11 个分院、100 多家科研院所、3 所大学、130 多个国家级重点实验室和工程中心、68 个野外观测台站。而且,国务院各部委、地方政府先后创办了数万个科研院所,在各重点大学建立了国家重点实验室、工程技术研究中心,国有大中型企业也先后建立了大批的实验室和研发中心。参见骆严:《我国国立科研机构的创新政策及其与创新模式的协同研究》,华中科技大学 2015 年博士学位论文,第 19 页。

本状况没有改变[1],这些成果在权属关系上长期以“归单位所有”的名义而被单位垄断,在单位内部按照国有资产的管理模式进行管理。

总之,我国借鉴了苏联创造的国家所有权理论,认为国家所有权是至高无上的权利,宪法上的全民所有只能由国家所有权来反映,国有企业的全部事务均来自国家授权,国家是国有企事业单位全部财产统一和唯一的所有权主体。国家行使所有权人的权利主要是依靠行政手段和下达行政指令性计划。在此之下,国有企事业单位顺理成章地成为国家机关的附属品,其所产生的科技成果作为我国国有科研单位的一种资产,长期被当成国有财产而纳入国家所有权范畴。这种理论逻辑体现的是新中国成立以来到改革开放之前,我国法律制度受苏联国家所有权理论影响之大的缩影。

三、国有科技成果被确定为国有无形资产

无形资产本来是一个经济学概念,或者说属于经济学研究范畴,但我国国有资产管理法规中,经常使用“无形资产”一词,使得这个概念成为了经济学和法学共同使用的概念。在法学上,无形资产和无体财产具有相似性,它们均指没有物质形态的具有经济价值的事物。最早源于西方国家将财产分为动产、不动产和无形产的三划分法。尽管起源于奴隶社会的罗马法上并没有“无形产”的规定,但公元2世纪的罗马法学家盖尤斯所著的《盖尤斯法学原理》中,将民法分为人法、财产法和债法,其中财产法中的“财产”又分为有形财产和无形财产[2],这是罗马法上无

[1] 中国研究开发人员在科研机构、高等院校和企业三个部门的分布大约是37%、43%、20%,而美国的分布是6%、14%、80%,日本的分布是5%、35%、57%,即美日两国的研究人员大部分分布在企业。同时,中国的研究开发经费在科研机构、高等院校和企业的分布是43%、12%、43%,大部分也是在科研机构,而美国的分布是10%、14%、76%,日本的分布是9%、20%、65%,美日两国大部分在企业。参见陈强:《转型期中国国有科研院所的改制问题研究》,南京理工大学2005年博士学位论文,第40页。

[2] 参见[英]B. 尼古拉斯:《罗马法导论》,1967年,牛津英文版,第105~123页。转引自郑成思:《知识产权论》,法律出版社1998年版,第40~41页。

形资产的雏形。真正有“无形产”概念和内容的应是起源于封建社会的英美法,如英国财产法将无形动产作为财产的重要类别,称其为诉讼中的动产(chose in Action),这是民法意义上无形资产概念的最早来源。

关于无形资产的界定,学术界对其并没有统一定义〔1〕,政府文件中将无形资产定义为“企业拥有或者控制的没有实物形态的可辨认非货币性资产”〔2〕,包括版权、秘密制作法和配方、商誉、商标、专营权以及其他类似的财产〔3〕。但这个定义在法学上并不严密,法学学者曾将无形资产和知识产权在范围上作过界定,认为知识产权是无形资产的主体,但无形资产不等于知识产权,二者的构成要素并不一致,比如无形资产包括特许权、土地使用权、商誉等,而知识产权无法涵盖这些。〔4〕综合上述观点来看,从法律性质上来说,人类脑力劳动创造的精神财富和智力成果是一种无形资产。它与科技成果都不像土地、房屋及货币等有形

---

〔1〕 无形资产是无形固定资产的简称,是指不具有实物形态而主要以知识形态存在的独占经济资源,它是为其所有者或合法使用者提供某种权利或者优势的固定资产。参见蔡吉祥:《无形资产学》(修订本),人民出版社2007年版,第17页。无形资产是企业为获取超额收益而长期使用的,以知识形态存在的无实体性资产。“intangible”的字典释义是“无法通过触摸感知的”或“不能轻易辨别的”;“assets”是指具有价值的元素或财富资源。因此,无形资产是无法通过触摸感知的或不能轻易辨别的有价值的元素或财富资源。See John Berry, *Tangible Strategies for Intangible Assets: Managing and Measuring Intellectual Property, Intellectual Capital, and Other Critical Sources of Value*, McGranw – Hill Companes Inc., 2005, p. 1.

〔2〕 2006年财政部颁布的《企业会计准则第6号——无形资产》第3条规定:“无形资产,是指企业拥有或者控制的没有实物形态的可辨认的非货币性资产。资产满足下列条件之一的,符合无形资产定义中的可辨认性标准:(一)能够从企业中分离或者划分出来,并能单独或者与相关合同、资产或负债一起,用于出售、转移、授予许可、租赁或者交换。(二)源自合同性权利或其他法定权利,无论这些权利是否可以从企业或其他权利和义务中转移或者分离。”第4条规定:“无形资产同时满足下列条件的,才能予以确认:(一)与该无形资产有关的经济利益很可能流入企业;(二)该无形资产的成本能够可靠地计量。”

〔3〕 1992年11月,国务院批准发布的第一部《企业会计准则》(已失效)对无形资产的表述为:无形资产是指企业长期使用而没有实物形态的资产,包括专利权、非专利技术、商标权、著作权、土地使用权、商誉等。

〔4〕 参见于玉林编著:《无形资产哲学》,首都经济贸易大学出版社2015年版,第104页。

资产那样，占有一定空间，看得见、摸得着，它不具备物质实体，但能带来收益，所以无形资产本质上是一种财产权利，跟法律上的无形财产权并无本质区别。

在我国，无形资产概念在国有资产管理领域被广泛使用。实践中科技成果被纳入无形资产范畴，按照有形资产的监管逻辑进行管理，这是因为科技成果符合无形资产的基本特质：一是无形性。无形资产和有形资产最大的区别是其所指向的客体是否具备物质形态。厂房、机械等属于有形资产，而著作权、商标权、专利权等无形资产是以非实物的知识形态存在，科技成果本质上也是知识形态的存在，尽管它通常以一定表现形式固定在一定物质载体上，但载体的价格并不代表科技成果的价值。二是可辨认性。无论是科技成果还是无形资产，都能够从企业的其他资产中单独分离出来，并且可与合同、资产或者负债结合，以出售、转移、授权许可、租赁和交换等形式参与市场交易活动。三是未来经济利益的不确定性。无形资产具有资产特征，即能够带来潜在经济价值，尽管这种价值不像有形资产那样容易确定，但它也是劳动的产物。无形资产是一种特殊商品，具有价值和使用价值，在市场上可以进行有偿转让，并且随着时间推移，将会给拥有者和使用者带来巨大潜在利润。[1] 而科技成果因为凝结了人的脑力劳动，它本身也具有价值和使用价值，而且可以通过市场交易获取经济利益。四是排他性。科技成果和无形资产的权利往往由权利人所专有，非经权利人同意，任何人不得使用，否则将构成侵权。所以，科技成果作为无形资产在我国经济学和法学中均有共识，国有企事业单位的科研人员利用单位物质条件或从事职务行为所产生的科技成果，其作为无形资产的权利应归单位。

四、无形资产作为国有资产的重要组成部分

国有财产，有的国家称之为公产，有的国家称之为公物，称公产者强

---

〔1〕 参见姜天成：《知识产权浅析》，载《发展研究》2001 年第 5 期。

调的是物的所有权归属，称公物者偏重于物的使用价值。[1] 但公产和公物均属于行政法概念，在传统民法理论中，物主要被分为动产或不动产，没有公产概念。法国《国家财产法》将国有财产称为公产，公产被划分为共用公产、公用公产及与公产接触的物体。透析法国公法法人财产所有权制度的演变后发现，法国民法理论及法院的判例都明确承认行政主体对公产的所有权，知识这种所有权在性质上为私有所有权还是信托所有权并不是很清楚。这种所有权是受到公益限制的所有权，公众享有受益权，行政主体享有的是有条件的处分权。德国将国有财产界定为公物，公物在广义上来说，包括财政财产（收入财产）、行政财产（或公用物）和共用财产（或共用物），狭义上的公物仅指行政财产及共用财产，不包括财政财产。其中，财政财产属于行政机关的私产，行政机关对其可享有民法上的私有所有权，对公用物和共用物，虽存在于公法团体的民法所有权当中，但该所有权受到限制，行政机关享有的是使用权和收益权归公众所有的信托所有权。在日本，国有财产的界定交替使用公产与公物概念，所谓公物是指由国家或公共团体基于公共目的而提供给公众使用的有体物[2]，具体可分为行政财产和财政财产。从民法动产和不动产的视角来看，承认国家行政机关和地方团体机关对公物的私有所有权，是因为如果不承认它的私有所有权，那么，在消耗此类动产过程中，行政机关和公共团体就会存在无权处分的情形。物已经被消耗，按无权处分的规定，要负返还原物或赔偿损失的责任，这不利于履行公共职能。英美法系不存在所谓的公产与公物概念，无论是自然资源所有权、行政财产还是财政性财产，其均适用公共信托理论，政府受托于国民享有所有权，而公众则享有使用收益权。

与国外不同，我国民法、行政法中并没有关于公产和公物的规定，也不存在诸如资源型财产、行政财产、财政财产等划分。按照我国《企业国

---

〔1〕 参见[德]汉斯·J.沃尔夫、[德]奥托·巴霍夫、[德]罗尔夫·施托贝尔：《行政法》（第2卷），高家伟译，商务印书馆2002年版，第455页。

〔2〕 参见[日]盐野宏：《行政法》，杨建顺译，法律出版社1999年版，第742页。

有资产法》的规定，国有资产是国家对各种企业出资形成的权益，而权益就是权利和利益，科技成果作为一种利益，按此规定它应该属于国有资产。但现行《宪法》、《民法典》及行政法规对国有财产的规定，则又是基于客体角度采取列举形式，如《民法典》第247～254条对国有财产的客体作了明确规定。但即便如此，无论是宪法、民法还是行政法，我国法律都没有明确将科技成果纳入国有资产范畴。国有资产是国家所有或授权管理的有体物、无体物等能够以货币计量的所有经济资源的总称，它是以经济学概念来表达的法学名词。从这个意义上来说，我国法学上的物与经济学意义上的资产存在交叉混合，经济学上的资产概念要比法学上的物权、知识产权、债权等客体宽泛得多。

五、国家对企事业单位的无形资产拥有所有权

目前，我国对事业单位的国有资产实行"国家统一所有，政府分级监管，单位占有、使用的管理体制"。[1] 这里的"国家统一所有"是国家授权的各级资产管理部门对国有资产管理的立法权、资产划拨权、处置审批权、收益调度权和监督权。但上述权利并不是符合民法科学规则的所有权。目前我国可以行使国有资产管辖权的包括中央政府、省区市政府、地市州政府和县级政府四级，但这四级政府如何分级管理，其具体管理权限是什么，立法语焉不详。《民法典》第87条规定了事业单位法人地位，但没有明确其财产权利；第256条规定事业单位对其直接支配的动产和不动产享有收益和处分的权利，但这不过是一种民法思维的移植，在实践操作中，事业单位国有资产的处分仍需按照各种流程报财政主管部门审批。

[1] 《事业单位国有资产管理暂行办法》第5条规定："事业单位国有资产实行国家统一所有，政府分级监管，单位占有、使用的管理体制。"

事业单位对其所拥有的财产到底享有什么权利,使用权〔1〕还是占有使用权〔2〕?一所大学将财政拨款给员工的工资发放给职工,这时候国家或政府还享有所有权吗?大学的权利仅仅只是使用权吗?既然《科学技术进步法》第32条已经将财政资金资助产生的科技成果的知识产权授权给项目承担单位,为何科技成果的转化还需要层层审批?科研机构对其科技成果到底拥有何种权利,是所有权还是占有权和使用权?按照国有资产分类,政府资助科研项目形成的科技成果更接近于"非转经"资产。为了盘活闲置科技成果,需要将非经营性资产转变为经营性资产,这个转变是基于商业价值而对资产用途的改变,其转变后通常按照经营性资产管理。对无形资产沿用有形资产的管理方式,每个流程和环节都面临审批,漫长的审批降低了转化时效性,加之科技成果转化能否成功前景不明,对资产的评估也没有成熟体系,将其进行转化面临着国有资产能否保值增值的风险。此外,还有转化后进行利益分配时对不同身份人员的种种限制。尽管这些问题在当下看来,得到了制度支持,但因为法律修订没有跟进,其仍存在法律风险。我国科技成果转化率低的原因除成果没有价值之外,还有国有资产监管、成果转化与个人利益脱钩导致的无人愿意转化等因素。这实际上与我国早年国有企事业单位对其所使用的资产到底享有所有权、经营权还是使用权的界定不清有关。

20世纪80年代,我国社会主义市场经济尚未形成,计划经济思维依然根深蒂固,法律学者对国有企业财产性质的认识带有浓厚的计划经济色彩。有观点认为,国家对国有企业财产拥有所有权,国有企业对其财

---

〔1〕 除中央政府外,地方各级政府及其国有资产管理部门对本级政府管辖的国有资产是一种管理权,是所有权派生的一种财产权,不能称所有权。行政事业单位对其占有的国有资产拥有使用权,这种使用权是所有权派生的财产权,它只有占有、使用的权利,而没有处分的权利。参见谢次昌:《国家所有权理论在实践中的运用和发展》,载《中国法学》1996年第6期。

〔2〕 参见王利明主编:《中国物权法草案建议稿及说明》,中国法制出版社2001年版,第29页。

产仅享有用益权，包括占有、使用和处分的权利。[1] 还有观点认为，国有企业对其财产仅享有经营管理权，而这种经营管理权是一种类似于物权的新型财产权，它跟物权的相似性表现在：经营管理权的标的是国家划拨的部分国有财产，权利人可以在法定范围内对其财产行使占有、使用和处分权利。[2]随着我国改革开放不断深入，对社会主义市场经济理论的深化认识也影响着法学理论界对国有企业财产权属性的认识。国有企业作为民法意义上的法人，对其所拥有的财产享有完整的所有权，国家对其享有的仅是出资者的权利。[3] 这种立论能够保障企业处分财产的行为不再受各种法律因素之外的约束，消除经营权让渡中的模糊性，确保市场交易安全，国家也不必对企业经营行为承担无限连带责任。可以说，国有企业法人财产权将有助于建构科学的民事主体制度。在这种理论影响下，2008 年颁布的《企业国有资产法》规定[4]，国有资产是国家对企业各种形式的出资所形成的权益，企业对其财产享有占有、使用、收益和处分权利。这种规定明确了国家对企业投入所形成的权益实质上是出资者权利，并不是国家对企业具体财产的所有权，从而将《企业国有资产法》与民法理论关于所有权是所有人依法对自己的财产享有的占有、使用、收益和处分的权利统一起来。而在国家涉及国有资产管理的法律法规中，类似于专利权、软件著作权等科技成果往往被当成无形资产对待，无形资产在《中央行政事业单位国有资产管理暂行

---

[1] 参见李开国：《国营企业财产权性质探讨》，载《法学研究》1982 年第 2 期。

[2] 参见崔勤之：《国营企业经营管理权是新型的财产权》，载《现代法学》1984 年第 1 期。

[3] 参见孔祥俊：《企业法人财产权研究——从经营权、法人财产权到法人所有权的必然走向》，载《中国人民大学学报》1996 年第 3 期。

[4] 《企业国有资产法》第 2 条规定："本法所称企业国有资产（以下称国有资产），是指国家对企业各种形式的出资所形成的权益。"第 16 条规定："国家出资企业对其动产、不动产和其他财产依照法律、行政法规以及企业章程享有占有、使用、收益和处分的权利。国家出资企业依法享有的经营自主权和其他合法权益受法律保护。"

办法》第16条[1]、《企业国有资产法》第42条[2]等法律中已经被间接确认为国有资产的重要组成部分。

上述论述表明科技成果是国有企事业单位的无形资产,而国有企事业单位则对包括无形资产在内的全部财产拥有所有权。既然国有单位对科技成果拥有"所有权",那么,还何来科技成果转化的"三权改革"下放呢?既然企事业单位对其拥有的财产享有民法上的完整所有权,那么,它们处分所拥有的科技成果,这不是所有权应有的权能吗?为何还要按照相关程序报财政部门审批?难道全国人大及其常委会制定的法律还不如财政部的规章更为管用?还是说,这种所谓的"所有权"的处分权能设定有前置条件,是一种附条件的"所有权"?至少在民法体系中找不到可以给予上述逻辑解释的法律条文。可能的答案就是,长期以来,我国企事业单位的所有财产或被冠以国有财产或被冠以集体财产名义,事业单位的财产所有权解释基准被"统一和唯一的国家所有权"学说所垄断,导致《民法典》第256条[3]采取模棱两可的规定,将企事业单位到底对其拥有的财产享有何种权利交给了法律和国务院有关规定。而此处指代的法律在现实中又回到了《企业国有资产法》等行政法规,国务院有关规定则又回到了《中央行政事业单位国有资产管理暂行办法》,而上述法律法规对国有资产处置流程缺乏详细规定,从而使得财政部的《事业单位国有资产管理暂行办法》成为了最终依据。而财政部的规章则长期以来遵从"国家所有权"的基本规则,各级机关和企事业单

---

[1] 《中央行政事业单位国有资产管理暂行办法》第16条规定:"中央行政事业单位国有资产账包括固定资产账、无形资产账和对外投资资产账,相关信息应当按规定统一内容和格式,全面真实反映资产的使用管理情况。"

[2] 《企业国有资产法》第42条规定:"企业改制应当按照规定进行清产核资、财务审计、资产评估,准确界定和核实资产,客观、公正地确定资产的价值。企业改制涉及以企业的实物、知识产权、土地使用权等非货币财产折算为国有资本出资或者股份的,应当按照规定对折价财产进行评估,以评估确认价格作为确定国有资本出资额或者股份数额的依据。不得将财产低价折股或者有其他损害出资人权益的行为。"

[3] 《民法典》第256条规定:"国家举办的事业单位对其直接支配的不动产和动产,享有占有、使用以及依照法律和国务院的有关规定收益、处分的权利。"

位没有财产所有权,有的只是经营管理权或使用权、收益权。由于对类似于国有企事业单位的公法法人对其拥有和管控的财产究竟享有何种权利、权利的边界、权利的范围等没有上位法明确,行政法规与民法关于财产所有权的规定无法衔接,它所遇到的尴尬也无法通过《民法典》第246条来解决。

综上所述,由于国家所有权在宪法、行政法、民法语境中的含义不同,国有企事业单位的科技成果作为国家所有权客体的立论并不能被直接证成。尽管苏联国家所有权的客体范畴较大,但我国物权法并没有将知识产权作为国家所有权客体。民法所有权的客体是"物",而不是财产,而行政法上的国有财产却又包含无形资产,无形资产又包括知识产权和科技成果。可见,行政法与民法关于所有权客体规定的脱节,是国家所有权理论在不同法律部门混乱使用的重要表现。国家所有权本来是宪法上的概念,因为带有"所有权"印记,又被纳入民法所有权范畴。民法上的所有权与行政法上的所有权其客体并不相同,但用统一的国家所有权概念来统领,使得二者间的界分模糊了,大概念之下的两个小概念并不形成等同关系。由此导致物权法上的国家所有权客体并不包含科技成果,而行政法上的国家所有权概念则包含了科技成果。对于中央提出的"赋予科研人员职务科技成果所有权或长期使用权",仔细解读此处的"科技成果所有权"会发现,这里的"赋予"暗含了国家首先得拥有所有权,才能将其赋予科研人员,而长期使用权是一种类所有权概念。实践中,国有企事业单位的科技成果在确权时,其权利主体并不是国家。比如,归事业单位所有的发明专利,其权利证书上的权利人是该事业单位,并不是国家。按照国有资产国家所有权理论,科技成果的所有权主体是国家才对,因为事业单位并不能等同于国家,按照现行法律规定,它的一切资产包括无形资产都归国家所有。可见,"科技成果所有权"概念虽源于国家所有权,但我们应该按照民法基本原理去理解,而不应该给其附加太多政治色彩和行政色彩。将国有资产国家所有权概念嫁接到科技成果所有权上,并不能说明这个概念具有合理性,反倒让"所有权"变成一个在法学术语中并不确定的概念。由于不同法律部门间都在使用这个概念，其内涵往往大相径庭，由此造成的概念误用，可能是该概念在我国法律语境下产生的一个重要因素。

第二节　技术商品所有权概念的移植

商品所有权，是自古即有的一种财产权利，它是法律对商品占有形式的确认和保护。近代学者将商品权属界定看作一切法律关系的前提，每一次商品交换，都意味着所有权的转移，而转移所有权又必须以转让者享有商品所有权为前提。[1] 科技成果作为智力创造性活动的产物，它凝结了主体的大量脑力劳动，具有价值，同时它能够满足人们需要，具有广泛用途，因而具有使用价值。在传统的马克思主义经济学中，价值和使用价值是商品的本质属性，科技成果完全符合商品的定义，它是一种特殊商品，有了商品，就会催生交易市场，交易市场中的交易者要正常交易必须以其对所交易的商品具有所有权为前提。过去，不承认这种所有权，使得产品交换只有商品的外壳或形式，而没有商品交换的实质，随着我国民法理论回归，专利法、商标法等法律颁布，技术商品所有权的概念日渐被人们所承认和接受。

一、技术作为商品的演化进路：从观念到本质

（一）计划经济体制与作为国家事务而存在的科研活动

新中国成立初期，由于我国将科研活动作为国家事务对待，不存在政府之外的私有科研机构，也缺乏活跃的市场经济，科技成果不能作为商品是全社会的共识。1949 年新中国成立之时，遗留下来的科研机构只有 40 个左右，科学技术人员队伍总量也不过 5 万人，专门从事科研工

---

〔1〕 参见马俊驹：《论国家企业法人的财产权性质》，载《中国法学》1987 年第 6 期。

作的人员仅有600人左右。[1] 如何塑造新中国的科研体制，快速凝聚科研队伍，是新中国采取何种路径迅速发展经济的大是大非问题。中国采取了向苏联学习的方式。当时的苏联，将科学技术活动定位为一种国家事务，它不再依赖于私人发动或慈善性的支持，科研活动作为一种职业的定位及其资金来源，均取决于国家意志，以区别于资本主义国家的科研建制过程。[2] 在此之下，政府开始大规模举办科研机构，这些科研机构按照计划时期国民经济的需求而建，成为科学与国家需求间的重要联结。从科研组织结构上来说，主要包括负责基础理论研究的中国科学院，负责应用研究和开发的由国家部委管理的专业型研究所。从科研机构的内部运作来说，由于没有源于市场的需求，科研方向通常根据院所长或举办单位对国家经济需求的经验判断制定和下达，它体现的是政府意志，但同时结合了国民经济发展。尽管在当时，拟定科技计划使得研究力量和资源配置能够较为集中，利于团队作战，尽快攻克急需关键技术，但高度集中的管理体制必然带来强大的行政干预，科研计划制订也阻碍了自由探索的科学精神。由于举办单位的条块分割，资源重复浪费在所难免，生产与科研尽管还能结合，但形成的制度惯性在1978年市场经济逐步建立后，显著影响到科技与经济的紧密结合，直至后来变成科技体制改革的重要内容，这也是科技成果转化问题被如此重视的原因之一。

（二）市场经济的逐步确立与"知识私有"观念的破除

受苏联影响，过去相当长时间，我国批判和反对所谓的"知识私有"，否认任何集体和个人对任何技术拥有所有权，不承认技术能够成为财产，也不允许其在市场上进行交易。由于没有保护技术产权的法律，也没有建立专利制度，知识形态的技术不被当作商品对待，长期以来是人们的固有认识。由于技术成果、技术产品不被看作商品，生产部门可

---

〔1〕 参见武衡、杨浚主编：《当代中国的科学技术事业》，当代中国出版社1991年版，第4～5页。

〔2〕［俄］伐维洛夫：《苏联科学三十年》，储舜甫译，永祥印书馆1949年版，第19页。

随意使用,无偿占有科研单位技术成果,所以也不存在技术商品所有权问题。1978 年改革开放,市场经济观念得以回归,科技成果是商品的观念逐渐确立。随着国家科技体制改革系列文件的出台,这一观念更加牢固地确立。为鼓励科技人员进行发明创造,调动他们改进技术的积极性,根据中共中央与国务院指示,原国家科学技术委员会从 1978 年起,开始重新筹建我国的专利制度,并于 1979 年批准发明专利 42 件。尽管 1978 年年底,国务院发布了新修订的《发明奖励条例》,但该条例依然规定"对发明的奖励要坚持无产阶级政治挂帅,实行精神鼓励和物质鼓励相结合,而以精神鼓励为主的原则"。该条例依然显示出固有的对技术不能成为商品的认识论的延续,但难能可贵的是,该条例明确"发明是一种重大的科学技术新成就",并打破了过去平均主义的科研成果奖金分配方式,这些细微的变化为"技术也是商品"理论的建立奠定了基础。1984 年《专利法》颁布,司法实践、社会观念乃至国家的价值取向开始出现重大转变,技术成果商品化在理论和实践层面均有了重要依据。[1] 从随后的 1985 年国务院发布的《关于技术转让的暂行规定》(已失效)明确"技术也是商品",到同年 3 月《中共中央关于科学技术体制改革的决定》提出"促进技术成果商品化",再到 1987 年 6 月全国人大常委会第 21 次会议通过的《技术合同法》,一系列重大政策和法律的制定出台和颁布实施,从决策层到普通百姓,"技术不是商品"的思维定势彻底被打破,技术成果商品化从理论到实践均取得了重大突破。特别是《技术合同法》的颁布,使得人们普遍认为,技术合同作为知识形态商品生产和交换的法律形式,它对技术交易的认可和规范,预示着我国已逐步确立社会主义市场经济体制,价值规律开始发挥经济杠杆

〔1〕 参见吴锦标:《邓小平法治思想研究》,山东大学出版社 2001 年版,第341 页。

作用,随着技术市场的开放[1],"技术是商品,技术可以买卖、交换、流通,技术商品的交易像经济活动中其他产品交换一样,也要实行合同制"等观点深入人心。实际上,技术合同制的产生,是以客观存在的知识形态的技术商品为前提的,如果没有技术商品及其流通交换,不可能产生技术合同。特殊商品生产和交换是社会主义商品生产和交换的组成部分,它用法律形式将科研机构相互之间、科研机构与企业单位之间、企事业单位与公民之间等技术开发、技术转让、技术咨询和技术服务的关系予以确认。[2]

(三)马克思主义经济学关于商品的本质与技术成果交易

科学技术本身是复杂劳动的结晶,它是一种非物质劳动产品,是一种无形精神财产。虽然它常常和物质载体结合在一起,蕴含在物质载体之中,但它本身具有无形性,不占空间,易于扩散。在自然经济条件下,它表现为劳动者经验,与劳动者人身不可分割,随着商品经济发展,它演变成为一种特殊商品。它与物质商品一样,具有使用价值和交换价值。按照马克思主义经济学判定商品的基本条件,技术作为商品是符合基本标准的。

首先,它是劳动产品。无论是洛克的财产权劳动理论,还是黑格尔的精神所有权理论,抑或是马克思关于脑力劳动和体力劳动的论述,诸如精神技能、科学知识、艺术及发明等,都被看作是劳动的产物。在大陆法系,科技成果这种权利源于人们的脑力劳动,按照劳动价值理论,它是凝结了创造者的人格而派生的"天赋"型权利,法律对其规定只是对原有权利的确认,而不影响其权利发生,也不影响其作为自然权利之一种

---

[1] 所谓市场,从狭义上讲,是商品交易的场所,从广义上说,是商品交换关系的总和。在我国有计划的社会主义商品经济的条件下,技术也是商品。技术市场是社会主义商品市场的重要组成部分。技术市场的交易,顾名思义,应当是技术交易。技术市场的业务范围包括技术转让、技术服务、技术咨询、技术培训、技术承包、技术入股和技术出口等,概括起来,主要有技术开发、技术转让和技术服务三种形式的活动。

[2] 参见潘宇鹏、宋雅莼编著:《技术合同法及其实施》,陕西科学技术出版社 1990 年版,第 89 页。

而存在。在英美法系，脑力劳动的产物被承认是劳动价值的体现及劳动者“额头上的汗水”，英美法虽没有将脑力劳动产物作为精神性权利予以保护，从而使其具有自然权利的性质，但它被确认是一种私有财产，是一种类似于“物”的财产权。只不过，这种劳动产物不同于一般意义上的“物”，但它同“物”一样可成为交换标的。它是精神内在的东西，可通过一定形式的“表达”而取得外部的“定在”，它本质上是一种精神产品。在早期，尽管我国民法学者与苏联民法学者一样，曾将科技成果这类精神产品作为区别于“物”的另类客体，但他们都承认其作为特殊形态的精神产品是可用于交易的商品。

其次，它有价值和使用价值。价值通常是指凝结在商品中的无差别的人类劳动。尽管技术作为商品的价值不像“有形物”那样能够精确估算，但这并不意味着技术没有价值，技术作为商品所体现出的价值，一定程度上是由承载技术的商品的价格所决定的，技术在商品中的凝结，体现了物质商品的价值，反映了凝聚在商品中的知识性劳动。而使用价值则是指一种劳动产品能够满足人们某种需要的属性，它是商品的自然属性。尽管不是所有科技成果都能够满足人们需要，就如有些劳动产品是废品没有使用价值一样，但技术的使用价值是一种普遍性的判断标准，而不是针对某一种类型的成果，如科学发现。[1] 技术成果是复杂脑力劳动的产物，大部分具有交换价值，可直接用于生产，从而转化为生产力。进言之，马克思认为商品的价值和使用价值与商品的实物性没有必然关系。如果我们从商品的交换价值来看，说商品是劳动的化身，那仅仅是指商品的一个想象的，即纯粹社会的存在形式，这种存在形式和商品的物体实在性毫无关系。[2]

最后，它是为满足社会需要而生产的。技术商品的生产是技术成果

---

〔1〕 科技成果包括基础研究成果、应用研究成果、软科学成果等，能够成为技术商品的科技成果，只是其中一部分，特别是基础研究成果，它虽然凝聚着人类智慧结晶，是高级复杂劳动的产品，但它不能直接应用于生产，故不能纳入技术商品的范畴之内。

〔2〕 参见［德］马克思：《剩余价值理论》（第 1 册），中共中央马克思恩格斯列宁斯大林著作编译局译，人民出版社 1975 年版，第 163～164 页。

的研究和开发，是一种特殊的生产方式，创造的不是直接的物质财富，而是取得物质财富的手段，其生产过程不是改造自然，而是通过认识自然取得改造自然的方法。生产要素包括劳动者、劳动资料和劳动对象。技术商品的生产者就是知识分子，科研活动是在前人基础上的深化创造过程，具有很强的接力性，劳动者既要继承前人知识，又要吸收国内外同行创造的新知识，还要吸收其他专业和学科的新成果来丰富自己。技术产品的数量和质量取决于科研人员的知识水平、知识结构以及研究集体的智力构成，在劳动者这个因素中，研究集体的人才结构是技术商品生产的重要条件。劳动资料分为信息和物质两大类，信息是源于图书和科技情报等的一种要素，而物质是技术商品的重要生产资料，如实验室技术装备和科研仪器设备。物质作为劳动工具，是科研劳动者手的扩张和延长，也是劳动者思维和感觉器官的延长。劳动对象包括研究客体和社会上积累的知识，任何客体都不是用来进行加工而变成预定实物商品的资料，在研究过程中，劳动者所引入和利用的原有的知识得到充实、改造、深化并与新的知识相结合而产生新技术。

二、技术商品参与市场交易：从历史到现实

（一）技术作为商品是经济社会发展的必然

前资本主义时代，科学技术被狭窄行业和家庭作坊所隔断，只能形成“祖传秘方”“父传子受”这种小生产者的技术。近代商品经济和资本主义的建立，使资本把科技成果还原成一般等价物，并用经济效益对其进行衡量。资本的神奇力量在于它使得“工匠们成为雇佣劳动者，即把他们的技能和人体一起转化为商品”，并驱使其走向市场，卷入到“一种没有良心的自由贸易之中”。[1] 世界上第一部专利法 1474 年诞生于意大利北部威尼斯共和国，而那里恰恰也是资本主义商品生产关系的最早策源地。进入 17 世纪之后，随着英国于 1624 年颁布被称为“现代专利

〔1〕 吴汉东：《科技、经济、法律协调机制中的知识产权法》，载《法学研究》2001 年第 6 期。

法之始”的垄断法，市场经济发达的英国、德国、日本、美国、法国等先后在1852年、1877年、1885年、1790年、1791年制定或颁布了各自的专利法。[1] 专利法实际上就是为了明确专利作为商品或潜在商品实现其财产价值的权属。按照经济学供给与需求理论，智力创造是一种生产活动。人类社会的发展，首先是生产劳动过程的发展。在人类生产劳动中，包含着物质生产和精神生产两个部分，其所创造的物质财富和精神财富都是法律上的财产保护范围。[2] 精神生产与物质生产的目的都是交换，只有交换，个人才能获得各类物品的最佳组合，达到物品效用和自身利益的最大化。

（二）技术商品的生产和交换与普通商品并无特殊区别

技术作为商品产生的社会背景与普通商品一致。一是技术和生产操作者的分离。科学技术及社会分工的发展，导致在实物生产中，出现了专门从事工艺改进与产品水平提高的技术开发、技术研制的机构与人员，他们是相对独立存在的知识形态的技术商品的生产者，生产并开发技术商品，但不是为了自用而是为了出售。二是技术商品的交换是等价交换。技术成果转化为现实生产力的过程，实际就是技术商品的等价交换过程，必须确保技术的买卖双方都有利可图。比如，在目前的技术成果转化中，发明人对自己发明利益的实现可通过“自己实施”和“出卖成果”两种途径。自己实施的局限性在于，发明人必须自己有资本，还需要有一定的物质条件，这对发明者来说好像有些不太现实。职业研究者的优势恰在于发明创造而不是经营办厂，如果研究者办厂，势必削弱自己的优势，这不符合社会分工的逻辑，且实施发明还会延长资本的周转周期，影响利润率。因此，在自己实施研究成果的同时，出卖自己的成果，这也是一种实现利益最大化的方式。直接出卖成果，通常是指资金能力和经营能力不足的职业研究者将成果转让给他人实施，他人支付一定费

---

[1] 参见郑英隆：《市场经济与知识产权》，载《经济科学》1993年第5期。

[2] 参见吴汉东、胡开忠：《无形财产权制度研究》（修订版），法律出版社2005年版，第221～222页。

用。职业研究者除满足自身的技术更新和产品更新需求之外,将剩余成果有偿转让给他人实施,并不损害自身的利益,只要该技术所对应的物质商品的市场容量足够大,出卖技术就不会影响实物商品的销售。三是技术商品的供需双方是独立的商品生产者。就需方来说,其若不是一个拥有相对独立经济利益的商品生产者,就不可能感受到市场的强大竞争压力,不会产生对技术的强烈需求,也不会花钱去购买技术。对供方来说,其是一个靠国家无偿拨款来补偿科研成本的职业研究者,其若不是一个独立的商品生产者,就不需要靠出卖技术来维持生存和发展。只有双方都具有独立经济利益,都是独立的商品生产者,他们才能对"技术是一种财富"达成共识。卖方不愿意无偿转让,而买方愿意花钱购买,这样技术成果才能成为市场交易的对象,即商品。

(三)技术商品交易在实践中日趋丰富

实际上,自从人类有了社会分工和商品市场以来,一切有价值的东西都可以用来交换。在当今社会,不仅仅是实体物这种有形财产,就连类似碳排放权、商铺经营权等无形财产也可以用来交易。不过,技术交易是各种关系的综合,与普通商品的交易还是有着不同。一是在商品属性上,物质商品和知识商品不同。前者是一种实物形态的商品,是一种进入交易市场后能立即满足消费者需求的"终端物",而后者则是一种知识形态的商品,其交换过程以实现技术转化为终结。再就交易方式而言,前者只要双方达成一致的买卖合意,钱物两清,交易即告结束,而知识形态的商品,在市场上的初次交易,不过是今后实现交换目的的前奏,为下轮交换奠定基础,或者说是科技成果转化活动的开始。二是在商品形态上,技术商品具有无形性特征。与物质商品不同的是,技术商品的真正价值是凝结在商品中的无形的技术水平,技术商品这种无形的交易形态、抽象的交易过程、多变的交易环境和多元的交易方法,不是简单套用有形商品交易模式就能实现的。三是技术交易具有技术物化过程的长期性和复杂性。知识形态的技术商品,只有转化为新的物质产品后,才能供消费者使用。然而,这种从无形向有形转化的过程,是一种多内容、多环节和多要素的组合和互动,是各种要素共同发生作用的结果,转化进程随难度的增加而增大，正是这种难度和风险，使得技术一旦转化成功就会带来巨大收益。四是两种不同商品交易的目的和规律不同。人们所熟悉的市场交易是以有形商品的买卖为主要目的，一般的商品交易目的是实现买卖，而技术交易活动的目的是实现技术向生产力的转化，二者的目的、要求、过程、方法和手段都不相同。

尽管知识商品和实物商品的交易过程有所差异，但这并不影响知识商品交易本身。在诸如排放权、经营权等权利交易已经很普遍的现实中，作为负载价值和使用价值的无形之物，科技成果作为商品进行交易实属正常。有交易需求，就必然产生交易场所。随着科技体制改革的推进，我国出现了多种形式的技术交易市场，技术商品通过这个平台进入流通领域。但科技成果交易跟普通商品交易毕竟有所不同，它的交易流程要复杂得多。正如全国各地兴起的技术交易市场和技术交易网络平台一样，它们绝对不可能像购物超市或类似“淘宝”购物网站那样，在短时间内、双方无须见面的情况下就达成交易。其原因在于，技术交易没有统一的定价标准和机制，交易双方对交易对象的价值有着不同判断，交易价格很难达成共识，所以将技术交易市场看成一般的商品交易市场是片面的。

三、技术交易催生产权制度：从所有者到所有权

（一）商品交换与商品所有者

在马克思看来，所有权是商品交换行为存在的必要条件。他说道，商品不能自己到市场中去，不能自己去参与市场交换。因此，我们必须找寻它的监护人。商品所有者为了使作为商品交换的物之间互相发生关系，就必须使商品监护人与体现自己意志在这些物中的人之间彼此发生关系。因此，一方只有符合另一方的意志，才能让渡自己的商品，占有他人的商品。也就是说，每一方只有通过双方共同一致的意志行为，才能

实现交换。而这一切，都建立在他们必须彼此承认对方是私有者。[1]“只有属于自己的，才有支配权，才能拿去与他人交换。如果一切物都属于自己，那么自由取用就可以无需交换，因为同一个所有者自己不能与自己交换；如果所有的东西都属于他人，那么也没有交换。在这种情况下，要想获得对方的东西，只有依靠暴力去抢劫或者对方的恩赐。所以交换必须是交换的双方都是所有者，任何一方是非所有者（劳动能力也是一种所有）则无法交换。”[2]由于交换本身是一种包含了利益冲突的行为，为了使交易行为能够正常维持和进行，就要引入一种制度来明确界定“所有者”对其用于交换商品的财产权利，以便形成稳定的交易预期。于是，人们在经济交往中所形成的习惯或普遍接受的规则和行为方式就被用来规范资源的分配和使用。这个过程后被西方经济学界所采用，经过不断演化发展，逐渐形成了现代意义上的产权制度。

之所以借用产权制度，是因为本章所要论述的“商品所有权”本身是经济学概念，在法学意义上通常称之为财产所有权，而非商品所有权。商品与财产本身是不同学科的两个概念，对于产权和所有权的关系，学者也从来没有达成过一致。产权主要不是反映人与物之间的关系，而是反映基于物的权利实现过程中人与人之间的利益关系。但无论如何，产权与所有权都含有“权”字，有了“权”字，它就进入了法律范畴。无论是“产权”还是“所有权”，它之所以能够存在，并不是因为所有者本身的力量，而是因为作为社会力量的法律的存在。难怪在马克思看来，产权是以法律形式存在的所有权。按照商品所有权的观点，如果法律上的所有权不体现为交换权、处置权，那么，这种所有权就是空的，就不能称其为所有权。某物属于我的，但我根本无法对其加以使用，也不能用它与他人交换，谁还能承认我对它拥有所有权？

---

〔1〕 参见［德］马克思：《资本论》（第1卷），中共中央马克思恩格斯列宁斯大林著作编译局译，人民出版社2004年版，第102页。

〔2〕 郑克中：《商品经济与产权制度原理——客观效用价值论之二》，山东人民出版社2005年版，第13页。

（二）所有与所有权

商品交换本质上是不同商品所有者劳动的交换。这里的“所有者”并不是所有权人。所有者的概念指的是“对于一件东西拥有一个成熟的法律系统所确认的最大利益的那个人”[1]。“所有”中的“所”在汉语中有多种意义，其中之一是表示处所，而“有”是相对于“无”而言的，“有”表示一种存在，“无”表示不存在。把“所”与“有”连接起来，组成一个词语“所有”，实际上就是指“在什么地方存在什么”。“有”或“无”表示的是人对物的关系，物对物不可能建立起有和无的关系，所以，“所有”一词就是专指人对物的拥有，而不是物对物的拥有。体现在日常生活中，就是我们习惯用“所有”来表达对某种事物的支配。比如，20世纪80年代，我国对科技成果权属的不同规定，就大量使用了“所有”的表达方式：一是全民所有制企业的产品属于全民所有，技术产品也不例外，应当归国家所有，单位仅享有占有权和在国家政策和国家计划范围之内的有限转让权。转让收入可以分成，也可以作为对生产技术产品的科研人员、技术人员的奖金，但不影响所有权归属。二是对技术产品的生产单位即科研单位来说，在国家计划内使用国家财政拨款而产生的科技成果原则上还是属于国家所有，而在国家计划之外，使用单位的物质技术条件和资金，或自筹资金搞出来的科技成果则归单位所有。三是技术产品是脑力劳动的产物，脑力劳动与体力劳动一样，只有在使用了国家或集体的生产资料时，其产品才能归国家和集体所有，而独自搞出来的科技成果，特别是科研人员在业余时间产生的发明创造应该归科技人员个人所有。上述关于科技成果权属“所有”的规定，表明了成果的产权归属，而不是单位对科技成果拥有所有权。可见，在大陆法系和我国民法理论与法律体系中，所有与所有权并不构成对应关系，所有权是一个物权的绝对的、排他的权利概念，而“所有”表达的仅仅是权利的归属。[2] 日常

[1] [美]克里斯特曼：《财产的神话：走向平等主义的所有权理论》，张绍宗译，广西师范大学出版社2004年版，第30页。

[2] 参见王新红：《国有企业所有权与经营权相分离理论批判》，载《政治与法律》2019年第8期。

用语经常将“所有”与“所有权”等同,但实际上二者风马牛不相及。“所有”是一种状态和事实,所有权是一种法律权利。把“所有”与“权”联系起来形成的“所有权”,就是赋予“所有”一种法律上的支配力量,且这种支配表面看是人对物的支配力,实际是针对他人的排他性。说某人对某物拥有所有权,其实就等于说,除该人之外,任何人都对该物失去了“所有”的可能。

商品交易和交换本质上是一种经济关系,这种关系的核心是所有者权利,而“所有者”的权利体现在法律上就是所有权。科技成果之所以成为商品交换行为的客体,是因为它是智力创造性劳动的产物,虽无外在物质形态,但有内在价值和潜在的交换价值,即作为交易客体它能给主体在权利的实现过程中带来经济利益。换言之,知识产品具有物质产品同样的商品属性,能够成为自由交换的标的。这种交易得以正常进行的前提是法律所规定的财产所有权。但正如前文所述,商品所有权是与财产所有权并不等同的概念,在技术作为商品的条件下,二者如何对接呢?在这里,我们借用马克思的“商品拜物教”来阐释二者的关系。在马克思看来,财产所有权向来具有意识形态功能,把抽象物视为具有财产权能之物,实际上就印证了他所称的“商品拜物教”。[1] 马克思认为,商品和商品交换是独立存在于人类社会关系中的特殊关系。劳动产品作为人脑和人手的产物,当被作为交换目的而予以生产时,在“商品拜物教”那里,它就成为有生命的东西,因为用于交换的商品之间将互相发生关系,并与人发生关系,这种关系体现在法律上就是一种针对财产的所有权关系。知识产品代表人们精神生活的商品化,它是个人精神生活的产物,无论是复杂劳动还是简单劳动,它都会外化成为个人与事物之间的关系,异化成为商品生产和交换机制的一部分。知识产品的无形性并不影响其价值,对以抽象物形式表现的科技成果来说,同样具有商品属性的价值和使用价值。也就是说,创造性劳动与一般劳动(复杂劳动或简单劳动)同样具有商品化的特点,不同之处只在于它是脑力劳动的产

---

〔1〕 参见方江宁:《知识产权法基础理论》,知识产权出版社2014年版,第112页。

物。知识产权法的宗旨就是承认和维护对抽象物的所有权，通过创造抽象物，将创造性劳动直接带进生产关系中。[1]

（三）所有制与所有权

作为意识形态存在的“财产所有权”，使我们对所有权归属的判定往往跟生产资料的所有制结合在一起。在我国社会主义公有制的经济体制下，存在全民所有制、集体所有制和个人所有制三种形式，相对应在法律领域就形成国家所有权、集体所有权和私人所有权，延伸到科技领域也是如此。我国的科研单位存在全民所有制、集体所有制和个体科研单位，与此相对应，我国的技术商品所有权也存在全民所有权、集体所有权和个人所有权三种。但无论是哪种所有制下的技术商品，其所有权归属确定的目的都是将“技术作为商品”用于市场交易。由于国有技术商品的特殊性和复杂性，为了与我国生产资料所有权和经营权分离的原则保持一致，有人提出了技术商品的所有权与持有权的权能分离概念，产生了如下几种对技术商品所有权的确权规则：一是由国家拨款，利用国家研究设备所创造的技术商品所有权归国家，持有权归发明创造单位，若由两个或两个以上单位共同创造，则技术商品的持有权归共同创造的单位共有；二是由国家拨款并委托另一方创造的技术商品，其所有权归国家，持有权归委托单位，但受托方享有使用权和收益权；三是集体所有制科研单位所创造的技术商品，其所有权和持有权归集体单位所有；四是个人创办的研究机构或个体科研户创造的技术商品，或者科技人员业余时间完成的非职务发明创造，其技术商品的所有权属于个人，但在职科研人员使用了国家和集体的物质设备从事发明创造的，则通过协议来确定双方的权利义务关系。

综上所述，人们的创造性劳动产生了作品、发明、外观设计等抽象性成果，将这些抽象性成果型塑为抽象物，它就可以融入商品生产，进入蔚为壮观的商品生产秩序，也意味着它可能进入商品交换系统。但作为抽象物的创造性劳动要融入市场经济的商品生产体系，就必须借助法律上

---

〔1〕 参见方江宁：《知识产权法基础理论》，知识产权出版社 2014 年版，第 115 页。

的所有权制度，只有这样，它才能充当市场经济发展的第一推动力。实际上，早在20世纪80年代，我国技术交易市场的建立，使得科技成果商品化实践日趋丰富，因为市场经济中的“交易物”首先要明确交易主体，创新主体对科技成果“所有”的观点不断被强化，于是就产生了“技术商品所有权”作为谁有处分权或者谁能够最终决定交易的代名词。“技术商品所有权”就这样被催生，成为一个很少被质疑却在现实中有着成套规则的概念体系。所以，“所有权”不单单是法学概念，它更多时候是马克思主义经济学用于界定市场交易主体的一种工具。但无论“科技成果作为商品”，其所有权的归属如何确定，它本质上仍然是商品所有权的一种形式，只是与传统所有权不同的是，科技成果所有权的权利内容与物权法上所有权的权利内容不同。但若将技术商品的所有权看作调整“技术商品作为财产”的归属及利用关系时，它仍然无法摆脱交易主体（所有者）对用于交易的技术商品所享有的占有、使用、收益和处分的权能体系所构造的一种交易关系。只不过，由于无形物与有形物在外在形态上不同，二者的权能也不同，有形物的占有权能往往体现为无形物的“持有”，所以在《促进科技成果转化法》中，我们经常看到“持有”的表述。国家推动科技成果转化的“三权改革”，也将物权法中的处分权变成了处置权，但无论怎样的权能体系构造，它背后的理论仍然是商品交换的所有权理论。

第三节　知识产权术语的不当嫁接

作为一个舶来品，英文“intellectual property”在不同国家和地区分别被译为“知识财产权”“知识所有权”“精神产权”“无形财产权”“智慧财产权”等。由于不同国家和地区语言的译法不同，加之知识产权与物权的许多规则相似，将智力成果等精神产品的权利称谓冠以所有权的现象在不同国家和地区不同程度存在，甚至个别国家将“知识产权”直接规定在物权法中。不同语言间译词的混用和“所有权”在日常生活中的口语化表达，成为“科技成果所有权”概念产生的重要因素。

一、知识产权的词源考证及翻译质疑

知识产权概念产生于何时，学术界有不同见解。有学者认为，这个概念产生于18世纪的德国；也有学者认为是1728年由瑞士人杜纳尔森提出，表示智力创造的财产；还有学者认为，将来自知识活动领域的权利称为知识产权，最早是17世纪法国学者卡普佐的著作，后被比利时法学家皮卡第发展借鉴，用以区分物的所有权。[1] 但无论何时产生，我国学术界普遍认为，“知识产权”一词是由英文“intellectual property”翻译而来，汉语中涉及“知识产权”一词的相关著述在肯定“intellectual property”是其词源的同时，又声称知识产权也可称为“智力成果权”“智慧财产权”，单从汉语词义上看，这三个概念并不相等。那么，“intellectual property”本来的含义究竟为何呢？考证后发现，英文中的“intellectual”既可作名词，译为知识分子，也可作形容词，译为智力的、理智的、用脑筋的、需智力的。而“property”是名词，其含义有五种[2]，其中之一可译为财产权、所有权。当“intellectual”与“property”两个词语结合在一起后，我国学者依据各自英文含义及其所概括的相关法律制度，曾将其译为“智力成果权”，我国台湾地区学者将其译为“智慧财产权”或“智力财产权”，我国香港特别行政区学者将其译为“智力产权”。而在国外，德国学者将其译为“智慧所有权”，日本学者将其译为“知识所有权”。这些译法都是忠实于原文的正确译法，恰倒是将其译为“知识产权”反而不符合英文含义。由此，“知识产权”一词的词源来自英文不能不引起人们的质疑。

---

〔1〕 参见郑成思：《知识产权论》（第3版），法律出版社2003年版，第3页；郭寿康主编：《知识产权法》，中央党校出版社2002年版，第1页；吴汉东：《关于知识产权本质的多维度解读》，载《中国法学》2006年第5期。

〔2〕 第一种含义是资产、房地产；第二种含义是财产权、所有权；第三种含义是性质、性能、特性、特征；第四种含义是逻辑学中的非本质特性；第五种含义是戏剧或电影的道具。

我国学者经考证后发现,“知识产权”一词作为法律术语在世界范围内被广泛接受是源于 1967 年成立的“World Intellectual Property Organization”,我国官方将其译为“世界知识产权组织”,因为这个组织的英文名称中出现了“intellectual property”,所以被作为我国官方的正式翻译。[1] 然而“World Intellectual Property Organization”的前身是“保护知识产权联合国际局”,这个组织并没有英文名称,只有法文名称“Bureaux internationaux reunis pour la protection de la propriété intellectuelle”,缩写为 BIRPI。在法文中,“propriété”可译为所有权、财产权,而“intellectuelle”的含义是知识的,“propriété intellectuelle”就被译为知识产权。因为保护知识产权联合国际局长期处于瑞士政府监督之下,瑞士的官方语言恰是法语,因此“知识产权”一词的词源出自法语而非英语,对其翻译似乎是正确和适当的。但值得注意的是,“intellectual property”本身并没有权利字样,将法文的“propriété intellectuelle”翻译成为英文的“intellectual property”并不准确,实际上英文的“intellectual property”和“intellectual property rights”是不同的含义,前者翻译成“知识产权”,后者就没法翻译,可能是因为英美法系对财产和财产权划分本身并不严格,才造成了法文“propriété intellectuelle”和英文“intellectual property”等同。

在我国,学者将财产等同于财产权,导致将“intellectual property”译为“知识产权”,严格来说,“intellectual property”忠实于英文原意的话,只能译为“知识财产”,而非“知识产权”。[2] 在相同语境下,一个词只能有一种译法,这是法律翻译和法律逻辑学的必然要求,实际上将“intellectual property”译为“知识产权”不过是为了与世界知识产权组织的称谓保持一致,假如当初将其译为“知识财产权”或“知识所有权”,那么,其称谓将面临与“科技成果所有权”同样的解释困境。不过,“科技成果所有权”这个概念则并没有对应的外文翻译,它是中国人的创造,只

[1] 参见王晨雁:《对知识产权概念的质疑与反思》,载《福建论坛(人文社会科学版)》2005 年第 9 期。

[2] 参见齐爱民:《知识产权法总论》,北京大学出版社 2010 年版,第 113 页。

在汉语中存在，并不像知识产权作为舶来品那样存在词源考证问题。

二、知识产权与所有权在英美法系的表达

在美国，由于信息自由和知识绝对归属间的冲突，知识产权正当性问题长期被激烈争论，知识产权中的概念也常常与所有权概念交织在一起，诸如版权所有权、商标所有权等概念也经常被使用。为此，我们就需要考证"intellectual property"中"property"与"ownership"的关系。英语"intellectual property"中的"property"直译为"财产"，但用于法律术语时，其往往被译为"财产权"，与其类似的概念至少包括"ownership""title""estate"等，上述英文单词都跟"所有权"相关。"estate"发端于11世纪诺曼登陆后因土地分封而形成的保有制，早之前被用于指代土地上的权益形态，后经过几个世纪发展，现今在学理研究中通常用于泛指所有权益，后扩展至无形及非消耗不动产〔1〕；"title"早期仅用于指代土地上的各类财产权益（estate），将财产上的各类权益形态表达为一个产权（title），经常与"to"连用，强调人与其财产间的法律关系，后来逐渐被司法裁判所借鉴，类推适用土地法律关系的产权比较办法来处理其他法律纠纷，因此这个词语更多是被用在司法裁判中，凡是在任何权利或利益之间发生冲突时，英美法律人都会用"title"这个概念〔2〕。

关于"ownership"与"title、estate、property"的关系，学者已有详尽论述〔3〕，在此简述。"ownership"与"estate"之间，通常认为对"estate"的拥有为"ownership"，"ownership"涵盖了财产上的不同"estate"，"estate"是"ownership"的客体之一，是可以所有的利益；至于"ownership"与"title"，当在诉讼中对"ownership"有不同理解时，通常借助于相关的

---

〔1〕参见赵莘莘：《英美财产法之Estate研究：以财产和财产权的分割为视角》，法律出版社2015年版，第28页。

〔2〕参见赵莘莘：《英美财产法之Estate研究：以财产和财产权的分割为视角》，法律出版社2015年版，第29页。

〔3〕参见赵莘莘：《英美财产法之Estate研究：以财产和财产权的分割为视角》，法律出版社2015年版，第30～33页。

"title"法案来解释,"title"意味着争议财产的所有权(ownership of the thing),更类似于大陆法系权利确认层次上的所有权。至于"intellectual property"中"property"与"ownership"的关系,我国学者通常认为,"property"与"ownership"含义大体相同,都泛指财产权,只要是法律保护的利益都可以称为"property"。但实际上,这二者的关系有两种定义:一是二者同义,都表示一组或一束权利,即"property"为"one's exclusive right of ownership of the thing";二是"property"作为"ownership"的客体,是一种有价值的权利和利益。所以,英美法系的"ownership"并不表示物的归属,只是说明对于某项具体财产的权利,"property"只有相对意义,以时间、地点和当地法律而定。可见,"ownership"在英美法系中可以在许多层次上使用,可以泛指"property",也可以等同于大陆法系的绝对所有权。[1]

可见,诸如美国法上的版权所有权、商标所有权等概念的出现,虽是不同语言翻译所导致的,但其背后却与英美法非常宽泛的所有权概念有关。我国学者在研究《美国版权法》第101条版权所有权的移转(transfer of copyright ownership)时,就专门解释了《美国版权法》中"ownership"概念引起的困惑和混淆。[2]《牛津英语大辞典》中"ownership"有所有权、产权、物主身份三种译法,当这个词语出现在法律用语中时,我国学者通常将其译为"所有权"。不仅是译法问题,实际上美国法中的所有权(ownership)并没有大陆法系中所有权的内涵,美国法中"ownership"被译为"所有权"时,它只是表示人与物或者人与权利之间的归属关系,是一个较为宽泛的概念,适用于不同情景和对象。可以说,"ownership"在美国法中是一个边界模糊的概念,美国法律也并没有对其加以定义。涉及所有权的制度中,美国法中经常出现的表述是所有人(owner)对专有权利享有的所有权利益(ownership interest),这里的"owner"并不一定

[1] 参见冉昊:《论英美财产法中的产权概念及其制度功能》,载《法律科学(西北政法学院学报)》2006年第5期。

[2] 参见王海波:《美国版权法中的"所有权"定义解释——从著作权独占许可的角度》,载《电子知识产权》2018年第3期。

是享有所有权的人，如对土地享有占有性权利和收益权的人也可以被称为所有人（owner），“owner”的意义在于某人对某物或某权利享有一定程度的决策地位，这种地位不因他人意愿而改变。所有权利益（ownership interest）也并不是拥有所有权，而是用来表述基于某种关系所拥有的一种利益，这种利益可以是基于所有权的利益，也可以是基于所有权其他各项权能而产生的利益，如《美国版权法》中将独占被许可人和权利受让人都称为所有人（owner），将他们各自拥有的权利都称为所有权（ownership），这些“ownership”共同组成了作品作者所拥有的那种最完整的“ownership”。这种所有权含义跟大陆法系“一物一权”理论所定义的所有权有着根本不同。

综上所述，对习惯了大陆法所有权概念精准性的中国学者来说，英语词汇中的“ownership”，其内涵及应用语境非常宽泛，它通常用以界定人与物的关系，用于界定成为“owner”的状态，也用于界定某财产排他性地属于某人。[1] 若将英美法上的“ownership”与大陆法系严格限定的“所有权”概念对译，就会误入歧途，产生既然版权都可以用所有权来界定，那么科技成果同样可以用所有权来界定的误区。

三、知识产权与所有权在大陆法系的表达

（一）法国法上的知识产权与所有权

赋予作者及发明者的私人权利是否是所有权，在法国立法界、司法界、学术界长期存在争议。早期的法国传统学说认为，知识产权是物权性质的所有权，所有权可以扩展到任何形式的财产上。著作权和工业产权都是一种所有权，它和有形物的所有权有着相同来源，都是《法国民法典》第 544 条所定义的所有权，它们自从被创造后即成为一种财产，是一种新形式的所有权，被称为“工业所有权”，代表了创造者对财产的排他和绝对控制。[2]

---

〔1〕 参见赵莘莘：《论英美法信托的特质》，载《东岳论丛》2010 年第 3 期。

〔2〕 参见赵希璇：《法国知识产权法律性质探析》，载《知识产权》2017 年第 5 期。

工业所有权包括发明专利、商标、外观设计等发明活动和智力创造的财产权利，其根本特点是对物的绝对控制在专利权等权利中的应用，对财产的绝对性控制恰是所有权的主要性质，这种独占的权利只不过是特殊形式的所有权。因为在无形财产中，权利人的行为具有绝对和即时的性质，这些性质与物权一样，它具备所有权三个重要权能，赋予权利人这种类型的权利可以最大限度地实现所要保护的利益，它也可以被称为"无形所有权"。

在这里之所以用"所有权"（propriété）一词是为强调其持有人的权利范围，权利持有人可用其权利对抗所有人，并且可以自由处分这些权利。[1]没有任何证据证明，所有权仅仅只是一项物权，1958 年 10 月 4 日通过的《法国宪法》第 34 条明确区别了所有权与物权，物权具有物的义务，而所有权并没有分配到任何物上的义务，《法国民法典》也没有任何明确的定义将物权的客体限定为物或者限定在财产上，也没有限制无形财产在法典中出现。所有财产都可以成为所有权客体，所有权是主体和财产之间的归属关系，它本质上是一种财产权，作品和发明是一项财产权利，可以视作所有权客体。[2] 这些学说思想深刻影响到法国的立法和司法活动。

在 18 世纪末法国颁布的第一批关于著作权和专利权的法令中，法国大革命之后的立法者考虑到这些新权利的法律地位，将其看成是所有权的扩展，立法者宣称作者和发明人在自己的作品和发明上拥有所有权。[3]1790 年 12 月 31 日和 1791 年 1 月 7 日颁布的关于可用性发现和保障作者所有权的方法的法令在第 1 条规定，在所有工业领域内的任何发现或新发明，所有权属于发现者或者发明者；1791 年 1 月 13 日颁布的关于外观设计的法令，在第 2 条和第 5 条提及所有权；1791 年 5 月 25 日

---

〔1〕 参见［法］伊夫·居荣：《法国商法》（第 1 卷），罗结珍、赵海峰译，法律出版社 2004 年版，第 778 页。

〔2〕 参见赵希璇：《法国知识产权法律性质探析》，载《知识产权》2017 年第 5 期。

〔3〕 参见［日］丰崎光卫、［日］丰田善雄：《论法国专利制度》，郭布、罗润麒译，载《环球法律评论》1979 年第 3 期。

的法令在关于任何种类工业领域内的发现和发明的发现者或者发明者的所有权的规定中，数次提到专利的所有权人；1793 年 7 月 24 日颁布的关于各种类型作品作者的所有权法令，规定作曲家、画家和制图员对其作品享有所有权；1805 年 3 月 22 日颁布的关于死后出版作品所有权人权利的法令，第 1 条规定了作者的排他性所有权；1809 年 6 月 11 日颁布的法令，经 1810 年 2 月 20 日修订，对商标所有权进行了说明；1810 年 2 月 5 日颁布的法令，数次提到作者对其作品拥有所有权。

但到了 19 世纪下半叶，立法者关于知识产权的性质是所有权的观点开始发生了变化。[1] 比如，1844 年 7 月 5 日颁布的关于发明专利的法令第 1 条不再提发明者的所有权，而是作出"任何工业领域内的所有新发现或新发明，有条件地和在确定时间内，赋予发现人或发明人对于其发现或者发明绝对的开发利用权"的规定；1866 年 7 月 14 日颁布的关于作者继承权和权利继受者的法令也放弃了对所有权的表述。

到了 20 世纪，法国立法者再次将知识产权归为所有权。[2] 比如，1957 年 3 月 11 日颁布的关于文学艺术作品产权的第 57 - 298 号法令第 1 条第 1 款规定，作品的作者因其创作而享有作品上排他性的无形所有权；1964 年 12 月 31 日颁布的关于生产商标、商业商标或服务商标的第 64 - 1360 号法令第 4 条提出了商标的所有权和第 11 条提出了商标的所有权人；1968 年 1 月 2 日颁布的第 68 - 1 号法令旨在划分发明行为和修订发明专利的制度，其第 1 条规定，所有的发明可以成为工业产权名下的客体，且第 4 章标题为"专利作为所有权客体"。

除了立法在不同时期对知识产权与所有权的关系界定存在争议，在司法裁判中同样存在这种争议。法国的文学艺术产权方面的公开判决对使用"所有权"术语十分克制，裁决中很少使用诸如"作品上的所有权""权利上的所有权"等表述，因为这些术语不足以表达知识产权所具有的某些特殊性。在专利权和商标权的裁决中，早期曾大量出现"所有

〔1〕 参见赵希璇：《法国知识产权法律性质探析》，载《知识产权》2017 年第 5 期。
〔2〕 参见赵希璇：《法国知识产权法律性质探析》，载《知识产权》2017 年第 5 期。

权”术语,发明所有权、专利所有权、商标所有权等比较常见,但从1980年开始,这种表述就逐渐被专利权利人或者商标权人等称谓所取代了。

(二)德国法上的智慧所有权与知识产权

在德国,长期以来并无与英语“intellectual property”和法语“propriété intellectuelle”相对应的称呼知识产权的概念,人们通常使用“工业产权与著作权”称呼相关法律领域,但这种状况在1955年德国联邦宪法法院首次使用“geistiges Eigentum”一词的一则判决中被打破。在这则判决中,德国联邦宪法法院指出,人们已经普遍认可,作者的使用权仅仅是基于创造活动而产生的智慧所有权(geistiges Eigentum)散发的光芒。[1] 但德国联邦宪法法院并不经常在判例中使用“geistiges Eigentum”这个概念,尽管同物上所有权一样,“geistiges Eigentum”也涉及由绝对权所形成的财产支配,但客观来说它们仍存在本质区别,“geistiges Eigentum”包含人格权因素,它不能转让给他人,且其保护期限届至后将不再受法律保护,成为了进入共有领域的“无主物”,但有体物成为“无主物”后却可以再次成为财产所有权的保护对象。因此,在德国法中,司法领域中或多或少能够寻觅到“geistiges Eigentum”的踪迹,但它长期遭到否认,反对它的学者认为“geistiges Eigentum”没有充分考虑受普遍重视的人格权要素,还担心在一定范围内这个概念的使用将削弱基于有体物而建立的财产概念,导致所有权概念的消解。

在德语中,“geistiges Eigentum”直译应为“智慧所有权”,因为个人智慧所表达和控制的特定性是知识产权(geistiges Eigentum)作为财产权构建的前提,人类共同的智慧活动是通过个人活动来完成的,在民事主体中,只有自然人才能真正产生智慧。任何个人都可以自由控制自己特定性的表达,包括表达与否、何种方式表达、向谁表达、是否传输等,“geistiges Eigentum”的构建技术,就是区分和辨别各种知识形态的“特

[1] 《联邦最高法院民事裁判集》第17卷,第278页以下:Grundig - Reporter案。转引自[德]安斯加尔·奥利:《智慧所有权》,范长军译,载易继明主编:《私法》,华中科技大学出版社2010年版,第252页。

定性”,以准确地“确权”。[1] 现在,这个“geistiges Eigentum”在中国经常被当成与英语“intellectual property”和法语“propriété intellectuelle”同义的概念,德国立法、司法和学术界也采用过“geistiges Eigentum”这个概念。比如,1990 年德国颁布了一部有关专利、著作权及商标权的新的法律,即《产品非法利用法》,全称为《关于加强智慧所有权保护及打击产品非法利用的法》。基于此,随后位于慕尼黑的“外国与国际专利法、著作权法及竞争法马克斯·普朗克研究所”,也更名为“智慧所有权法、竞争法及税法马克斯·普朗克研究所”(Max - Planck - Institut fÜr auslaendisches and internationales geistiges Eigentum, Wettbewerbs - und Steuerrecht)。此外,《巴伐利亚州宪法》第 162 条也规定了“智慧所有权(geistiges Eigentum)是作者、发明人及艺术家……的权利,受巴伐利亚州的保护及照顾”。由于立法、司法及学术界使用“geistiges Eigentum”作为指代与中文“知识产权”、英语“intellectual property”和法语“propriété intellectuelle”同样的对象,于是学者认为在德国“geistiges Eigentum”已经作为专利权、著作权、商标权的上位概念获得了普遍认同。

但实际上,在德国法学界,似乎没有一个概念像“geistiges Eigentum”那样,直到现在依然众说纷纭、莫衷一是。因为在德国,“Eigentum”一词源于《德国民法典》规定的所有权,而《德国民法典》第 903 条所有权(Eigentum)保护的对象仅限于有体物,只与罗马法中的 res corporales/biens/Sachen 关联,智慧所有权所包含的专利权、著作权等并不能成为所有权(geistiges Eigentum)的对象。然而,自然法中的广义所有权概念[2]以及《德国基本法》(德国宪法)第 14 条将具有财产性质的私法权利作为所有权保护对象的论点,又使得“geistiges Eigentum”并不像学

---

〔1〕 参见徐瑄:《知识产权的正当性——论知识产权法中的对价与衡平》,载《中国社会科学》2003 年第 4 期。

〔2〕 所有权的自然法思想为德国利用洛克的所有权理论反对封建特权思想提供了斗争武器。根据洛克的所有权理论,每个人对其劳动成果享有自然规定的权利,适用于体力劳动的规定,同样适用于脑力劳动。因而从事创造活动的人,对于其智力创造同样享有自然规定的所有权。

者所反对的"智慧所有权(geistiges Eigentum)概念的构建,如此扩大并进而消解所有权概念……最终导致所有权概念不再适宜于促进法律科学,赋予法律科学以支撑体系"[1]那样完全不能成立。由此,德国学者对"geistiges Eigentum"质疑,在智力成果上何以能创设所有权(Eigentum)? 显然,无形财产不是物,专利权、商标权和著作权的客体分别是发明、标志和作品,即便这些客体以物化的形式表现出来,它也绝不可能成为有体物的标的,况且对它的保护并不是基于自然属性,而是通过法律授予。因此,我们应该与这种迎合了法律门外汉所理解的、具有宣传效果的、因为传统主义而在国外得以保留的智慧所有权(geistiges Eigentum)概念保持适当距离,将它与财产权下的物上所有权相提并论,画蛇添足式地淹没了其权利性质,即未照亮该人格权的一面,并出于法律政策的意图,通过自然法的教条,模糊了它与财产权的界限。[2]

基于此,德国学者科勒创造了"无形财产权"(Immaterialguterrecht)概念,这个概念虽受到瑞士、奥地利、日本青睐,但在德国知识产权立法和司法中却难觅踪迹。德国学者认为,21 世纪的私法不应局限于由学说汇纂学者提出的狭义所有权,狭义所有权概念对于类似于专利、商标等无形财产长期游离于私法教义学视野之外负有责任,萨维尼认为"人无法就自己的精神利益享有所有权",从而否认一般人格权存在,这作为欧洲大陆主流学说的时代已经过去,正如民法典体系不排除一般人格权发展那样,《德国民法典》第 903 条对物上所有权的规定也并不排除在此之外创造的无形财产上的所有权。[3] 而科勒关于物上所有权与智慧所有权之间产生混淆的担忧,随着百年来无形财产权及相应的教义学发展,也不会轻易发生,物上所有权与无形财产上的所有权的共性远远大于区别,忽视二者的共性,基于其区别而对"geistiges Eigentum"予以否

---

〔1〕 郑友德:《德国知识产权法的演进》,载《电子知识产权》2010 年第 10 期。

〔2〕 参见[德]安斯加尔·奥利:《智慧所有权》,范长军译,载易继明主编:《私法》,华中科技大学出版社 2010 年版,第 245 页。

〔3〕 参见薛军:《人格权的两种基本理论模式与中国的人格权立法》,载《法商研究》2004 年第 4 期。

认，并不利于缓解权利主体保护与为公共利益目的而对权利进行限制的紧张关系，相较于无形财产权，智慧所有权更适合承担糅合所有权的规范共性的责任。[1] 可见，与英国、美国及法国等国家不同，无论将"geistiges Eigentum"翻译成"知识产权"还是直译为"智慧所有权"，其在德国法上作为民法意义上的有效概念的努力一直都没有成功过，中国语境中将其作为与英语"intellectual property"和法语"propriété intellectuelle"相同的概念，并翻译为"知识产权"，不仅掩盖了该概念所要直接揭示的所有权属性，还与德国现实不相符。[2]

（三）日本法上的知识所有权与知识产权

在日本，"知识产权"来源于英语"Intellectual Property Rights"，日本官方将其翻译为"知识所有权"。[3] 但知识产权被译为知识所有权，最早源于日本法学家北川善太郎在 1988 年发表的《半导体集成电路的法律保护——新的知识所有权诞生》一文，自此之后学者开始竞相使用，当然还有日本学者如小岛庸和主张使用"无形财产权"的概念。2002 年 7 月，日本政府制定的《知识产权战略大纲》中，提倡将过去长期使用的"知识所有权""工业所有权"统一称为"知识产权""工业产权"。同年 12 月，日本颁布《智慧财产基本法》，这部法律将智慧财产与智慧财产权进行了分别定义，前者称为"知识财产"，后者称为"知识财产权"，因在日本，智慧财产权通常被称为知识所有权，也被翻译成知识产权，虽然译法不同，但它与传统的知识产权所指代的对象相同，由于能够体现此类权利的财产权和人身权双重属性，因此"知识所有权"更为流行。[4]

鉴于智慧财产权和知识产权概念只突出财产权属性而忽视其人身

〔1〕 参见［德］安斯加尔·奥利：《智慧所有权》，范长军译，载易继明主编：《私法》，华中科技大学出版社 2010 年版，第 248 页。

〔2〕 参见［德］安斯加尔·奥利：《智慧所有权》，范长军译，载易继明主编：《私法》，华中科技大学出版社 2010 年版，第 243 页。

〔3〕 参见［日］青山纮一：《日本专利法概论》，聂宁乐译，知识产权出版社 2014 年版，第 1 页。

〔4〕 参见杜颖：《日本〈智慧财产基本法〉评介》，载易继明主编：《中国科技法学年刊》2005 年卷，北京大学出版社 2005 年版，第 260 ~ 261 页。

属性的特点,吴汉东、曹新明等学者曾建议仿照日本所用的“知识所有权”概念来取代我国的“知识产权”概念。知识所有权既能保留其所强调的财产权属性,也能够避免忽视人身性的缺点。不管是智慧创作物所产生的财产权,还是人身权,在法律上都是一种所有权,是一个人与其他人关于可触摸或不可触摸之物的关系。[1] 依据上述观点,不仅可触摸的有形物可产生所有权,不可触摸的无形物也应当授予所有权,它们分别形成财产性所有权和人身性所有权。但这种所有权与普通所有权(物权)有明显区别,前者的客体是人们脑力劳动产生的智慧创作物,而不是普通的有形财产。“知识产权”这个概念在今天被越来越多地使用,但它仍然不为人们所了解,只不过是一个跟人们日常生活没有什么关系的法律概念。如果用知识所有权取代知识产权,效果可能会好得多,毕竟所有权相较于产权,距离人们的生活更近一些,不过知识产权已经约定俗成,熟悉或者不熟悉它的人都已经接受了它,用其他概念来替代它都是不现实的。[2]

(四)我国台湾地区的智慧财产权与知识产权

我国台湾地区将知识产权有关的权利统一称为“智慧财产权”,财产权的界定使得其成为并列于物权、债权的特殊权利,同时它也是一项民事权利。这一点与我国大陆将知识产权列为与物权、债权并列且作为重要民事权利类型的制度是一致的。但在我国台湾地区学者看来,“智慧财产权”概念具有双面性。[3] 它非常准确地将具有“智慧”因素的财产权与普通财产权进行了区别,使人们很容易识别具有智慧因素的财产权。这种“智慧”不是普通的“智慧”,而是作为财产权给予法律特殊保护的“智慧”。但同时,“智慧财产权”这个概念只片面强调“特殊智慧”的财产权属性,而忽视了这种“特殊智慧”的人身权属性,给人造成一种纯粹财产权的误解,不妨将其改成“智慧权”或“智能权”。

---

〔1〕 参见[美]克里斯特曼:《财产的神话:走向平等主义的所有权理论》,张绍宗译,广西师范大学出版社2004年版,第24~25页。

〔2〕 参见曹新明:《中国知识产权法典化研究》,中国政法大学出版社2005年版,第3页。

〔3〕 参见曹新明:《中国知识产权法典化研究》,中国政法大学出版社2005年版,第2页。

与我国大陆一样，过去我国台湾地区将政府财政投入开展研发活动所形成的科技成果也纳入政府监管范畴，其“智慧财产权”归政府所有。[1] 1991 年，我国台湾地区受美国专利制度等影响，开始逐步改变这一制度。1999 年颁布的“科学技术基本法”将智力劳动形成的成果明确归项目执行单位，但涉及公共利益的除外。“智慧财产权”的下放，促进了科技与产业的结合。此做法跟我国大陆目前的科技成果所有权改革的目的完全一致。我国台湾地区“经济部智慧财产局”专门负责此项工作，而我国大陆则是由科技部有关司局负责。“智慧财产权”这个概念也是来自英文“intellectual property”，但它并没有像我国大陆一样重新创造一个“科技成果所有权”概念来化解科技成果转化与政府监管的矛盾。

四、知识产权与所有权在民法中的表达

（一）俄罗斯民法典中的智力权考察

国际上通行的“知识产权”术语在俄罗斯民法典中并没有被广泛使用，《俄罗斯联邦民法典》第 7 编通常被学者称为“知识产权编”，但实际上第 7 编是以“智力活动成果与个性化标识权”冠名。该编共 327 个条文中，仅有第 1225 条和第 1246 条分别提到“知识产权”术语，前者为“知识产权受法律保护”，后者为“国家调整知识产权领域的关系”，其余法条基本上使用“智力权”“专有权”概念。实际上在俄罗斯民法典中知识产权并不是一种权利，而是作为民事权利客体之一存在，这从《俄罗斯联邦民法典》第 128 条[2]的规定中就可得知。那么，为何俄罗斯民法典没有使用国际公认的“知识产权”术语而是创造性地使用“智力权”，且将其作为权利客体而不是权利本身呢？

---

〔1〕 参见史敏：《台湾的科技创新与知识产权保护体制简介》，载《科技与法律》2001 年第 1 期。

〔2〕 《俄罗斯联邦民法典》第 128 条规定，“民事权利的客体包括：物，其中包括金钱与有价证券；其他财产，其中包括财产权利；工作与服务；受保护的智力活动成果和与之相当的个性化标识（知识产权）；非物质利益。”

一是俄罗斯学术界长期以来对“知识产权”术语存在不同理解和分歧。[1]知识产权在俄语中的表述为“инт еллект уальная собст венност ь”，该词由形容词“инт еллект уальная”（知识的、智慧的、智力的）和名词“собст венност ь”（财产权、财产、所有权、所有制）组合构成。由于这两个单词分别有不同含义，将其组合在一起后就出现了俄罗斯理论界所谈及的“知识财产权”“知识所有权”“知识财产”“智慧权”“智慧财产”等多种表述。但俄语“инт еллект уальная собст венност ь”从语词原意上来说，指的是智慧“财产”，这里的“财产”不同于所有权中的“财产”，它是一种抽象财产。可以说，在俄罗斯，“知识产权”一词在很大程度上是不正确翻译的结果，俄语“инт еллект уальная собст венност ь”应理解为“智慧财产”或“智慧成果”。

二是对知识产权与所有权的关系、性质、内容有不同认识。俄罗斯法律中的“知识产权”术语首次出现在1990年3月6日的《苏联所有权》法中[2]，该法第2条将发明、发现、科学、文学和艺术作品等作为知识产权客体。实际上，早在俄罗斯帝国时期，知识产权就被纳入所有权范畴。从1828年俄罗斯帝国颁布第一部《著作权法》，到1845年颁布《音乐所有权规则》、1846年颁布《艺术所有权条例》，所有这些涉及著作权规范的法律都被放置于具有俄罗斯帝国实质意义民法典的《俄罗斯帝国民事法律汇编》之中，作为该法第420条的附注[3]，而第420条规定的所有

---

〔1〕参见鄢一美：《〈俄罗斯民法典〉对“知识产权”概念的立法取舍》，载《知识产权》2016年第10期。

〔2〕Ведомст ва Сьезда народных депут ат ов СССР и Верховного Совет а СССР. 1990. № 11. Ст . 164. 转引自鄢一美：《〈俄罗斯民法典〉对“知识产权”概念的立法取舍》，载《知识产权》2016年第10期。

〔3〕《俄罗斯帝国民事法律汇编》第420条附注二规定：“关于文学及艺术之著作所有权利属于其于著作人或著作人之承继人，又属于从甲者或者乙者所授予所有权利者名为文学及艺术上之所有物，而关于音乐之著作所有权名为音乐上之所有物，又此类所有权利之根据，及享有其利之期限并与此所有权利合一之权利，有侵犯之争论时保护之顺序皆规定于相关之法律及民事裁判法中。”耿匡补译：《俄国民法》，司法部参事厅1921年版，第66~67页。

权定义，它不仅适用于有形物，也适用于著作权，于是出现了关于科学和文学作品的所有权、艺术所有权和音乐所有权的称谓。受知识产权的所有权理论影响，1882～1917 年俄罗斯民法典编纂活动试图在"物权法"范围内规定知识产权相关内容，这在 1905 年《俄罗斯帝国民法典草案》中得到了采纳和体现。[1] 该草案第三卷"物权"部分共由八编构成，其中所有权与著作权、发明、商标、商号权分别作为单独一编并行存在，第七编的著作权[2]包括文学所有权，音乐所有权，戏剧作品、音乐作品和音乐剧作品公开表演权，艺术所有权四章，而发明、商标及商号权编则包括了发明权、商标权和商号权三章。

可见，将著作权等知识产权作为所有权之一种，与有形物所有权同等对待，用民法中的物权（所有权）调整知识产权，是俄罗斯帝国时期的一大创举。这或许是受当时流行的知识产权所有权理论影响，也或者是由于俄语中"собст венност ь"有财产权、所有权的含义，某些学者将知识产权与所有权视为同一权利类型，从而借鉴所有权理论论证知识产权的财产权属性，强调知识产权与所有权具有相似的特征。[3]但不论原因为何，俄罗斯帝国民法的这种创举深刻影响了百余年后俄罗斯的知识产权立法，俄罗斯民法典在知识产权立法体例上与俄罗斯帝国时期的立法

---

〔1〕 参见张建文：《俄罗斯知识产权与民法典关系的立法史考察》，载《河北法学》2009 年第 12 期。

〔2〕 对于著作权的定义，《俄罗斯帝国民法典草案》第 1264 条规定："根据其属于文学作品、音乐作品或者艺术作品，著作权称之为文学所有权、音乐所有权或者艺术所有权。"该草案涉及文学所有权的有 36 个条文，涉及音乐所有权的有 10 个条文，而涉及戏剧作品、音乐作品和音乐剧作品公开表演权的有 5 个条文，涉及艺术所有权的有 16 个条文，全编共计 67 个条文。发明、商标及商号权一编包括发明权、商标权和商号权三章，共计 12 个条文。参见张建文：《俄罗斯知识产权与民法典关系的立法史考察》，载《河北法学》2009 年第 12 期。

〔3〕 А. П. Сергеев, Право инт еллект уальной собст венност и в Российской Федерации, учебрик －2－е изд, перераб. И доп. － М.：ТК Велби, Изд－во Проспект ，2005. С. 14. 转引自鄢一美：《〈俄罗斯民法典〉对"知识产权"概念的立法取舍》，载《知识产权》2016 年第 10 期。

保持大体相同,只是没有再将其作为物权法框架内的一个组成部分,而是将知识产权作为与所有权并行独立的一编予以法典化。[1]

(二)蒙古国民法典中的智力成果所有权考察

传统大陆法系国家和地区民法所有权客体一般为有体物,智力成果不是所有权客体,但这点在《蒙古国民法典》[2]中则被打破。《蒙古国民法典》总则编第3条不仅将"创作智力成果"作为民事权利义务关系发生的根据之一,而且在所有权编第76条将智力成果明确为所有权客体[3],将其与传统实体物和某些财产权客体同等对待,这种做法在世界民法典立法史上都是一大创举,其基础在于对传统所有权或物权客体作了内涵和外延扩展。尽管知识产权客体[4]在学术界并未达成统一认识,但其本身作为一种"无形物"则有着普遍认同。《法学阶梯》早已将有形物和无形物作为物权客体,但在罗马法时代,由于还未诞生知识产权,人们对智力创造活动形成的创作物如何保护或者千百年后它能否成为物权保护对象缺乏认识,但罗马法创造了一个"无形物"概念,这为将智力成果纳入所有权客体作了注解。因此,《蒙古国民法典》将其纳

---

[1] 参见张建文:《俄罗斯知识产权与民法典关系的立法史考察》,载《河北法学》2009年第12期。

[2] 该法典于1994年11月1日通过并颁布,1995年1月1日起实施。《蒙古国民法典》将智力成果与物平行对待,在所有权编规定了知识产权,然后再将知识产权与其他物之所有权等同地进行规定,即将知识产权化整为零规定在民法典中。参见曹新明:《中国知识产权法典化研究》,中国政法大学出版社2005年版,第43页。

[3] 《蒙古国民法典》第76条规定,所有权客体物、智力成果以及法律明文规定的某些财产权,都可以成为所有权客体。参见徐国栋主编:《蒙古国民法典》,海棠、吴振平译,中国法制出版社2002年版,第31页。

[4] 在知识产权法学教材、论文、著作、读物中曾经出现过的客体,粗略统计至少有:智力成果、知识产品、智慧财产、智慧创作物、知识财产、精神产品及精神财产。我国大陆学者采用"知识产品"一语较多,我国台湾地区用"智慧财产";世界知识产权组织和世界贸易组织用"the creations of the mind",通常译为"智慧创作物"。

入物权客体，是有历史依据的。[1]《蒙古国民法典》第136条[2]规定智力成果所有权自创造该成果之时起产生，它不同于我国知识产权法上申请授权的产生模式，这个规定与有形物所有权取得规则没有本质区别。

然而，蒙古国将智力成果纳入所有权客体的立法例，也面临着民法典立法史上的观念障碍、理论障碍和结构障碍。如果说各国民法典立法将《法国民法典》《德国民法典》作为一种借鉴，对其根深蒂固的某些观念可随着时代进步而予以改变，正如中国《民法典》增加人格权编那样，民法典在体例和条文内容上可以不断创新和突破，那么理论上的影响和困惑则很难通过创新进行突破，这也是世界各国民法典摆脱不了法国民法典和德国民法典"桎梏"的缘由。民法典的模式选择、体例结构等是继承与创新的关系，但继承多于创新。成文法典国家的民法典大多借鉴和继承了曾经历了几十年争论才形成的潘德克吞学说，理论界和实务界早已将此作为一种理论基石。在这个学说中，对所有权的界定向来尊崇"对有体物为不受限制处分之权利"的规定，但蒙古国民法典将智力成果与有形物都当成"财产"对待，使得有形物所有权和无形物所有权同化，尽管在自我理论体系中能够得以自圆其说，但随之而来的所有权权能中以"占有"为重要理论依据的有形物可能产生的法律效果则完全不同于智慧创造物的占有可能产生的法律效果。在这里，"占有"虽然可以解释为"观念占有"从而达成形式上的暂时一致，但在实践中，有形物的占有内涵要丰富得多，对智力成果的占有不可能达成与有形物占有同样的意义，一个软件可以被无数人同时占有，而一座房子则不可能被无数人同时占有。在所有权的统一外壳之下，其权能产生质的区别，这也是蒙古国民法典将智力成果作为所有权客体面临的最大理论障碍。

---

〔1〕 参见曹新明：《知识产权与民法典连接模式之选择——以〈知识产权法典〉的编纂为视角》，载《法商研究》2005年第1期。

〔2〕 《蒙古国民法典》第136条规定，除非法律另有规定，智力创作成果者的所有权，自创作此等成果之时起产生。智力成果所有权根据依法定程序进行的登记确定。参见徐国栋主编：《蒙古国民法典》，海棠、吴振平译，中国法制出版社2002年版，第53页。

(三)我国民法上的智力成果权与科技成果权

我国最早于1956年起草的民法典草案在体例和篇幅上与苏俄民法典相似,但这个民法典并没有得以推行,如果推行,可能起到与苏联民法典同样的作用。苏联的民法典认为,在社会主义市场条件下,仍然需要民法典,因为有商品和商品交易存在。1964年我国完成民法草案试拟稿,当时对外政策上反对帝国主义,同时批判修正主义,直接导致该试拟稿对西方法律制度的排斥。虽然1964年苏联就制定了全新的民法典,但我国1980年才知道这部法典的存在。[1] 20世纪80年代,我国将精神财富所享有的权利或者智力劳动所产生的成果的权利统称为“智力成果权”,之所以称之为智力成果是强调其价值不能用货币衡量[2],还有当时我国是反对私有化,智力成果领域内的权利设计也不能体现出“知识私有”的倾向。尽管1980年我国开始逐步恢复商品经济和市场经济秩序,关于专利制度和专利立法的事情开始提上议事议程,但这个阶段国内关于“专利制度是资本主义产物,通过专利制度保护私权是否符合我国社会主义制度”的争论依然较多。比如,有观点认为,我国与外国进行技术贸易时,其购买专利所支出的成本并不取决于是否有专利法,而在于交易双方的地位和能力对比,不能过分夸大专利作用,以西方模式来解决我国科技发展问题,也不能照搬欧美日等国家和地区少数人的说法,只讲专利的好处,而不正视其负面问题……我们连专利的基本含义都没有搞清楚,何谈立法,专利立法必须权衡利弊,防止片面和武断决策,不建立专利制度并不意味着我们不能参加国际上的有关活动。[3] 在这种反对声音之下,尽管20世纪70年代将“intellectual property”译为“知识产权”已经被多数学者所接受,但国际上关于知识产权的概念并没有被我国立法完全接纳。无论是知识产权中的“知识”还是智慧成果

---

〔1〕 参见魏振瀛:《我国民法对外国法的借鉴》,载《法学家》2009年第5期。

〔2〕 著名法学家佟柔主编的《民法原理》第4编专门论述了“智力成果权”。参见佟柔主编:《民法原理》,法律出版社1983年版,第383页。

〔3〕 参见黄武双:《制度移植与功能回归——新中国专利制度的孕育与发展历程》,华东政法学院2006年博士学位论文,第38~39页。

中的“智慧”，都体现了权利与智力的关联，智力成果权概括了知识产权最本质的特征，是比较准确和能够经得起推敲的用词。[1] 比如，郑成思先生认为，知识产权也称为智力成果权，是指在科学、技术、文化艺术等领域对从事智力活动而创造的精神财富所享有的权利，其特点具有商品属性，有价值和使用价值，在法律上可将其作为财产加以保护。[2] 由于早期多数学者都赞同此观点[3]，实践中依然采用智力成果权的表述，直到1986年我国《民法通则》颁布，才正式采用世界知识产权组织所使用的“知识产权”概念，取代了智力成果权。[4]

前已述及，20世纪50年代，我国学者援用苏联的“智力成果权”来统称著作权、商标权和专利权等民事权利。[5] 而与此同时，其他西方国家则更多地将智力成果所获得的民事权利称为无形财产权和无体财产权。1973年11月，新华社报道世界知识产权组织（World Intellectual Property Organization，WIPO）年会时用了“知识产权”这个词语，这是这个概念第一次见诸媒体。[6] 1986年《民法通则》虽然使用了国际社会

〔1〕 参见余海燕：《论科学技术对知识产权立法价值目标的影响》，载《科技与法律》2011年第2期。

〔2〕 参见郑成思：《知识产权若干问题辨析》，载《中国社会科学院研究生院学报》1993年第2期。

〔3〕 有学者提出，知识产权是一种依赖人们的脑力劳动而产生的能够创造或得到经济权利的一种智力成果。它泛指人们在科学、技术、文化、表演及艺术等领域从事智力活动时用脑力劳动而创造的成果。参见李伦良：《论知识产权的形成与发展》，载《甘肃科学学报》1993年第1期。

〔4〕 至今，对于将英文“intellectual property”译为“知识产权”，不少认真的中国专家均认为这种译法并不确切。他们认为“intellectual”是“智慧”或“智力”之意，“knowledge”才是知识，因此主张译成“智慧财产”更为贴切。参见郭寿康主编：《知识产权法》，中共中央党校出版社2002年版，第2~3页。所以，用“知识”一词概括知识产权的对象，是一种更为恰当的选择。由此，我们是否应当提出一个疑问，英文当初选择用语时使用“intellectual”本就不恰当，不如用“knowledge”合适。参见刘春田：《知识财产权解析》，载《中国社会科学》2003年第4期。

〔5〕 参见刘春茂主编：《中国民法学：知识产权》，中国人民公安大学出版社1997年版，第1页。

〔6〕 参见马一德：《创新驱动发展与知识产权战略研究》，北京大学出版社2015年版，第222页。

公认的“知识产权”概念取代了智力成果权，但同时科技成果只是作为六种知识产权客体之一。原《民法通则》第97条第2款规定，公民对自己的发明或者其他科技成果，有权申请领取荣誉证书、奖金或者其他奖励，这里的其他科技成果权与发现权和发明权一样，受知识产权法保护，实际上是一种获得精神奖励和物质奖励的权利。

综观各国知识产权立法和知识产权保护公约，科技成果权单独作为一项知识产权类型予以保护几乎没有先例。1986年《民法通则》中的科技成果权所指向的客体即科技成果是我国知识产权的一项特有客体，之所以称它为特有客体，跟我国国情和科技行政管理体制有关。在我国科技管理领域，科技成果管理是十分重要的内容，与之相适应，我国的科研机构大多是国有企事业单位，这些机构大多单独设有科技成果管理机构。我国制定了科技成果鉴定与评价、科技成果报告与保密、科技成果推广与转让、科技成果应用与产业化、科技成果奖励等各种制度[1]，且关于科技成果管理的规章制度还在不断增加和完善。在这些制度中，科技成果又被划分为理论成果、技术成果、软科学成果等，基于这些成果产生的权利就被称为科技成果权。可见，科技成果权的产生不是基于物权的先占理论，而是基于财产权的劳动说。但并非所有智力劳动的成果都属于科技成果范畴，能够纳入科技成果权的科技成果是对科技进步作出贡献且获得科技进步奖励的成果，这些成果同时也是1986年《民法通则》中其他五种知识产权类型所没有涵盖的。由此，我国早期学者将科技成果权定义为公民、法人对自己的科学研究和发明创造成果所享有的知识产权，包括专利权、发现权、发明权和其他科技成果权。[2] 尽管我国《民法典》第123条所罗列的知识产权种类中已经取消了其他科技成果的表述，改为“法律规定的其他客体”，科技成果权这个概念在民法立法术语中也已经不存在了，但“科技成果”作为一个用语却并没有在实践中消失，它可以成为《民法典》第123条中所规定的“其他客体”，那

---

〔1〕 参见郭庆存：《科技成果权属争议及其处理》，载《科技与法律》1995年第4期。

〔2〕 参见郭庆存：《科技成果权刍议》，载《科研管理》1990年第5期。

么，当这个“其他客体”用“科技成果”来指代时，它所对应的权利该如何称谓？既然商标、专利、著作等客体可称为商标权、专利权、著作权，那么，科技成果对应的权利自然也可以称为“科技成果权”。这个权利作为知识产权之一种，与所有权的联系与区别前文已经讨论太多，借鉴《蒙古国民法典》的规定，将其称为“科技成果所有权”也并无不妥。

第四节 美国《拜杜法案》的错译和误读

科技成果转化本质上是一种市场交易行为，所谓交易就必然要界定交易主体和交易对象，俨然科技成果的权属界定成了成果得以顺利转化的前提条件。在权利归属设计上，美国《拜杜法案》提供了参考，这个法案的核心是将由政府资助的科研项目产生的专利权下放给大学和科研机构。然而，我国学者在借用《拜杜法案》相关内容重构“科技成果”权属规则时，却对其进行了远超出条文规定和本来意涵的解读，使人们误以为“科技成果所有权”概念出自《拜杜法案》或在《拜杜法案》中有着类似表达。

一、《拜杜法案》“中国热”的背景

我国科研体制决定了国家举办的各类企事业单位是科技成果的主要供给方，对科研成果的管理，过分强调“国家所有”，致使享有成果权属的单位和成果完成人之间的权责利界定不清。这样的科技成果产权归属设计不利于调动具有转化能力的相应主体的积极性，导致我国的科技成果转化率长期低于10%。随着我国科研经费投入的持续增加，这一状况也没有太大改变，大学申请专利数量与许可备案数量之比长期在5%左右徘徊。[1] 科技成果只有转化，才能对科技进步和经济社会发展

---

〔1〕 参见尹锋林：《新〈促进科技成果转化法〉与知识产权运用相关问题研究》，知识产权出版社2015年版，第27页。

起到推动作用，如此低的转化率，将直接影响我国创新驱动发展战略实施。

科技成果转化难一度被解读为知识领域的“死亡之谷”，对于其原因不同领域专家有不同看法。从知识创造的源头来看，我国的科研管理体系缺乏合理的评价标准，研究课题与市场需求脱节，市场与科研“两张皮”现象突出，导致产生的科技成果没有市场应用前景；从转化的政策设计来看，我国科技成果85%以上属于职务科技成果，按照我国相关法律规定，职务科技成果的权属归单位。在职务科技成果中，国有企事业单位的成果又占据了绝大部分，尽管没有相应数据表明我国国有企事业单位的职务科技成果所占全社会成果总量的数据，但国家的科技成果转化政策所针对的主体却以国有企事业单位为主。

要解决我国科技成果转化率低的难题，短时间内是无法通过提升科技成果质量来解决的，最为快捷有效的途径就是创造一种有利于调动适格转化主体积极性的制度，将沉淀的科技成果唤醒，推向市场，实现产业化。《拜杜法案》突破了“谁投资谁拥有”的确权规则，我国2007年的《科学技术进步法》第20条对利用财政性资金或科学技术计划项目所形成的发明专利权、计算机软件著作权、集成电路布图设计专有权、植物新品种权也进行了权属重构，将这四项权利授权给项目承担单位享有。然而，这种授权并没有产生预期效果，授权的目的是促进科技成果转化，但是科技成果转化的制约因素不仅仅是权利配置的重构，特别是对于国有企事业科研单位来说，即便拥有了财政资金或政府科研项目所形成的科技成果的权属，但它拥有的科技成果要面向市场转化，还面临着国有资产管理的约束。800多份的国有资产流失的法律法规和规范性文件成为了科技成果转化的“拦路虎”。[1]

为此，以2010年国家财政部出台的《关于在中关村国家自主创新示范区进行中央级事业单位科技成果处置权管理改革试点的通知》为标

---

〔1〕 参见万浩、黄武双：《论国有科技成果权属制度——使用权“类所有权”化》，载《科技与法律》2019年第1期。

志，我国开启了科技成果“三权改革”的大幕。但以单位为科技成果权属或转化主体的政策设计，并没有解决我国科技成果转化率低的问题，参照《拜杜法案》所设计的成果确权规则在我国失灵了。关于失灵原因，学术界展开了诸多讨论，普遍的观点是我国尚未建立与之相匹配的制度环境。其一，美国等国家的职务科技成果在权属界定和权利形式上奉行发明人主义，可以充分调动科研人员积极性，而我国的制度设计是单位优先主义；其二，美国等国家政府对高校等不存在像中国那样过多的行政干预，而我国高校、科研院所尽管享有受政府资助项目的科技成果权，但受到国有资产管理体制约束，行政干预使得它们没有充分的处分权。[1]

于此，我国启动了新的制度优化工作。2019 年新修改的《事业单位国有资产管理暂行办法》取消了国有科技成果转化的资产评估及政府审批程序，与松绑国有资产管理对科技成果造成的障碍相比，力度更大的是我国开启了“赋予科研人员职务科技成果所有权或长期使用权”的改革试点。这个改革基于一种合理假设，即科技成果转化真正的适格主体并不是单位而是科研人员，特别是国有企事业单位并没有科技成果转化的动力，即便 2015 年修正的《促进科技成果转化法》第 10 条针对利用财政资金设立的科技项目所形成的科技成果明确规定了项目承担者的转化义务。

在总结政策不断加码但转化效果依然没有显现的原因时，实务界和理论界普遍认为，职务科技成果权利归属分配制度更多涉及政府与单位间的分权，忽略了单位与个人间的权利配置，这对于调动科研人员参与转化非常不利。任何科技成果的取得，最终都要依赖于研究人员的创造性劳动，没有他们参与的成果转化制度设计本身就存在问题。过去采取的经济奖励和当下的收益分配规则，不可能产生实质效果，因为单位和科研人员是用人单位和劳动者的雇佣关系，单位在转化收益分配的谈判中具有绝对主导地位，且单位不愿转化时，因没有转化行为，无法产生收

〔1〕 参见何炼红、陈吉灿：《中国版“拜杜法案”的失灵与高校知识产权转化的出路》，载《知识产权》2013 年第 3 期。

益，科研人员的收益也就没有来源，其收益没办法得到保障。[1] 但科技成果毕竟是由成果完成人完成的，其对于一项成果的性质、功能、运行及物理、化学、生物及电子等特性最为清楚和了解，由其享有科技成果权属非常有利于成果转化和实施。[2] 于是，在政策设计上，科技成果权利主体的确定再次发生转变，赋予科研人员科技成果权属成为重要内容。由过去虚拟的国家到单位再到科研人员，这种权利归属的配置已经远远超过了《拜杜法案》的调整范畴，成为中国推动科技成果转化的一个尝试和创举。

在探索赋权给科研人员的同时，以何种权利类型固化科技成果转化中的权利配置，最早从"三权改革"政策中派生出了"科技成果所有权"。所有权是最为完整的权利，是使用权、收益权和处置权"三权"的上位概念，这个概念可以解决"所有权国有"和"使用权、收益权"归属科研人员的不同需求，所以很快被政策所吸收。至今没有任何一部法律将作为无形资产对待的国有科技成果赋权给个人。一个侧面的例证就是，西南交通大学的混合所有权改革也一直被作为一种试点，它并没有被上升为全国性法律，而且"混合"本身仍然是"打擦边球"的做法，因为它没有将国有科技成果完全转让给个人，规避了《促进科技成果转化法》第 19 条关于在不变更职务科技成果权属的前提下与科技成果完成人进行转化利益分享的规定。所以"赋予科研人员职务科技成果所有权或长期使用权"的改革采取的是"试点"，已经将其写入法律的《促进科学技术进步法》《重庆市促进科技成果转化条例》也没有删除"探索""试点"这类表述，且"长期使用权"也恰是借鉴我国土地所有权和土地承包经营权的立论逻辑，表征这个权利是带有期限的，它的所有权仍然属于国家。有学者将长期使用权界定为"类所有权"[3]，"科技成果所有权"是一种类

---

〔1〕 参见李政刚：《赋予科研人员职务科技成果所有权的法律释义及实现路径》，载《科技进步与对策》2020 年第 5 期。

〔2〕 参见吴国喆：《国家自然科学基金项目成果知识产权法律问题研究》，中国社会科学出版社 2015 年版，第 50 页。

〔3〕 参见万浩、黄武双：《论国有科技成果权属制度——使用权"类所有权"化》，载《科技与法律》2019 年第 1 期。

所有权,它不是民法意义上的所有权。但以所有权形式保障科研人员利益的做法,也极有可能使我国科技成果转化制度从一个极端走向另一个极端。首先,我国将70%以上的转化收益给予发明人远超出《拜杜法案》30%的规定,这种对单位利益保护的不足,可能削弱单位参与转化的意愿,加剧技术转移的难度。其次,国家失去了对财政资金投入形成的科技成果的干预能力,《拜杜法案》虽赋权给大学或研究机构成果权属,但规定了产权不能再次转移,而且要求其必须在固定期限内以授权形式进行市场开发,且要报告执行进展,当政府觉得大学的成果开发不力时有权收回权利。我国政府几乎完全放弃了对科技成果权利的要求和监督职责,也没有对技术转移进度、对象和目标的监督保留干预的方案,以"所有权"提供转化过程中的利益保障,赋予成果完成人成果转化各个环节的关键权利,如成果是否申请专利、何时申请、申请何种专利、专利转让给谁、转让金额多少等都由科研人员说了算,这种对科研人员成果转化利益保障的极端做法在全世界都是孤例。

二、《拜杜法案》的误读及成因

科技成果所有权是中国政策领域的独有概念,在我国法律上与之最类似的概念有智力成果权、其他科技成果权,而在外国法上有诸如智慧所有权、知识所有权、工业所有权等称谓,但其内涵均不一样,前已论及。作为我国科技管理领域的独有名词,"科技成果所有权"在外国法中没有与之相对应的概念。笔者查询了近年来谈论这个称谓较多的美国《拜杜法案》等外国法,没有找到类似概念。然而,我国学者在讨论科技成果转化问题时,经常谈及赋予职务发明人"科技成果所有权",并借用美国《拜杜法案》相关条文来阐述。

"科技成果所有权"是美国研究型大学技术转移的核心问题,在美国研究型大学技术转移发展早期,联邦资助产生的科研成果被看作"公共产品",并无所有权问题,但这个问题在20世纪20年代随着联邦资助力度加大而引起争议。一些人认为将政府资助所产生的"科技成果所有权"让渡给大学等于将纳税人资助产生的成果拱手无偿转让给了个别大公司,导致技术垄断。另一些人则认为,允许大学或者科研合同者保留政府资助所产生的"科技成果所有权",将激励它们积极参与联邦研发项目和开发商业应用价值产品。[1] 由于不同资助部门立场不同,"科技成果所有权"归属处于混乱和尴尬的政策境遇,特别是 20 世纪 70 年代,美国经济衰退,联邦政府寄希望于通过将军民两用以军事研发为主的科技政策开始逐步向民用领域倾斜,以此振兴美国经济,为此,1980 年联邦政府出台了《拜杜法案》,允许大学取得由联邦政府出资研究项目的发明所有权。[2] 国内学者在研究我国的科技成果转化难问题时,多是基于我国长期以来由政府资助形成的科技成果其所有权归国家,而国家不是适格的成果转化主体的视角展开的。他们认为,我国的科技成果权属规则设计缺乏对适格转化主体的激励机制,导致成果转化不畅,于是在寻找解决路径时,他们就引用美国《拜杜法案》关于联邦政府资助形成的科技成果其所有权归单位的表述。[3] 然而,《拜杜法案》究竟有没有此类规定或者关于类似的规定究竟是何种表述,却很少有学者对其原文进行解读分析,这或许是造成概念误用的重要原因。

三、《拜杜法案》考证及真意探析

《拜杜法案》是《美国法典》第 35 编《美国专利法》中第 18 章标题为"联邦资助所完成发明的专利权"(Patent Rights In Inventions Made With Federal Assistance)的《专利与商标法修正案》(An Act to Amend Thepatent and Trademark Laws)。该法案从第 200 条到第 212 条共 13 个条

---

[1] 参见武学超:《美国研究型大学技术转移政策研究》,西南大学 2009 年博士学位论文,第 38 ~44 页。

[2] 参见杨青、钟书华:《美国国立科研机构科技成果所有权研究——基于美国 ARS、NIH 等 10 所科研机构》,载《科学管理研究》2016 年第 2 期。

[3] 参见吴国喆:《国家自然科学基金项目成果知识产权法律问题研究》,中国社会科学出版社 2015 年版,第 23 ~48 页;武学超:《美国研究型大学技术转移政策研究》,西南大学 2009 年博士学位论文,第 151 ~172 页;杨青、钟书华:《美国国立科研机构成果处置经验及对中国的启示》,载《中国科技论坛》2015 年第 10 期;翟晓舟:《科技成果转化"三权"的财产权利属性研究》,载《江西社会科学》2019 年第 6 期。

文,依次为第 200 条政策和目标(policy and objective)、第 201 条定义(definitions)、第 202 条处置权(disposition of rights)、第 203 条介入权(march - in rights)、第 204 条优先选择美国工业(preference for United States industry)、第 205 条保密(confidentiality)、第 206 条统一的条款和规定(uniform clauses and regulations)、第 207 条联邦政府拥有发明的国内外保护(domestic and foreign protection of federally owned inventions)、第 208 条联邦许可证管理条例(regulations governing Federal licensing)、第 209 条联邦自主发明的许可(licensing federally owned inventions)、第 210 条法律位阶(precedence of chapter)、第 211 条与反垄断法的关系(relationship to antitrust laws)、第 212 条教育奖励中权利的处分(disposition of rights in educational awards)。笔者对这 13 个条文进行认真研读后发现,这部可作为科技体制改革特别是科技成果转化制度参考的法律,长期以来受到严重的曲解和误读。

一是《拜杜法案》并没有规定所谓的"科技成果所有权"。我国舆论中所称的"科技成果"这一内涵模糊的专有名词,在《拜杜法案》中没有任何表述,《拜杜法案》仅仅提到了"发明"这一受联邦政府资助研发产出的成果。该法第 201 条(d)款对发明进行了定义,发明是指"可能获得专利或本章中规定的以其他方式保护的发明、发现,以及根据《植物品种保护法》(《美国法典》第 7 章第 2321 条)中可以或可能受到保护的植物新品种"。该段话的原文为:The term "invention" means any invention or discovery which is or may be patentable or otherwise protectable under this title or any novel variety of plant which is or may be protectable under the Plant Variety Protection Act(7 U. S. C. 2321, et seq.)。可见,我国《促进科技成果转化法》第 20 条将政府资助产生的计算机软件著作权、集成电路布图设计专有权、植物新品种权等科技成果权利授权给项目承担单位的规定,在权利范围上超出了《拜杜法案》的规定,所谓"科技成果所有权"在《拜杜法案》上没有类似规定,《拜杜法案》中只有专利法语境下的专利权。

二是《拜杜法案》也不是专门规定科技成果转化的法律。《拜杜法案》只是《美国专利法》的一个章节，这个章节隶属于《美国专利法》第二部分"可专利性及专利授权"(patentability of inventions and grant of patents)第18章"联邦资助所完成发明的专利权"。从其立法过程来看，之所以被称为《拜杜法案》，是为纪念两位提出该法案的参议员伯奇·拜赫(Birch Bayh)和罗伯特·约瑟夫·杜尔(Robert Joseph Dole)。这两位议员最初提出的立法案名称是《小企业非营利组织专利程序法》(Small Business Nonprofit Organization Patent Procedures Act)，该法案最早由杜尔牵头于1978年提出，后来拜赫于1979年联合包括杜尔在内的52名议员再次提出相同立法案，该法案明确提出修改《美国专利法》，确立一套适用于小企业和非营利性组织的统一联邦专利制度。该法案通过后，人们为了纪念这两位参议员，礼貌性地将该法案称为《拜杜法案》，实际上就是1980年12月12日由时任美国总统卡特签署生效的《专利与商标法修正案》。[1] 从《拜杜法案》立法过程来看，它并不是针对什么科技成果转化问题，而是为保护美国小企业和非营利性组织而提出的对《美国专利法》的一个修正案。

三是《拜杜法案》中没有发明所有权的称谓。在解读《拜杜法案》规则中涉及的权利性质时，不少译者或学者将第202条(a)款译为：各非营利组织或小型企业可根据本条第(c)款(1)的规定，在披露专利后的合理时间内，就是否保留专项发明的所有权进行选择，其原文是：Each nonprofit organization or small business firm may, within a reasonable time after disclosure as required by paragraph (c)(1) of this section, elect to retain title to any subject invention: Provided。这句话里的"elect to retain title to any subject invention"被学者直译为选择保留任何受资助发明的

〔1〕 参见肖尤丹：《科技成果转化逻辑下被误解的〈拜杜法〉——概念、事实与法律机制的厘清》，载《中国科学院院刊》2019年第8期。

"所有权"。[1] 与此类似的还有第202条(c)款多次出现的"the Federal Government may receive title",即联邦政府可获得该专项发明的所有权。然而"title"无论在英美法的权威词典还是我国的《元照英美法词典》中,它都是缺乏明确统一定义的,英美法系"所有权"概念并没有大陆法系所有权的那种明确定义,"title"通常指的是组成那些用以控制或让与财产的法律权利的全部元素的集合。[2] 严格来说,"title"并不是所有权,而是所有权的证据和基础,是所有权全部要素的集合,比如在土地等不动产中,"title"是其所拥有的组成所有权(ownership)的各项权利的总和。[3] 我国物权法学者曾专门撰文指出,在大陆法系语境下将"title"直译为"所有权"是不准确的,这种译法无法体现"相对性"权利与大陆法系绝对所有权存在的显著区别。[4] 我国法律语境中《拜杜法案》的权利并不是所谓的"发明所有权",而是权利人依据《美国专利法》可以享有的对受资助发明拥有的全部法律权利,亦即"专利权",这种权利在《拜杜法案》中体现为专利申请权、专利权及其中的任何法律利益(applications for patent, patents, or any interest therein)的权利;制造、使用、销售、许诺销售、进口专利发明的权利,对应的是我国《专利法》第10~12条的完整"专利权"所包括的内容。[5] 况且正如前文所述,即便将美国法中的"ownership"译为所有权,它也不过是表示人与物或者人与权利之间的归属关系,是一个边界模糊概念,美国法律没有对其加以定义,我们也

---

[1] 参见朱雪忠、乔永忠等编著:《国家资助发明创造专利权归属研究》,法律出版社2009年版,第189页;胡朝阳:《试析政府资助科技项目成果转化的法律调整》,载《科学学研究》2010年第4期;贾卓威、王国骞:《美国科技创新知识产权法律制度研究》,载《黑龙江省政法管理干部学院学报》2009年第6期。

[2] See Garner B. A. ,*Black's Law Dictionary* (Ninth Edition), St. Paul, MN: West Group, 2009, p. 1623.

[3] 参见薛波主编:《元照英美法词典》(缩印版),北京大学出版社2013年版,第1345页。

[4] 参见冉昊:《论英美财产法中的产权概念及其制度功能》,载《法律科学(西北政法学院学报)》2006年第5期。

[5] 参见肖尤丹:《科技成果转化逻辑下被误解的〈拜杜法〉——概念、事实与法律机制的厘清》,载《中国科学院院刊》2019年第8期。

不能用它来套用我国法上的所有权。

四是《拜杜法案》中没有“政府所有”到“单位所有”的逻辑。我国科技成果的权属规则确定经常被解读为“谁投资谁拥有”，即政府资助科研项目所产生的成果其权属往往归国家或政府所有，而《拜杜法案》则实现了将“谁投资谁拥有”转化为“谁创造谁拥有”。[1] 这种逻辑也被我国学者推论出一个看似牢固实则并不正确的结论，即美国联邦政府资助产生的发明原始归联邦政府所有，《拜杜法案》就是对此种权属规则进行了调整。[2] 但事实是，美国《拜杜法案》对联邦资助产生的发明，并不是将发明权天然赋予联邦，联邦也绝不可能基于资金投入而原始、天然、法定取得科技成果，它取得科技成果是通过与项目承担方所签合同中的相关权利条款的约定而实现的。《拜杜法案》的适用范围是“受资助发明”，受资助发明是指在履行资助协议要求的研发工作中，构思或者首次付诸实际的、项目承担方的任何发明(The term “subject invention” means any invention of the contractor conceived or first actually reduced to practice in the performance of work under a funding agreement：Provided)。所以，要形成受资助发明须满足三个条件：产生时间必须是在履行资助协议要求的研发工作中；权属必须属于项目承担方；产生来源是经构思或者首次付诸实际而形成的。[3] 此处的“经构思或者首次付诸实际”在美国专利法中是用来界定发明人身份的，只有自然人才可能是实际发明人，因此非营利组织或者小企业作为项目承担方，只有先从发明人处取得发明权利，然后才能成为《拜杜法案》中的受资助方。《拜杜法案》赋予受资助方是否选择保留发明专利权的权利，若未在合理时间向联邦机

[1] 参见蒋坡主编：《科技法学理论与实践》，上海人民出版社 2009 年版，第 150 页；陈美章：《知识产权的魅力》，知识产权出版社 2010 年版，第 355 页。

[2] 单美玉、李彩霞、王戴尊等：《〈拜杜法案〉对美国大学基础研究的影响》，载《技术与创新管理》2014 年第 6 期；徐棣枫：《威斯康星之路与 WARF 奇迹：高校技术转移实现模式选择》，载《学海》2009 年第 3 期；文学国：《法治驱动下的美国政企学协同创新机制》，载《国外社会科学》2018 年第 6 期。

[3] 参见肖尤丹：《科技成果转化逻辑下被误解的〈拜杜法〉——概念、事实与法律机制的厘清》，载《中国科学院院刊》2019 年第 8 期。

构备案,那么,联邦政府就将取得受资助发明的专利权。该段话的原文为:That the contractor disclose each subject invention to the Federal agency within a reasonable time after it becomes known to contractor personnel responsible for the administration of patent matters, and that the Federal Government may receive title to any subject invention not disclosed to it within such time。此外,《拜杜法案》还对资助协议作了详尽规定,并规定了保留发明专利权的相关后续行为。[1] 这与我国《促进科技成果转化法》直接将相关政府资助科技成果权属赋予项目承担单位有着根本不同。可以说,直接赋权和选择保留权利是我国《促进科技成果转化法》与美国《拜杜法案》的最大不同。当然,无论是"谁投资谁拥有"还是"谁创造谁拥有",都是资助合同对权利归属无约定时的补充性规则,而不是科技成果权利归属的一般原则。换言之,科技成果权属的取得不是原始取得而是基于合同法的相关规则取得的。[2] 因此,从民法和合同法角度来看,根本不存在所谓的"政府所有"到"单位所有"的逻辑。

---

〔1〕 比如,《拜杜法案》第202条(c)款(3)规定:选择保留专项发明所有权的承包商,应在合理时间内,在其希望保留所有权的其他国家提出相应的专利申请;如承包商未在美国或其他国家以及未在规定时间内就该专项发明提出专利申请,则联邦政府可获得该专项发明的所有权。That a contractor electing rights in a subject invention agrees to file a patent application prior to any statutory bar date that may occur under this title due to publication, on sale, or public use, and shall thereafter file corresponding patent applications in other countries in which it wishes to retain title within reasonable times, and that the Federal Government may receive title to any subject inventions in the United States or other countries in which the contractor has not filed patent applications on the subject invention within such times.

〔2〕 我国《民法典》对委托开发完成的发明创造的权属规则有着明确规定,早在1987年《技术合同法》第32条中,就明文确立了技术合同中"谁创造谁拥有"的合同补充解释框架,规定委托开发所完成的发明创造,除合同另有约定的以外,申请专利的权利属于研究开发方。研究开发方取得专利权的,委托方可以免费实施该项专利。我国《民法典》第859条至今仍然保留了这一规定。

CHAPTER 03 >>

第三章

传统所有权视阈下的科技成果所有权

所有权乃法律为维持社会经济之秩序而创造的一种财产制度，其演化经历了原始共产、团体共有、所有权专属和个人所有权四个时期，在此演化过程中，虽法律先哲们对其产生之本源和基础之论证采取不同视角[1]，但其所指代之范围、对象、意义等在近代民法典中已为稳定，如将所有权之客体限定为“有体物”，将其功能解释为物的归属及利用之关系确定。对科技成果的权利表达采取“所有权”的构造，并将其称为“科技成果所有权”，的确很难在现有所有权理论中得以证成。但由于法哲学理论与民法所有权理论具有延续性和承继性，回溯英国哲学家、古典自然法学派的代表们关于“所有权”起源的理论构造及其法律思想，可以为科技成果所有权在法哲学基础上找到注解。

---

〔1〕 19世纪以来，关于所有权的起源和基础，学说极多，有神授说、法定说、自然权说、先占说、劳力说、社会说等不同理论，涉及政治、社会、经济、哲学等多层面问题。

第一节　法哲学家对所有权概念的不同解读

人是自然界的生物体，当人把自己占有的事物看成是“自己的”或“个人的”时，体现了人对物的生存需求，而人发挥智力潜能，进行创造活动，将个人意志渗透“物”时，人的所有特定品质就在物上不断延伸和发展。智力活动所产生的“物”作为个人自由意志的存在，它体现着个人人格，而作为自然物存在的“物”，被人以自由意志加以支配，它同样体现着人格。整个社会的所有权关系，实质上是由一个个具体的人与一个个具体的物间的关系构成的。[1] 由此，所有权的客体并不一定限于“有形物”，法律上的所有权客体实为一种带有人格因素的“抽象物”。无论科技成果能否成为现行民法所有权的权利客体，科技成果作为一种客观存在，它体现的是主体与客体间支配与被支配的关系，符合自然法上所有权之定义。

一、洛克的财产权劳动理论

工业革命时期的英国，出版商及其支持者在讨论永久性普通法文学财产权时，试图借用《法学阶梯》中关于所有权的定义，但遭遇“一个人通过占有或先占取得无主物所有权”之理论制约，原有的所有权理论无法解决知识思想被占有或先占的问题，由此激发文学财产所有权支持者寻找新理论的动机。[2] 于是他们引用洛克在《政府论》中对劳动财产权理论的阐述为其寻找正当性依据。在《政府论》中，洛克将生命权、自由权、财产权等视为人民天然拥有的自然权利，它既不是源于君主赐予，也不是源于人们相互间同意，而是源于人们自身的劳动。经全体人民授权而产生的统治者，只有保障人民的上述自然权利才有其统治行为存在的

---

〔1〕 参见鄢一美：《论所有权的法哲学》，载《哲学研究》2016 年第 3 期。
〔2〕 参见高恩胜：《浅析洛克财产权劳动理论》，载《人民论坛》2013 年第 14 期。

正当性,“在上帝给予人类为人类所共有的东西之中,人们如何能使其中的某些部分成为他们的财产,并且这还不必经过全体世人的明确协议”[1],不是以其他方式,而是劳动使人们将对原来处于共有状态的事物变为私人所有,洛克所主张的财产权也正是基于这种天赋人权的逻辑而产生。洛克指出,土地及其一切低等事物均由人民共享所有权,但并非所有事物都属于共享,个体也拥有属于其自身的私有财产。[2] 之所以如此,是社会个体将劳动附加于公共基础资源之上,改变了事物的自然原始状态,基于劳动的附属价值,他也就自然拥有了对改造后的事物的所有权。洛克认为,上帝将土地上的一切赐给了人类所共有,每个人对他自己的人身享有一种所有权,“劳动是劳动者无可争议的所有物,对这一有所增益的东西,除他以外就没有人能够享有权利”[3]。

洛克把劳动视为劳动者所有的东西,将劳动区分为智力劳动和体力劳动、创造性劳动和非创造性劳动,每个人的劳动只属于他自己,劳动创造了劳动成果几乎全部的价值,当人们将他的劳动与上帝赐予人类的某个东西混合在一起的时候,“我的劳动使它们脱离原来所处的共同状态,确定了我对它们的财产权”[4]。在洛克看来,劳动把自然物变成了财产,使这些物与那些仍处于自然状态下的共有物相区别,因而成为私有财产,但因为劳动是一种痛苦的、人们所不希望从事的活动,只是因为这种活动能够给人们带来利益,人们才不得不去从事它,所以劳动是需要得到奖励的,这种奖励就是明确主体与物之间的关系。正是因为劳动使一切东西具有不同的价值,而这些增加的价值有 90% 是来自劳动,劳动者因劳动而取得对劳动果实的所有权,其所起的作用类似于一份财产所有权证明,财产所有权是一种与生俱来的天赋权利,任何人不可剥夺。

---

〔1〕 [英]洛克:《政府论》(下篇),叶启芳、瞿菊农译,商务印书馆 1964 年版,第 18 页。

〔2〕 参见刘丽霞、蔡永刚:《知识产权保护之法理学检视——基于洛克劳动财产权理论视域的研究》,载《人民论坛》2014 年第 19 期。

〔3〕 [英]洛克:《政府论》(下篇),叶启芳、瞿菊农译,商务印书馆 1964 年版,第 19 页。

〔4〕 [英]洛克:《政府论》(下篇),叶启芳、瞿菊农译,商务印书馆 1964 年版,第 19 页。

二、卢梭的社会契约理论

西方社会惯于以法律契约、宗教契约、政治契约、道德哲学契约等各式契约理念和准则理解世界和安排生活，契约观念是其精神世界的重要组成部分。法国启蒙思想家卢梭所提出的社会契约论，为财产权制度构筑了不同于洛克的哲学基础，且对之后的专利契约等理论提供了重要支撑。卢梭认为，人类生活的历史可划分为自然状态和社会状态。自然状态下的人们，没有任何社会交往，也不发生与他人的社会关系，他们为维持自身生存，通过先占、劳动等方式享有自然物，但这种享有自然物的方式并不是个人获得财产所有权的依据，也不足以证明"所有权"的存在。[1]财产所有人对财产的利用和排他性支配是基于全体社会成员的共同认可并由法律加以规定和明示而产生的，"最初占有者的权利，虽然要比最强者的权利更真实些，但也唯有在财产权确立之后，才能成为一种真正的权利"[2]。自然人占有某物只是一种事实占有，并不是一种法律关系，只有当全体社会成员对这种事实占有予以承认，并通过法律将其规定下来之时，个人对物的占有才能形成财产所有权。[3] 也就是说，社会公认是物的占有上升为权利的内在依据。但如何才能达到社会公认呢？自然状态下的人们对财产事实上的管领和支配无权利可言，也无法有效排除他人干扰和侵夺。

卢梭认为，任何个人的权利都必须通过人们订立社会契约而进入文明社会才能稳定存在[4]，为保障个人财产安全，人们在完全平等的基础之上，自愿将自己的自然权利让渡，通过缔结社会契约的形式建立国家，国家通过制定法律将人们转让而来的自然权利再赋予他们，并承诺

---

〔1〕 参见徐国栋：《民法哲学》（增订本），中国法制出版社 2015 年版，第 630 页。

〔2〕 ［法］卢梭：《社会契约论》（第 3 版），何兆武译，商务印书馆 2003 年版，第 27 页。

〔3〕 参见郭广：《卢梭财产观的哲学透视及其现实启示》，载《上海财经大学学报》2012 年第 6 期。

〔4〕 参见张勤：《论知识产权的道德基础》，载《知识产权》2012 年第 1 期。

以国家力量来保障这种权利安全[1]。由于法律体现的是主权者即人民的意志,人民的意志就是公意,而公意是形成财产权的基础,任何依靠自然强力取得的财产只能产生“享有权”,而得到代表社会公意的法律所确认的权利才是所有权,才符合正义原则。卢梭的社会契约理论所反映的将自然状态下的财产占有转化为通过类似签订契约的方式实现“法定占有”的社会契约思想,是一种全新的思考专利等知识产品权利归属依据的方式。实际上,专利等知识产权最早也不过是一种体现封建统治者个人利益偏好,而与特定主体之间达成的一种契约。我们不妨将社会契约理论引申到对智力成果的保护上来。社会通过国家赋予发明人独占权,以获得精神或物质利益,社会大众通过有偿使用发明专利而获得其中的利益,发明人将技术公开取得了专利垄断权,可以补偿发明创造活动中所支出的劳动和费用,还可以获得更大利益的回报。

三、康德的自由意志理论

康德将权利体系划分为天赋的权利和获得的权利。前者又可称为内在的“我的”和“你的”,物相对于主体而言是外在的,而主体“我”则是内在的。那么,如何将一个外在之物称为“我的物”呢?康德认为,主体必须将某物作为一个对象占有,且将该物视为己有,它是该物客观上唯一的主人,即所有权客体是属于所有人意志选择的外在对象。[2] “我通过正式的表示,宣布我占有某个对象,并用我自由意志的行动,去阻止任何人把它当作他自己的东西来使用。”[3]某物要成为权利上“我的”所有物,我必须在主观意志上将该物作为自己独占的物来对待,该物作为

[1] 参见杨德桥:《专利契约论及其在专利制度中的实施机制》,载《理论月刊》2016年第6期。
[2] 参见张平:《市场主导下的知识产权制度正当性再思考》,载《中国法律评论》2019年第3期。
[3] [德]康德:《法的形而上学原理——权利的科学》,沈叔平译,商务印书馆1991年版,第57页。

我的财产不受他人侵犯，我是真正的占有者。〔1〕 康德所称的占有，分为感性占有和理性占有，感性占有是由感官冲动或刺激之类的爱好而引起，理性占有则是具有权利原则的占有。当某物作为我个人意志活动对象时，我首先要判断此物是否之前不属于任何人，若已经归他人所有，我的选择就会与他人自由相冲突，若我的意志告知我，该物为无主物后，我就可以将其置于我的力量之下，这就是理性占有。理性占有本质上体现的是一个人自由行为与他人自由行为的关系，是抛开空间和时间条件，通过自由意志将某物置于自己控制之下，是对物的"所有"，体现的是人与人之间对物关系的所有权法则，体现的是所有权意义上的"我的"。借用康德的话说，它之所以是我的，是因为我的意志在决定对它作任何特殊利用的时候，不与外在自由法则相抵触。〔2〕 单纯的感官占有，并不能成为所有权意义上的"我的"，只有在不以肢体或个人力量来实现对物的占有，而在观念上将某物视为"我的"的情况下，才能称为所有权。所有权的目的，就是要求主体通过自己的自由意志将某个对象视为己有，即便物与人分离也不影响其对物的控制，这种控制属于意念上的控制。但仅仅将某物视为"我的"这种意志因素，还不足以形成所有权。主体将某物视为"我的"，必须遵循普遍的自由法则，依据联合起来的自由意志。于是康德提出，所有权包含双重意志，即个人意志和共同意志，并明确提出所有权取得的"外在获得"原则。外在获得原则是指所有权的获得不是取决于主体，而是取决于主体之外的共同意志，而共同意志即全体社会成员对物主占有、控制某物的行为所持的共识共认的观念。〔3〕 它包含两种意志内容：一是主体通过言行宣布某件东西是"我的"，其他人有义务不得动用主体已经行使了意志的对象；二是主体不侵犯其他人已经宣布了他占有的属于他的对象，这种互不侵犯的保证，体

---

〔1〕 参见卞绍斌：《联合的意志与普遍自由——康德所有权理论的规范性阐释》，载《江苏行政学院学报》2018 年第 3 期。

〔2〕 参见［德］康德：《法的形而上学原理——权利的科学》，沈叔平译，商务印书馆 1991 年版，第 64 页。

〔3〕 参见吴汉东：《法哲学家对知识产权法的哲学解读》，载《法商研究》2003 年第 5 期。

现的就是共同意志的普遍法则。

四、黑格尔的财产人格理论

财产人格理论是以黑格尔“意志—人格—财产”为基本范畴的私法思想。按照黑格尔的理论，人具有意志自由，而意志自由又具有无限性，因此人作为主体可以对物进行占有，对客体主张所有权，把他的自由意志体现于物内，得以外化和实现，这就是所有权的概念。[1] 但人对物的所有权并不是天然的，在没有人的意志参与的情况下，自然物作为身外之物是自在之物，只有人的意志才能使这种自在之物与人发生关联，但人是一个单元，因而在抽象法阶段，自由意志就表现为抽象的人格，所有权也就成为这个单元意志的人格的东西。[2] 换言之，所有权就是主体通过客体来展现他的个人意志，而人格作为一种抽象的自由意志，必然通过外部的物来实现。物本身没有自由和人格，没有自由意志，而人则有自由意志，于是人有权将他的意志体现在任何物中，使物成为带有人的自由意志的内在物，意即每个人都有权将其意志变成物，或者将物变成他的意志。

尽管黑格尔认为精神产品本身不是物，但它是通过精神中介而变成的物，这里的“物”实质是指和“物”具有同等法律地位和功能的一种财产，诸如技能、知识、艺术、发明等，在创造者的自由意志支配下，是人的意志的体现，而在其上的权利则为“精神所有权”。在黑格尔看来，人的本质就是人的意志，人的意志属性首先表现为人的自我认知能力，这是人区别于其他生物的根本规定性。但是，人的意志存在的领域，并不能仅仅局限于人的内部。人的本身可以成为意志对象，外在于人的其他事物同样可成为意志对象。人为了作为理念而存在，必须给他的自由以外部的领域。[3] 由于这种外部领域中的事物是作为意志的对立面而存

---

〔1〕 参见[德]黑格尔：《法哲学原理》，范扬、张企泰译，商务印书馆1961年版，第64页。

〔2〕 参见[德]黑格尔：《法哲学原理》，范扬、张企泰译，商务印书馆1961年版，第55页。

〔3〕 参见[德]黑格尔：《法哲学原理》，范扬、张企泰译，商务印书馆1961年版，第50~51页。

在,较之于自由意志而言,“无意志”与“不自由”成为外部领域事物的根本特性。因此,人基于其优越于外部事物的意志,就“有权把他的意志体现在任何物中,因而使该物成为我的东西”,在这种意志外化的过程中,人与客体间由主观与客观的对立,走向了统一,存在于人本身并作用于外部事物的意志,在此承担了连接主体与客体的桥梁作用。[1] 黑格尔将一切权利都看成是人格的定在,它没有区分财产权与人身权,也没有区分身外之物与自身之物,将物权的本质归结为人格权,通过意志将身外之物变为“我物”,而给它打上人格烙印。[2] 而实际上,知识产品作为一种特殊的“物”,它不是纯粹的财产,而是创造者人格的体现,“唯有人格才能给予对物的权利,所以人格权本质上也是物权”,知识产权也是所有权的部分内容。[3]

第二节　民法所有权理论的分化及其隐喻

民法所有权观念的产生与发展经历了漫长而复杂的演进过程,其历史渊源可追溯至古罗马法时代,后经时代变迁和理论进化,逐渐发展出罗马法和日耳曼法两种典型的所有权观念及制度。在普通法看来,法律制度不过是和平调处纷争的规则体系,它的力量在于它对具体争议的解决,而它的对手,罗马法的力量则在于抽象概念的逻辑发展。[4] 由于二者在构造和内容上形成鲜明对照,近现代所有权制度的发展正是受这两种不同结构、不同内容并蕴含不同理念的所有权观念和制度影响。大陆法系的单一所有权与英美法系的双重所有权,对“科技成果所有权”概

---

〔1〕 参见马俊驹、张翔:《人格权的理论基础及其立法体例》,载《法学研究》2004 年第 6 期。

〔2〕 参见萧诗美:《黑格尔所有权理论的哲学诠释》,载《学术研究》2009 年第 7 期。

〔3〕 参见向波:《知识产权正当性之批判解读——以利益冲突为基本视角》,载《法学杂志》2015 年第 8 期。

〔4〕 参见[美]罗斯科·庞德:《普通法的精神》(中文修订版),唐前宏、廖湘文、高雪原译,法律出版社 2018 年版,第 2 页。

念之存在合理性有重要借鉴意义。我国民法的诸多概念和制度参考了大陆法系的德国,若遵循大陆法系所有权,因其客体不符合“有体物”之标准,只能游离于所有权制度之外,但若回溯罗马法的所有权或借鉴英美法系的所有权,作为一种确定事物归属的范式,它则有存在的正当性和合理性。

一、古罗马法上的所有权:对利益拥有的描述

作为民事权利出现的所有权概念最早见诸罗马法,但在全部罗马法原始文献中并没有所有权的定义。[1] 罗马法最早将“所有权”一词称为“dominium”,意指所有人对物的“统治”、“管辖”和“控制”。[2] “dominium”概念是对家父权的扬弃,它不再是家长的权利,而是演化为对财产的权利。其实,“dominium”的出现经历了一个漫长的发展过程,即罗马土地公有制与土地私有制不断斗争的发展过程。按照许多罗马法学者的看法,“dominium”的形成是地役权和用益物权产生的结果,而地役权和用益物权是在公元前3世纪或公元前2世纪形成的,这两项权利的产生需要从法律上明确土地所有人的地位,这就促使了“dominium”的诞生。[3]

---

〔1〕 在罗马社会最早的成文法《十二铜表法》中已有对所有权内容的清晰阐述,在其后的罗马法内容中,通过对取得、丧失所有权的途径与方式的详细规定而确立了所有权作为财产权制度的核心地位。但是,在全部罗马法原始文献中并没有所有权的定义。实际上,所有权在不同领域中的含义并不完全相同,在法律的不同领域中观察角度不同其含义也不完全相同。因在民法立法例中大多有关于所有权内容的规定,学说多据此总结出所有权的含义。

〔2〕 参见王利明:《国家所有权研究》,中国人民大学出版社1991年版,第1页。王利明在书中描述,据西方罗马法学者认为,“dominium”一词是在罗马共和国晚期出现的,在这个词出现之前,罗马法中曾出现许多表达财产(近似于财产权)概念的词,如familia、pecunia、mancipium、manus、patria、potestas等。但这些概念都没有准确地表达所有人对物的绝对支配的含义,而在内涵上大都包括对家子的权利。德国学者莫里尔(Monier)指出,“dominium”一词的出现意味着从有限的家父转化为对物的完全控制权。

〔3〕 参见杨明东:《基于市场产权的国家经济主权权能研究》,知识产权出版社2013年版,第105页。

所以，“dominium”实质上就是法律对土地私人所有的确认，因而具有土地私人所有权的最初含义。至罗马帝国后期，所有权又被改为“proprietas”，与“ususfructus”（用益权）一词一起使用，至大约公元前 2 世纪，罗马法所有权概念被正式确立下来。[1]

通说认为，自古罗马法至《法国民法典》的制定，所有权的概念主要是从利益归属的角度进行定义，并没有当今所有权概念中对物的支配的含义。换言之，所有权并不必然体现为物权之一种，只是从利益角度对“拥有”的描述。对罗马人而言，财产只有“我的”和“你的”之分，属于“我的”，我就享有所有权，至于所享有权利的对象究竟是什么，并不重要，它可以是动产，也可以是不动产，还可以是债权、地役权、用益物权等。[2] 所有权在罗马法上不过是一种利益，这种利益的表现方式可以是看得见摸得着的“物”，也可以是抽象的权利，前者被称为“有形物”，后者被称为“无形物”。罗马法的所有权概念是建立在权利和客体不分的基础之上，并没有今天所有权那样严格的客体限定。[3] 无论是有形物还是无形物，都是一个人享有的利益，都可以作为“物”来看待，在这种意义下，所有权并不局限于对有形物的拥有，而是作为对整个利益的拥有。

如果按照罗马法对所有权的上述定义，“科技成果所有权”的称谓并没有什么理论上的障碍。如果按照罗马法，所有权是对于“我拥有什么”的确认，“科技成果所有权”就是对我拥有“科技成果”这种利益的确认，这似乎可以回答本书要研究的这个概念在理论上的自洽性问题。但毕竟罗马法上的所有权内涵相当模糊，难以形成现代物权法上的所有权定义。因为“物”包括“物体”和“权利”，所有人在拥有两者的同时，很难得出所有权是一种“对物的支配权”的结论。[4] 直到《德国民法典》颁布，所有权才具备学理上公认的意义，独立的所有权制度才得以建立。

---

[1] 参见汪晓华：《物权法分则研究》，合肥工业大学出版社 2018 年版，第 1 页。

[2] 参见梅夏英：《物权法·所有权》，中国法制出版社 2005 年版，第 2 页。

[3] 参见安连成：《民事法律制度研究》，天津人民出版社 2018 年版，第 68 页。

[4] 参见梅夏英：《两大法系财产权理论和立法构造的历史考察及比较》，载《私法》2001 年第 1 期。

但德国民法上的所有权始终将“物”限定为有体物，将罗马法上和法国法上的“无形物”和各种权利完全剔除出去，使所有权变成了对“有形物”的完全支配权。

二、大陆法系的所有权：对“物”的全面支配

近代大陆法系的所有权观念与制度可以说是古罗马法所有权在近代法上的复兴与再现。14～16世纪新兴资产阶级所推行的文艺复兴和宗教改革运动，使挣脱宗教神学思想束缚后的资产阶级认为，法律的目的在于保障个人自由和财产权，所有权是与生俱来、上天赋予的对财产的绝对支配的权利，应予以特别保护。[1] 1804年《法国民法典》首次将这种所有权观念以法典的形式固定下来[2]，之后的德国民法典在历史法学派和潘德克吞法学派的推动下[3]，吸收理性法论的高度抽象和概括性语言风格，使得历经20年编撰而成的《德国民法典》构造了一个在

---

〔1〕 参见陈耀东主编：《物权法》，南开大学出版社2015年版，第126页。

〔2〕 《法国民法典》第544条规定，所有权是对于物有绝对无限制地使用、收益及处分的权利，但法令所禁止的使用不在此限。参见安连成：《民事法律制度研究》，天津人民出版社2018年版，第68页。

〔3〕 以胡果（Gustav Hugo，1764—1844年）和萨维尼（F. C. von Savigny，1779—1861年）为首的历史法学派强调，法律源自民族精神，是民族精神的体现，主张继承历史传统，重视习惯法，反对在没有对历史上的法进行深入研究之前制定普遍适用的法典。参见何勤华：《西方法学史纲》，商务印书馆2016年版，第214页。潘德克吞（Pandekten）一词，源于拉丁文的“Pandecta”，而所谓“Pandecta”，是指《罗马法大全》中的《学说汇纂》（Digesta）。将此《学说汇纂》加以体系化的法学，称为潘德克吞法学，其所创立的体系称为潘德克吞立法模式（Pandekten Systen）。参见李少伟：《现代文化与现代私法》，陕西人民出版社2012年版，第280页。潘德克吞民法体系最早被胡果在1789年出版的《罗马法大纲》一书中采用，最后由萨维尼在其潘德克吞体系教科书中加以完善。基于这种理论体系所制定的德国民法典，被称为潘德克吞式民法典。潘德克吞体系是将繁纷复杂的民法内容依据一定的顺序排列，通常分为五编，即总则编、债权编、物权编、亲属编和继承编。总则编在其他四编之前，规定民法共同的制度和规则。不仅如此，债权、物权、亲属、继承各编的第1章，均设小总则，用以规定该编的共同制度和规则。参见兰仁迅主编：《民法总论》，知识产权出版社2012年版，第15页。

今天看来十分严谨的所有权概念，即物之所有人，在不违反法律及第三人的权利的范围内，得自由处置该物[1]，并将物权的客体限定为有体物。

尽管《德国民法典》所确立的所有权与罗马法上的所有权概念有所出入，但脱胎于罗马法的德国法，对所有权概念的界定仍然像一条脐带流落于罗马法上的所有权。二者之共同点在于，都蕴含了特定利益归属于特定主体的意蕴，而这种利益归属的所有权观念并不是与生俱来，反倒是经历了复杂发展历程。从所有权存在根据即权源角度考察，历史上曾出现神授说、先占说、劳力说、法定说、社会契约说、自然权说、社会说、社会连带关系说等。[2] 这些学说从不同的角度试图对所有权产生背后的因素进行提炼，并努力适应于他们所生长的时代土壤，各学说间相互影响、互相借鉴，促成了所有权观念和制度的形成，并使其概念的内涵与外延趋向于稳定，勾勒出所有权发展演进的历史轮廓。比如，先占说确定了无主物所有权的归属，法定说与物权法定原则契合，劳力说、社会契约说分别为所有权的原始取得、继受取得奠定了理论基础。尽管法国《人权宣言》和拿破仑民法典对所有权作出了定义[3]，但这些定义都源于罗马法的定义，与德国法的定义大体相同，它们都承认所有人对于物件有一种绝对的权利，唯一不同的是，在这里关于"物"的定义成为了焦点。要说法国民法典和德国民法典在所有权的规定方面有什么不同，那可能就是所有权的客体问题了。法国更突出所有权客体是"财产"，而德国则突出"物"，物和财产到底有什么区别，本文随后将进行论述。

---

〔1〕 我国《民法典》物权编中，所有权是指"所有权人对自己的不动产或者动产，依法享有占有、使用、收益和处分的权利"。这个定义非常粗糙，从形式上看就不符合规范定义条件，定义项中的"所有权人""自己"这些概念与被定义项"所有权"循环，是定义的大忌。参见孙永生：《民法学的新发现》，广西师范大学出版社2018年版，第102页。

〔2〕 参见谢在全：《民法物权论》（上册），中国政法大学出版社1999年版，第115～116页。

〔3〕 1791年《法国宪法》第一段《人权宣言》中说，所有权是"享受和随意支配自己的财物、自己的利益、自己的劳动和勤勉的果实的权利"。

还有一点区别，法国《人权宣言》将所有权列为天然的和不因时效而消灭的权利之一，这里的权利包括自由权、平等权、所有权和安全权，尽管有学者反对所有权是天然权利，天然权利意味着即便没有所有人，这个权利依然存在，一个80岁的老人已经死亡，但他的所有权还依然存在，这近乎于荒谬。但更多的学者认为，所有权是一种事实，它一向存在，将来也永远会存在下去，所有权是基于占有和劳动而产生的权利，战争和政府是所有权的基础，"我"占据着一块土地，在没有证明相反的情况之前，"我"就被认定为这块土地的所有人。[1] 而劳动则意味着所有权绝不是在人的构造中产生出来的，而是从他的行为中产生出来的。

尽管关于所有权起源的争论较多，但在大陆法系，无论所有权根源于何，作为一个被广泛接受和使用的法学概念，其内涵至少在如下方面有理论共识：第一，弹力性理论。所有权派生出的他物权，有时会让所有权的权能完全消失，所有权变成了"空虚所有权"，可一旦将其设定之上的他物权消灭，则所有权即可恢复圆满状态，如皮球压之则陷，脱之则圆。[2]第二，最大可能利益理论[3]。霍诺尔（Honore）首倡该理论，依据该理论，物之上存在最大可能的利益，就是所有权之本质，应为法律所保护。第三，剩余权理论[4]。马柯比（Markby）在《法律的要素》一书中创立了该理论。从所有者角度定义所有权，不论物上分离出多少权利，总归有剩余权利存在，该剩余权利的拥有者即为所有者，对物享有的全部权利即为所有权。第四，全面支配理论。所有权乃权利人对所有物的全面支配的权利，除非这种权利被法律予以限制，而其他物权系权利人对某一方面权利的支配。

可见，大陆法系所有权的核心是将所有权界定为对"物"的一种全面支配的权利，其在效力上体现为主体对客体予以作用并排除他人干

〔1〕 参见[法]蒲鲁东：《什么是所有权》，孙署冰译，商务印书馆2015年版，第121页。
〔2〕 参见郑玉波：《民法物权》，台北，三民书局1971年版，第54页。
〔3〕 参见王涌：《所有权概念分析》，载《中外法学》2000年第5期。
〔4〕 参见侯水平、黄果天等：《物权法争点详析》，法律出版社2007年版，第173页。

涉[1]，在权利行使上体现为权利人不需要他人意思的协作，即可单方面实现自己的意思[2]，其本质是法律为权利人划定的自由空间和范围，在这个空间之内，权利人只要不损害公共利益，就可按照自己的意思进行最大限度的行为选择自由[3]。它反映的不是人与人间的权利义务关系，而是权利人与被支配对象之间的关系[4]，其权利的实现无须建立在义务人履行义务的基础上，更不必依靠相对人的意思表示。所以，弹力性理论、剩余权理论、全面支配理论其核心是全面支配论，实定法将其分解为对物的占有、使用、收益、处分，这四大权能对于科技成果的权属来说同样存在，而且这四大权能也可以分离，它也是一种排他性的支配权，本身也代表着一种利益。所以，用大陆法系所有权的全面支配理论来解释智力劳动所产生的权利形态，并没有什么理论上的障碍。不过，大陆法系关于所有权客体的定义却成了“科技成果所有权”概念正当性的唯一障碍，科技成果到底是不是“物”，这是个很难回答的问题。从古罗马到当代民法，关于什么是“物”的讨论始终没有统一定论，固守“物必有体”的德国民法虽未在法典中扩充“物”的范围，但为提高人们对物质资料的支配和利用能力，其立法者对物的范围作了扩张解释，如将自然力作为物权客体。什么样的客体可以成为所有权意义上的“物”，更多的时候也不过是取决于立法者的态度而已，作为所有权客体“物”的种类在不断扩大是不争的事实，要不是知识产权从物权中分离

---

〔1〕 参见王泽鉴：《民法物权》（第2版），北京大学出版社2010年版，第109页。

〔2〕 参见汪渊智：《支配权略论》，载《晋阳学刊》2015年第2期。

〔3〕 参见汪渊智：《支配权略论》，载《晋阳学刊》2015年第2期。

〔4〕 关于这点，学者间有不同看法。德国民法学者一般将物权归纳为对物的支配权，将物权所表示的法律关系定义为人对物的支配关系。因为物权的法律关系是对世关系，只有权利人和客体在法律上可以明确肯定。英美法系学者的通说也与此类似。但是，我国多数学者秉承苏联的法学理论，认为支配权的本质就是人与人之间的权利义务关系。其原因在于：第一，所有的法律关系都反映的是人与人之间的关系，支配权法律关系也不例外；第二，支配权具有对世性，即除权利人外，任何其他人都负有不得侵害其权利的义务，此与其他诸如反映特定当事人之间关系的请求权在本质上是一致的。参见孙宪忠：《中国物权法总论》（第3版），法律出版社2014年版，第52页。

出来自成体系，那么今天物权法上的“物”一定是涵盖了科技成果在内的。

三、英美法系的所有权：“相对”的所有权

由于受日耳曼法传统及政治制度等历史原因影响，所有权在英美法系的表达与大陆法系完全不同。英文“property”作为表达英美法系所有权的词语，既可以译为“所有权”，还可以译为“财产权”或“财产所有权”。“property”不仅常用以指代有货币价值的权利客体，还用以指代人们对财物的权利，既可存在于有形财产（如建筑物、动物）之中，也可存在于无形财产（如版权、损害赔偿权）之中。英美法系财产法沿袭古日耳曼法的传统，理论上并没有一个明确的所有权概念，至今也没有一个完整的定义，所有权更多地表现为对某一利益的拥有，英美财产法甚至可以不提所有权而讨论财产权的法律问题。[1] 最为典型的就是英美法系在财产权利配置上设定的普通法所有权和衡平法所有权的双重所有权制度。这种制度完全不同于大陆法系基于所有权神圣确立的“一物一权”的绝对所有权制度。比如，在大陆法系，买卖双方签订土地转让合同，不过是物权和债权的关系而已，但在英美法系衡平所有权理论之下，卖方对土地享有普通法所有权，而买方则享有衡平所有权。实际上，普通法所有权是按照普通法原则所确认的财产权，它更接近于大陆法系的所有权，而衡平所有权的产生则有着独特的历史背景，它是基于衡平法所产生的所有权。衡平法，其实就是通过大法官的道德良心和追究真意的忏悔逐渐形成的一套司法格言[2]，它本身并不是法，而是国王特权在司法领域的具体体现。因为在西方法律传统中，法本身就有自然法和人定法之分，基于判例而形成的普通法有时并不能真正保护权利人的权利，国王作为一切正义的源泉，民众有权在不能通过普通法院获得公正

〔1〕 参见梅夏英：《民法上“所有权”概念的两个隐喻及其解读——兼论当代财产权法律关系的构建》，载《中国人民大学学报》2002 年第 1 期。

〔2〕 参见冉昊：《“相对”的所有权——双重所有权的英美法系视角与大陆法系绝对所有权的解构》，载《环球法律评论》2004 年第 4 期。

救济的情况下，诉诸国王而请求特殊救济。后因诉诸国王的救济越来越多，国王便将其交给自己良心的守护人——枢密官（大法官）来处理，枢密官办公的地方于是就变成了衡平法庭或大法官法庭，这个法庭作出的判决带有自然法的道德原则。

我们试以英美法上一种极富创新的制度，即信托制度来为衡平所有权进行定义。信托制度在英国最早是因封建领主与国王间的土地负担而引起的，国王、封臣与领主之间基于土地而产生的权利义务关系较为复杂，其历史背景不再赘述。但因封臣得到了封地，按照双方达成的协议，就负有缴纳赋税、承担兵役等负担。[1] 封臣为了逃避上述义务，将部分土地通过某种仪式转移给第三人，我们姑且称之为受托人。受托人拥有某块土地的同时，要承担一定义务，比如在其死后或继承人达到成人年龄时，应按照有利于委托人的原则处理该块土地。但这种约定实际上并不符合普通法上关于财产一经交付给某人，某人便成为所有人的规定，就是说委托人一旦转让了自己的土地，其自然就丧失了普通法上的所有权。假若受托人不履行义务，在当时普通法的几十种令状格式中没有对于确认这种诉讼请求的令状，委托人没有办法请求王室法院强迫受托人履行信托协议，于是它只好向大法官求助。那个时代，大法官大多由精通罗马法和教会法的宗教人士担任，因为天主教会经常也采取类似的土地信托制度来处理自己的土地，只不过他们并非为了逃避义务，而是因为教规禁止僧侣贪财，可能是出于维护自身利益的考虑，大法官常常认为，争议的土地在普通法上虽然属于受托人所有，但受托人违背信托协议的行为是违反道德的行为。在衡平法上，信托协议必须得到履行，于是大法官按照自己从国王那里得到的特殊授权，要求财产占有人必须依照约定为委托人的利益加以管理。随着此类案件增多，大法官不

---

[1] 在英国封建制度中，君主将土地用来奖赏他的功臣，同时要求他们提供劳役，当时政治上最重要的服役是兵役。国王颁给领主一份土地，附带的条件是他每年要向国王提供一定数目的武士来服40天兵役。领主又把土地分成若干份，以同样的条件分配给为国王服兵役的武士。武士还可能再将他手里的一部分土地分给教堂，以获得一定的宗教服务。

断通过判决将有关原则制成详细规则，引申出受益人或委托人对此财产享有衡平法上的利益，并将其承认为“衡平所有权”，尽管后来的土地分封制度得以消灭，但大法官创设的这种“衡平所有权”则得以延续，并形成了英美法上独特的信托制度。

从英美法上的双重所有权制度产生的历史背景来看，套用双重所有权为科技成果所有权寻找理论依据，并不是一种能够得到认可的方式。因为来自大陆法系制定法的所有权，始终有着成文的规则体系，它不可能像英美法那样产生双重解释。所谓的双重所有权只不过是针对某个具体的案件而采取的不同解释方式而已，目的是保护某种财产利益。但在我国，民法上的所有权是有着特定含义的，在司法实践中，也不大可能作出类似于英美法上的那种采用两套方式为同一个案件寻找理论依据的做法。但英美法上的所有权制度还是告诉我们，所有权制度不过是人定法的一个制度而已，采取什么样的制度，是出于维护某种利益的考虑，假若我们要将基于科技成果产生的利益保护用“科技成果所有权”概念涵摄，那么，这个概念同样可以在“双重所有权”的演化中找到依据。

第三节　精神产品保护与所有权派生概念之关系

时代之发展让局限于“有体物”之民法所有权理论不足以解释新出现事物在法律上的特质，如精神创造物、精神产品等作为法律关系客体无法在既有民法权利体系中自立，于是学者基于法哲学的所有权理论、民法“无体物”理论、经济学产权理论等分别创造了精神所有权、无体财产权、知识产权等概念，由于对上述概念之本质的解读不同，一些概念并没有成为主流法学术语而进入民法所有权体系，然而其背后所折射的法理思想却成为探寻科技成果所有权概念是否正当的重要理论参考。

一、精神所有权与所有权的关系辨析

18 世纪的欧洲大陆国家曾流行着保护知识、技术的“精神所有权”

学说,这种权利被理解为一种排他的、可对抗一切人的权利,是所有权的一种。[1] 该学说曾被用于解释著作权所具有的财产权和人格权双重属性在法学理论上的正当性。类似于著作权人格权,精神所有权用以指代精神产品与传统所有权客体"物"的不同,但实际上民事权利二元性理论面临着人格权财产化和财产权人格化的挑战,让已经被废弃的精神所有权反倒有了回归的必要。[2] 如果说精神所有权可以成为传统所有权的组成部分,那么,科技成果所有权也具有同样的理论正当性。跟著作权一样,科技成果所有权包括了人格权成分,无论是作品、发明创造还是其他科技成果,对其所享有的权利都是人格权的自然延伸。然而,在学术界"精神所有权"只是一种哲学思考,它并没有最终成为法律概念,也没有成为科技成果等具有人格权属性的创造物在法律上的通用称谓。

(一)精神所有权概念之产生及式微

18 世纪初的德国,正值神圣罗马帝国权威的衰退期,地方领主势力不断增大,曾经以皇帝所具有的独断权利之专利授予权等方式保护出版界利益的做法已显不足,各领主开始以自身所独具的专利制度来保护出版者的利益,但这种保护效力仅局限于领主的土地领域,不能扩展至德国全土。对于给付报酬获取原稿出版权的出版人来说,领主所管辖土地之外的人擅自复制原稿对出版人造成困扰,仿照专利制度而形成的出版保护制度承认出版人对原稿的不断更新权,专利授予形式所规定的对出版人保护的期限性一旦丧失,出版人对作品就拥有了独占权。此时,对于出版人拥有的可用于出版的作品,产生了一种新的所有权,它对作者的作品以及将该作品物化的数据均享有所有权,此为出版所有权论,也是早期精神所有权的雏形。[3] 不过,真正的精神所有权是作者对其作品及转让作品出版权的一种排他性支配权,最初主张该理论的学者提出,"书的著作人不仅对自己的思想具有所有权,对于得出售与出版人之

〔1〕 参见尹田:《法国物权法》,法律出版社 1998 年版,第 122 页。

〔2〕 参见姜福晓:《人格权财产化和财产权人格化理论困境的剖析与破解》,载《法学家》2016 年第 2 期。

〔3〕 参见吴汉东:《著作权合理使用制度研究》,中国政法大学出版社 1996 年版,第 4 页。

价值也具有所有权”,“费尽脑力创作书本之著作人,为该脑力与著作物之所有人,著作人得出售自己所具有的所有权”,“对出版人原稿之让与,不仅是对有体物所有权的让与,也应包括与之相结合之归属于著作人所有的其他权利的让与”,[1]借此讨论,精神所有权论逐渐得以确立。但这个理论从一确立就遭到反驳。反对者认为,出版者以精神所有权之名,取得排他利用权将会产生独占价格设定之虞,但支持者则通过自然法所有权理论为排他出版权寻找正当性依据。作者对其著作物具有所有权,该所有权与物的所有权具有同样的理论构成。创作活动对实现公民教化不可或缺,它具有鲜明的公共利益属性,若对出版人的排他出版权不作保护,出版人的经济利益将无法得到保障,创作者的报酬给付请求权就无法得以实现。在自然法理论甚嚣尘上,人权意识觉醒的时代背景下,著作者的人身权渐获肯定,一种模仿物权理论,将作品视为作者精神产物,对其享有所有权的理论产生了。在这种学说中,版权的权利人对其智力劳动所创造之作品享有对世财产权,它类似于有体财产上的所有权,二者有着相同权利构成,犹如制造人对其劳动所制造出来的有体物享有所有权一样。自此开始,人们把目光逐渐投向之前未曾注意过的对著作人本身的保护,将精神创作之物与有体物相比,将著作权类比于所有权,为后来的著作权、专利权等保护提供了理论依据。

到了18世纪中期,经历了奥地利王位继承和七年战争之后的欧洲,各行各业急功近利地恢复生产经营,出版行业也不例外。大量出版商滥用创作者的著作进行过量出版发行,作者作为著作权制度的核心若得不到保护,将极大伤害创作者热情。学者开始对有体之原稿与无体之精神著作进行讨论,认为出版商享有的权利不过是创作者精神所有权的派生,人类脑力劳动成果所产生的财产权比任何其他种类的所有权与其联系更为紧密,也更加值得保护。除非有专利制度,否则著作物可被任何人自由复制。著作人既然拥有著作物之所有权,那么,除非是基于与出版人契约而为的复制,否则任何出版行为都是被禁止的,出版人所取得

---

[1] 刘得宽:《民法诸问题与新展望》,中国政法大学出版社2002年版,第305~309页。

之复制权，不过是著作人所有权的一部分。到了19世纪初，德国古典主义作家中年龄较高者均已死亡，拿破仑战争的胜利使德国民族意识提高，针对著作人死亡后的著作物归属，那些未取得排他性出版权的出版商开始主张已死亡作者的著作归全体德国国民所有，出版商可自由复制，并呼吁给予享有排他出版权的出版者时间上的限制。然而此时的德国法学家则对此采取消极态度，并没有跟随出版商的主张，他们将目标移转至对罗马法和日耳曼法的历史研究，将所有权概念局限于对有体物的严格解释，认为对精神著作物承认所有权，将使得传统的所有权概念与新的社会倾向相矛盾，精神所有权论就此开始走向式微。

（二）精神所有权概念之内核及缺陷

虽然精神所有权论是18世纪初基于传统出版人营业保护思想之超越专利制度而生[1]，但实际上它背后的思想是著作的人格权理论。精神所有权学说的代表人物费希特认为，作者发行自己的作品，消费者购买该作品，他获取的仅是承载作品具体内容的实物，并没有因此受让作者的“权利”，作者仍然拥有对自己作品表达形式的排他性和独占性支配权。[2] 黑格尔也在其《法哲学原理》中描述了作品人格权与财产权二重属性。黑格尔认为，创作者将人脑之外的素材经过加工描绘成脑内思想，从而具有了独特性，这种脑内思想作为作品区别于一般自然物的特性，首先体现在它的不能被仿制性，思想外化的作品不过是一种机械装置，作品真正体现的是创作者的思想和技术。[3] 可以说费希特和黑格尔认识到作品的作者人格化，将思想和表达进行区分，但他们并未给作者权利作出定性，费希特对作者权利的解构仍将其类比于物权上的所有权。作者可任意处分其作品，就如同物主可任意处分其所有物那样，将权利客体的运作机制类比于传统所有权的基调，使得著作权被视为了新型的传统物权，但将有形财产的所有权与非物质化著作权相混淆，使得

〔1〕　刘得宽：《民法诸问题与新展望》，中国政法大学出版社2002年版，第304页。

〔2〕　参见［德］M. 雷炳德：《著作权法》，张恩民译，法律出版社2005年版，第25页。

〔3〕　参见［德］黑格尔：《法哲学原理》，范扬、张企泰译，商务印书馆1961年版，第36页。

物权客体、利用方式、处分范围等发生了变化，引起了部分反对，诸如出版人取得著作人的精神所有权，产生排他利用权，会产生价格独断，即便专利也有时间和地域限制，而依照此理论，出版是绝对排他权，没有时间和地域限制，这未免有点令人费解。在德国赢得拿破仑战争胜利之后，民族意识高涨，对德国古典主义作家的作品进行复制和出版的呼声高涨，一些德国法学家认为，出版权绝不是什么永久权利，它也有一定的时间限制，对于向来受罗马法传统影响至深的他们来说，承认精神著作物的所有权，就等于承认无体物的所有权，这与他们所意图倡导的所有权客体相矛盾。作为著作权客体的作品，永远无法像传统所有权客体中的水、电、气那般被置于一定容器内而得以量化，多数法学家拘泥于所有权概念限于有体物的严格解释态度，使得风靡一时的精神所有权就此没落，后来慢慢被学界放弃。

（三）精神所有权如何对待科技成果

精神所有权理论最早是为建立出版所有权而产生的，其基本理念是将作品类比于物，将著作权类比于所有权。[1] 然而，精神所有权毕竟与民法上的所有权不同。民法所有权是从直观的实体化思维角度对“拥有”“我的”“你的”等称谓的一种表述，其对象是“物”，当然“物”并不限于有形物，还包括债权等抽象性权利。自罗马法至《法国民法典》，民法所有权的概念虽经过许多内涵演变，跟当代民法上所有权已有很大差异，但其始终没有摆脱从利益归属角度对所有权进行界定的桎梏，所有权并不体现为一种精神权，而只是对某种利益拥有的描述。[2] 在此意义上，精神所有权并不能成为“科技成果所有权”存在的正当性依据。不过，若将黑格尔的财产人格理论也看成是精神所有权的延伸，那么，整个论述的逻辑就不会显得那么机械。黑格尔认为，人与人的关系本质上是意志与意志的关系，人的本质是人格，而人格是意志的自由。诸如技

---

〔1〕 参见唐昭红：《知识产权规范的建立与产权体系的嬗变》，载《武汉科技大学学报（社会科学版）》2003年第2期。

〔2〕 参见梅夏英：《物权法·所有权》，中国法制出版社2005年版，第2页。

能、知识、艺术、发明等精神产品，在创造者自由意志的支配下成为财产，被创造者所拥有，实为对其精神的所有权。这个理论用来支撑"科技成果所有权"，具有相当的说服力。

首先，科技成果是创造者人格的展现。科技成果是创造者的劳动成果，带有创造者的精神和整个人格印记。它源自个体的思想活动，这些活动包含着创造者的人格，它是创造者基于对事物的独特认识而产生的，这种独特认识也是创造者个性和人格的反映，最为典型的便是以论文、著作等为代表的作品。对科技成果赋予所有权的概念，不过是将其保护与人格展现进行关联，借助于所有权制度的外壳来肯定创造者对其成果的所有权，进而实现创造者对其自身人格和意志的保护。此外，这种借助所有权制度的方式不但满足了创造者精神上的需求，还因其保护了创造者对其意志延展而产生的成果运用方式的控制，有利于维护创造者的人格尊严和自由意志。

其次，科技成果转让是人格理论的实践。依照黑格尔精神所有权说，为了满足自由意志的无限性要求，必须通过不断放弃凝结自由意志的物的有限性形式。但财产人格理论的创始者黑格尔反对转让全部具有精神意志的物，精神权利与创造者具有特定的联系，这种联系不会因为凝结其意志的物的转让而消失。虽然凝结在物上的精神意志不可能转让，转让的只不过是载体上的财产权利而已，但转让行为却是可以发生的。实际上，科技成果所有权就是为了转化科技成果而创设的，受让者与创造者之间交易的仅仅是科技成果作为一种财产的载体而非其本身。以成果转化中的职务发明为例，在专利权证书上，发明人始终享有人身权，发明权人则为单位，即便在后期单位与第三人达成了专利权转让协议，该第三人获得的也只是该发明上的财产权利，而发明人始终保留着一种不可转让的权利。在此意义上，精神所有权理论反倒为科技成果的转让和转化提供了最为直接的合理性依据。

二、无形财产权与所有权的关系辨析

沿袭罗马私法以"物"为客体范畴的近代民法，在财产制度上经历了从“财产是物”到“财产是价值”再到“财产是权利”的发展过程。但罗马法时代并没有遇到近代商品经济和科学技术发展所产生的智力成果和精神产品的权利制度设计问题，对于这类事物及其所对应的权利类型，难以采用传统物权理论加以阐释。由于物权法不能有效调整新出现的财产形式，于是基于传统财产权客体之有形与无形，演绎出无形财产权，它是有别于传统的财产所有权的新型民事权利，最大特点是对财产与物及其所有权概念进行了重构，无体的精神产品被纳入所有权范畴，这对科技成果所有权概念之创设有着重要借鉴。

（一）物、财产、无形财产之界定

物与财产在我国法学及经济学著述中被经常使用，但很少有人区分二者。在罗马法中，财产首先表现为物，不过在罗马法中很难找到关于物的完整定义，罗马法学家采用分类和列举方式指明物与私法权利的各种关系。[1] 罗马法首先将物分为财产物与非财产物，财产物是可以归个人所有并且可用来交易的物品，而非财产物包括神法物和人法物。[2] 在财产物中又可分为有形物和无形物，有形物在一些罗马法著作的译文中又被称为“有体物”。[3] 从罗马法以来，大陆法系国家的财产法和物权法就有着很大关联，在各国实践中，或者以“物”代“财产”，或者“财产”包含“物”，或者“财产”与“物”等同使用。从罗马法到法国民法，财产与物的概念在权利客体意义上几乎是重叠的。法国法上“物”的概念包括动产、不动产和知识财产，凡能构成财产的一部分并可占为己有的财富即为物。物可以是实体存在的有体物，能被人们所感知，也可以是

---

〔1〕 查士丁尼在《法学总论》中将物分为有形体的和无形体的，按其性质能被触觉的东西是有形体的，如土地、奴隶、衣服、金银以及无数其他东西，不能被触觉到的是无形体物，这些物是由权利组成的，如遗产继承权、用益权、使用权、不论何种方式缔结的债权等。参见［罗马］查士丁尼：《法学总论》，张企泰译，商务印书馆 1989 年版，第 59 页。盖尤斯在《法学阶梯》中也谈到，无形物是那些不能触摸的物品，它们体现为某种权利，如继承权、用益权、以任何形式缔结的债权。参见［罗马］盖尤斯：《法学阶梯》，黄风译，中国政法大学出版社 1996 年版，第 82 页。

〔2〕 参见周枏：《罗马法原论》（上册），商务印书馆 2014 年版，第 316～317 页。

〔3〕 参见周枏：《罗马法原论》（上册），商务印书馆 2014 年版，第 320～321 页。

人们主观拟制的无体物,包括与物有关的各种权利(如债权)和与物无关的其他权利(如著作权和工业产权)。德国民法否认罗马法上物的分类方法,坚持“物必有体”观念,其物权法上的“物”即为狭义的具体可见的“物”。德国民法不承认以特定财产权利为指向的无体物,也没有采用法国民法权利客体中物与财产通用的方式。法国民法中的动产与不动产,在德文中只能被称为“可动之物”(beweglichesache)和“不可动之物”(unbeweglichesache),显然,在德国法上,财产与物是不能等同使用的。[1]

在英美法上,由于法律传统因素,极少使用客体物的概念,普遍采“财产”一词。《牛津英语大辞典》中的“property”即“财产”主要有三种含义:(1)被拥有或可能被拥有的事物,如财富、财物和土地等;(2)所有权:唯一拥有、享有和使用某物的权利;(3)归某人合法所有之物:受法律保护而私人享有的有形资产权(如土地、货物、金钱)和无形财产权(如著作权、专利权)。洛克在其所著的《政府论》中曾在多种含义上表达“财产”概念,财产是个人拥有的综合,包括身心和物质两方面内容,以及有形和无形两种形态。[2] 康芒斯从经济学和法学角度阐述了“财产”的意义[3]:一是经济上的稀少意义,经济学家称之为“经济数量”,法律学家称之为“实体”或“财产—物体”;二是法律上或伦理上的财产权意义,包括权利、义务、责任等。这表明财产的意义主要有产权(所有权)与财物(包括有体物和无体物)两个方面。尽管英美法的立法文件中鲜见“物”的概念,但法学研究已经论及“物”与“财产”的关系,《牛津法律大辞典》中所表述的物与财产两者的概念、内涵是相同的,但也有学者认为,并非所有的物都是财产。从财产法的角度看,凡是可被称为财

---

〔1〕 参见吴汉东、胡开忠:《无形财产权制度研究》(修订版),法律出版社2005年版,第26页。

〔2〕 参见梅雪芹:《关于约翰·洛克“财产”概念的一点看法》,载《世界历史》1994年第6期。

〔3〕 参见[美]康芒斯:《制度经济学》(上册),于树生译,商务印书馆1962年版,第357页。

产的“物”必然是能被人拥有和可以交易的，在被视为财产的物的范畴内，物的概念往往被替换为“标的物”（objects）或“财物”（assets），物可以被视为生活必需品（如房屋、食品、衣物），可以把它当成一种财富的储存（如房地产、钱、人寿保险和股份等），还可以利用它来增加价值（如房屋出租、银行利息和股票分红）。[1] 物就是财富，任何物都可以被视为一定数目的财富的表现形式。[2] 可见，“财产”和“物”在经济学和法学中经常交替使用，但严格来说，它们是不同的法学概念。

无形财产最早源于古罗马法的“无体物”（也称“无形物”），最早体现为继承权、债权等权利，后被法国民法典所继承。但德国学者认为，将无形物视为“物”混淆了权利和权利客体，因此，德国民法典并未采纳传统的“无形物”的相关规定，将权利作为无形物与物严格区分。但商品经济与科学技术的发展，产生了知识产权、有价证券等与有形财产不同的新型财产形式，这种新的财产如何对其进行保护？在德国民法的概念体系上，物的外延只及于物质实体和自然力。[3] 法国民法理论虽然对“物”作广义理解，但其无体物专指具有财产内容的权利。由于传统的所有权制度，其调整对象并不涉及知识产品或智力成果，于是学者开始在此意义上使用无形财产的概念，他们认为无形财产是有体物权利以外的其他权利和利益，其本质是法律所保护的权利主体的利益。[4] 不过，“无形财产”这个概念至今没有统一的概念界定，与其相关的概念包括无形物、抽象物、无形财产、非物质财产、无形财产权、知识产权、无形产权等，也有无体物、无体财产、无体财产权的提法。如此多的概念，足以表明学术界对这些概念的使用极不稳定，也说明无形财产并无固定的内

---

[1] 参见［英］F. H. 劳森、［英］伯纳德·冉得：《英国财产法导论》，曹培译，法律出版社 2009 年版，第 22 页。

[2] 参见［英］F. H. 劳森、［英］伯纳德·冉得：《英国财产法导论》，曹培译，法律出版社 2009 年版，第 184 页。

[3] 参见刘心稳主编：《中国民法学研究述评》，中国政法大学出版社 1996 年版，第 295 页。

[4] 参见屈茂辉：《民法引论》，商务印书馆 2014 年版，第 280 页。

涵与外延。目前,无形财产在各国所指对象有所不同。在法国,无形财产指知识产权本身,包括有关营业资产、顾客、营业所、作品、发明专利、工业设计、商标、商业名称以及商业信息等所享有的权利。[1] 在德国和日本,无形财产指各种新的知识形态产品(日本为"知识产物"),包括创作和标记两类。在英国,无形财产或为债权与知识产权等权利,或是债券、股票等特殊种类物,或指商誉等资信利益。[2] 实践中,无形财产代表三种不同含义:一是传统所有权客体所指代之"物",包括具备独立经济价值的电、热、光、空间等;二是知识产权;三是有形物以外的任何权利均称为无形财产。[3] 在我国,无形财产有三种意义,即精神上创造的无体物、具有货币价值的权利或者是前两者的综合,其本质在于非物质性。[4]

(二)无形财产权之生发及概念特性

20 世纪 60 年代以前,整个大陆法系国家的民法都未将智力成果或知识产品作为所有权直接调整的对象。在知识产权概念尚未产生或者说还没有如此广泛地被接受时,学者将基于创造性智力成果所获取的民事权利称为"无形财产权",即英文"intangible property"、法文"propriété incorprelle"、德文"unverletzliche Eigentumsrechte",直译的话也可称为"无形(财产)所有权"[5]。这个概念最早是由德国学者科拉于 1875 年提出,此后在相当长时间内,一些西方国家的立法与学说曾以无形财产权概括有关智力成果的专有权利,使用"无形财产权"与"无形财产"来表述相关权利与权利客体,将作品、商标、实用新型等权利客体视为"无形财产"。直至 20 世纪 90 年代,知识产权成为国际通行语之后,仍有学者继续采用无形财产权的说法。这个概念倡导以权利客体的物质性与

---

[1] 参见尹田:《法国物权法》,法律出版社 1998 年版,第 51 页。

[2] 参见吴汉东:《科技、经济、法律协调机制中的知识产权法》,载《法学研究》2001 年第 6 期。

[3] 参见屈茂辉:《民法引论》,商务印书馆 2014 年版,第 280 页。

[4] 参见杨建斌:《试论无形财产》,载《求是学刊》1992 年第 5 期。

[5] 吴汉东、胡开忠:《无形财产权制度研究》(修订版),法律出版社 2005 年版,第33 页。

非物质性为标准，将支配性财产权利划分为有形财产权和无形财产权。不过，德国学者科拉创立无形财产权学说，并不是来覆盖那些没有被罗马法所承认的"无体物"在法律上的地位的，而是为了将所有权与无形财产权进行区分，即无形财产权在时间上是优先的，具有国别性，没有看得见的所在地，对其控制不能通过占有而实现。他对学者"将无形物的权利说成是所有权"持反对意见，无形财产与无体物即便是在财产概念层面，它们也是根本不同的，无体物中的无体是具有金钱价值的权利，无形财产中的无形是权利以外的物品作为客体时的无形。[1]

（三）无形财产权与知识产权之区分

尽管在精神领域的民事权利范畴中，无形财产权是与知识产权相当的另一种称谓，但两者所涵盖的范围并不相同。将知识产权理解为无形财产权，对于我们准确把握知识产权的体系范围是有重要意义的，如发现权和发明权归属问题。一切智力创造活动所产生的权利都应该归入知识产权，包括发现权和发明权，《成立世界知识产权组织公约》及我国原《民法通则》均给予上述权利予以保护。[2] 然而，简单地将知识产权定义为无形财产权并不准确，无形财产权包括无形财产的知识产权和精神权利的知识产权，发现权和发明权即属于后者。[3] 而发现权则不宜作为知识产权的保护对象，世界上多数国家和国际公约都没有授予科学发现以私权性质的财产权利。[4] 科学发现需要投入大量人力财力，其本身没有商品价值，或者说是无价之宝，其价值不能计量。科学事实和客观规律，被科学发现者所发现和认识，但这并不是他们所创制和改造的结果，况且它们具有典型的公共产品属性，不宜由生产者个人垄断，采

[1] 参见周俊强：《无形财产权的类型化与体系化研究：基于信息哲学的分析》，北京大学出版社2018年版，第51页。

[2] 参见陶希晋主编：《中国民法学·知识产权》，中国人民公安大学出版社1997年版，第2~4页。

[3] 参见郭庆存：《知识产权的属性、范围及有关问题的哲学思考》，载郑胜利主编：《北大知识产权评论》第1卷，法律出版社2002年版，第23页。

[4] 参见刘春田主编：《知识产权法教程》，中国人民大学出版社1995年版，第3页。

取私人产权形式将会造成科学发展的低效率。[1] 发现权和发明权等类似的科技成果权并不是对智力成果的专有使用权,而是一种取得荣誉及获取奖励的权利[2],它们不具有知识财产(所有权)的性质,知识产权无法涵盖上述制度。

关于无形财产权与知识产权的区别,日本法学家小岛庸和在其所著的《无形财产权》一书中认为,"知识产权"一词源于英美法系,在日本法中是一个不太成熟的词汇,日本民法奉行"物必有体"原则,无形财产概指智力成果,它们与有体物相对应而存在,并将其分为创作和标记两大类。[3] 这种划分将诸如经营信用等纳入了无形财产范畴,使得无形财产权的客体大于传统的知识产权客体。于是,在日本用无形财产权代替知识产权来表述精神领域的权利并没有太多争议。但无形财产权理论在法国和英国却有着完全不同的理解,这主要是因为无形财产作为无形财产权客体本身的科学性问题。法国民法继承罗马法关于物的分类,无形财产即为无体物,但跟罗马法不同,法国民法的无体物范围更广,除权利之外,还包括权利人就营业资产、顾客、营业所、作品、发明专利、工业设计、商标、商业名称以及现代社会的商业信息等所享有的权利,无形财产权的客体范围十分广泛,按照法国学者的说法,所有非物质财富都可以成为无形财产权的客体。但在英国,其范围则发生了变化。英国法没有"物"的概念,也不存在有体物和无体物的分类,无形财产主要包括区别于实物动产的无体物和象征财产利益的抽象物,既包括债权、知识产权等法国民法意义上的无体物,也包括债券、股票等现代民法理论将其称为特殊种类物的物及兼具人身和财产内容的商誉等。

在我国,无形财产权是从智力成果权演化而来。20 世纪 80 年代初期,我国技术商品化尚未建立或形成,法学理论偏重于智力成果的精神

---

[1] 参见吴汉东、胡开忠:《无形财产权制度研究》(修订版),法律出版社 2005 年版,第 219 页。

[2] 参见吴汉东主编:《知识产权法学》,北京大学出版社 2000 年版,第 2 页。

[3] 参见[日]小岛庸和:《无形财产权》,日本株式会社创成社 1998 年版,"序言"第 2 页。

属性。全国人大常委会法制工作委员会研究室编写的《法制参考资料汇编》(1985年)的分析较具代表。该书提出,资本主义的产生和发展催生了一类新的"财产",即人类凭借自己的智力(知识、技术等精神方面的能力)而创造出的一些成果。对于这些成果,西方称为"无形财产",这种财产法律予以确认,就是"无形财产权"或"无形财产所有权",过去曾译为"无体财产权"或"无形财产所有权"。"无形财产权"是德国法学家提出的名词,在法国称为"知识产权"或"精神的所有权"。这些名词最初只是法学家们提出的,以后逐渐为各国立法者所采用。

随着社会主义市场经济的逐步建立,技术在社会商品价值中所发挥的作用越来越重要,由于智力成果权没有反映出知识产权客体的本质特征,学术界和立法界开始检讨和反思智力成果权的科学性问题。随后,1986年《民法通则》正式用知识产权概念取代了智力成果权。然而随着现代商品经济的发展和社会财富形态的变化,财产越来越多地体现为无形的和非物质的,过去以知识产权名义统领下的各项权利,并不都是基于智力成果而产生,比如商业性标记和信誉等,这些财产或财产权利也应该给予关注和保护,而知识产权却无法满足这一需求。在无形财产大量出现并广泛进入生产流通领域后,学说上关于所有权客体不仅包括有形财产还应包括无形财产的观点开始流行。[1] 按照这种观点的逻辑,无形财产属于所有权客体范畴,智力成果属于无形财产范围,发明创造、注册商标等属于智力成果范畴,因此,智力成果属于所有权客体范围,发明创造、注册商标等也属于所有权客体范畴。但这种学说在民事立法体系和民法基础理论中难以自圆其说。我国的所有权客体没有涵盖非物质形态的智力成果,一旦将上述列举的智力成果纳入所有权客体范畴,传统的所有权制度及其理论无法满足,而且会颠覆已经建立的所有权制度体系。我国民法理论中以占有、使用、收益和处分为四大权能的所有权制度,全部建立在有体物的基础之上,如果采用这种观点,"最直观的

---

〔1〕 参见杨紫烜:《财产所有权客体新论——兼论公司财产权和股东财产权的客体》,载《中外法学》1996年第3期。

事实是,所有权的权能及其行使方式无法圆满地用于价值形态的财产或无形财产"[1]。鉴于此,有学者认为,人类在生产活动中,产生两类劳动产品,一种是人类在物质生产过程中创造出来的有外在形体的物质产品,另一种是人们在精神生产过程中创造出来的智力产品,它们没有外在形体,具有非物质性,后者与前者之区别在于,它不发生有形控制的占有,也不发生有形损耗的使用和像物的消灭那样的事实处分或有形交付那样的法律处分。[2] 精神领域里的智力成果不能成为传统所有权制度的调整对象,只能归属于新型财产权利客体范畴,在民法学研究中,应该建立一个大于知识产权范围的无形财产权体系,以包容一切基于非物质形态所产生的权利。[3] 无形财产权的客体具有非物质性,这种非物质性不是权利本身之有形与无形,而在于权利客体及智力成果的非物质性。[4]

当前,无形财产权概念因其客体通常在三种不同层次上被使用:一是能源无形,即无形财产权是指以光、热、电等为客体的财产权。这些能源虽不具有空间形体,但它是独立于民事主体之外的客观事物,能够为人力所控制,且可用现代化技术手段对其进行度、量、衡,从而成为与有形物一样的物权客体。二是知识无形。知识是无形体的精神财富,且是一种极有价值的财富,知识产权保护的对象就是知识形态的财产,故关于知识产品的权利可称为无形财产权或智力成果权。三是权利无形,有形物的所有权之外的任何权利客体都可称为无形财产,包括用益物权、担保物权、知识产权、债权、股权等,这属于最广泛意义上的无形财产权。细究上述三层含义,基于自然力的能源无形与有形物相比并无特殊性,

---

[1] 顾培东:《法学与经济学探索》,中国人民公安大学出版社1994年版,第104页。

[2] 参见吴汉东、胡开忠:《无形财产权制度研究》(修订版),法律出版社2005年版,第44页。

[3] 参见吴汉东、胡开忠:《无形财产权制度研究》(修订版),法律出版社2005年版,第38页。

[4] 权利作为主体依据法律实现某种利益可以实施相关行为的界限和范围,概为无外在实体之主观拟制,权利本身并无有形与无形之分,如房屋所有权,本身也是无形,这里所说的无形与有形乃指权利背后的客体之无形与有形。

可纳入物权客体,而权利无形,则混淆了权利客体和权利本身的关系,所有的权利均属于无形,不存在有形的权利,无形与有形指的是权利所指向的对象是否具有物质性。所以,无形财产权只能在上述第二层含义上成立。

(四)无形财产权与所有权之关系

在近代大陆法系国家,所有权是财产权最为重要的制度,但它并不是财产权的全部,即便在大陆法系下,各国之间财产权制度设计侧重点也不同,法国民法典突出财产权,而德国民法典则突出物权,这大概是由于不同国家对物和财产关系的不同认识而造成的。大陆法系国家对财产关系的调整首先是物作为客体的范围界定,而英美法系国家则将财产看成是一种观念或制度,不局限于"物权法定",由此导致英美法上的"所有权"与大陆法上的显著不同。在大陆法上,人们一般认为所有权即意味着所有人拥有一个有形财物。但是,普通法的思维方式的独特性就在于其将无形财产等概念适用于所有权范畴,甚至包括抽象的权利。"任何单独的或一组的权利都可以被看作是一种财物(things)……在中世纪的法律中抽象的无形财物比比皆是。"[1]这个思维方式延续至今,致使在普通法的立法文件中经常出现"专利权的所有人"(the owner of a patent)、"抵押权的所有人"(the owner of mortgage)、"地产权的所有人"(estate owner)等概念,也扩大了所有权的客体至所有的无形财产。可以说,在英美法上,"任何可以被占有和交付的非生命的财物都可以有所有权。任何家畜家禽、全部债务、作者的劳动与技术产品、商行的商誉、商标和商号、立法所设立和授予的权利都可以成为所有权的标的"[2]。

在大陆法系国家,无论是财产权理论还是物权理论,德国和法国均将财产或者物的分类首先划分为动产与不动产,但对"物"的概念进行界定时却又出现了分化。大陆法系的德国和日本的民法典对"物"进行

---

〔1〕 Sir Frederick Pollock & Frederic William Maitland, *The History of English Law*, Cambridge University Press, 1968, p. 3 – 4.

〔2〕 California Civil Code, S. 655.

概念界定时,又采取"可移动与不可移动的财产",从而使得"物"与"财产"两种概念交替使用,导致"财产"与"财产权"交替使用,好比说我拥有一笔财产,就是说我拥有这笔财产的所有权。我们在表述"物"成为财产的时候,实际上是在表述"物的所有权"是一种财产。[1] 在大陆法系下,财产权是按照物权和债权进行建构的,随之而来的是物权法和合同法。《法国民法典》未直接使用"物权"概念,代之以财产权,《德国民法典》物权编上的"物"仅指有体物,将"权利"排除在外。

在英美法系国家,财产权和所有权可相互交替使用,所有权是财产权的一种表述方式,不存在所有权绝对观念。英美财产法中也没有物权与债权的二元划分,直接以财产权加以规定。其主要原因在于,传统大陆法系民法将财产分为两种形态,一种是有体物,亦即德国物权法上的"物",另一种是无体物,如债权、股权和知识产权等;而普通法国家立法机构从未试图通过制定法建立一个完整的"物"的体系,相比于法国和德国的成文立法中的"物"与"财产"的概念和定义,普通法中的"物"的范畴显得有些杂乱和无体系。英国自由市场经济历史悠久,抽象法律权益早已成为直接在市场上交易的基本标的物,无形权益已成为普通法中"物"的重要组成部分。事实上,英国法律将无形财产视为财产关系和所有权关系的标的物,不仅仅是出于历史惯性,其根本是因为将这种交易中的标的物视为财产,人们才会有购买意愿,它们才具有市场交易价值。普通法基于交易标的物而设计的"所有权"制度,经过长期实践而逐步稳定下来,具有概念、原则和技术上的统一性、历史延续性和不断推陈出新的开放性等特点。

三、知识产权与所有权的关系辨析

"产权"一词最早只使用在经济学界,经济学中的产权指法律上的财产权,直接体现为经济利益的权利,包括所有权、债权和知识产权。知识产权意即"对知识的产权",按照经济学上关于产权的定义,知识产权

---

[1] 参见马俊驹、梅夏英:《无形财产的理论和立法问题》,载《中国法学》2001 年第 2 期。

也可以被理解为“对知识的财产权”。由于英美法上的所有权是较为宽泛的概念,并没有大陆法那样精准,加之知识产权的客体长期没有较为准确的界定,这种权利并不像物的所有权那样,随着物的产生与毁灭而发生和终止,它的范畴已不是传统的物权、债权、人身权所能涵盖的,但知识产权的诸多规则却借用了物权法上物的所有权规则。在这种复杂背景下,知识产权与所有权概念纠缠在一起,产生诸如版权所有权、智慧所有权、工业所有权、智力成果所有权等概念[1],“科技成果所有权”不过只是其中的一个翻版。

(一)产权与所有权:来自两个学科的对话

“产权”概念早在20世纪80年代就出现在我国经济学界,那个时候,知识产权概念尚未进入我国,“产权”一词更多用在对社会主义市场经济改革的政策文件中。[2] 即便知识产权概念在我国普遍被采用之后,人们关于产权概念的讨论仍然没有停止。我国学者认为,产权与所有权是有密切关系的概念,“产权是由所有权派生的”,“产权是一种与所有权有关的财产权”,“产权就是财产权的简称,也就是财产所有权的简称”,“按照马克思的说法,财产所有权是财产所有制的法律表现方式”,“产权就是以财产的所有权为核心的财产权利的总称”。[3] 产权不是人与物的关系,而是人在利用物时所引起的人与人之间的关系,产权是包括所有权、使用权、收益权等在内的一组权利束,产权是人们按照自由意志而为一定行为的能力,甚或有学者提出产权等于所有制。[4] 还有学者提出,产权就是指财产权,人类在特定的经济组织中要对特定

[1] 基于知识产权与所有权的关系而产生的版权所有权、智慧所有权、工业所有权、智力成果所有权等概念,部分是对知识产权的不同翻译导致的,还有个别称谓是作为物权和所有权的属概念,如智力成果所有权存在于《蒙古国民法典》中的物权项下,对此本书已在第二章进行论述。

[2] 党的十四届三中全会第三次全体会议通过的《中共中央关于建立社会主义市场经济体制若干问题的决定》中首次提出建立现代企业制度,并将此制度的体系归纳为“产权清晰、权责明确、政企分开、管理科学”四个方面。

[3] 彭汉英:《财产法的经济分析》,中国人民大学出版社2000年版,第109页。

[4] 参见张金平、李霄敏:《“产权”概念再辨析》,载《知识经济》2010年第4期。

的物或对象进行占有和使用,这种排他的占有所形成的关系就是产权,它是主体对作为财产的客体的支配关系在法律上得到承认和保护的一种制度。在此意义上,产权概念被划分为经济学上的产权和法学上的产权,但对于两个学科中的产权概念的区别和联系是什么,却没有明确回答。产权学派的创立者科斯认为,产权是一种权利,这种权利源于法律,因为一切权利都是国家以法律名义赋予的。产权是法学概念,也只能是法学概念,没有也不可能有什么经济学上的产权概念。[1] 既然产权是法学概念,那么,这个范畴的内容和概念体系就必须在法学中寻找。私法学界认为产权是私权利,私权利包括财产权和人身权,尽管在经济学领域,产权不具有身份属性,但因为法学领域的产权是经济学上产权得到认可的前提条件,没有国家法律权力保护的产权不是真正的产权,这种保护和承认实际上就是一种身份确认。

法学上的产权,是财产权利的简称,也可称为财产权,是种概念,下面包括"物权""债权""知识产权"三个属概念,而物权又分为"自物权"和"他物权"。自物权也称为所有权,是一切财产权利的基础和核心,是最充分、最完全的物权,包括占有、使用、收益和处分四项权能。这些在今天的法学研究中,已经没有什么争议。问题是,作为法学意义上的产权,其权利标的是什么?如果按照财产权利所涵盖的"物权""债权""知识产权"三个并列的属概念来看,它的权利标的是上述三个财产权利标的的总和。如果这样,那么所有权的权利标的必然与知识产权的权利标的不同,既然标的不同,二者绝不是同一类权利。换言之,所有权是产权,知识产权也是产权,但知识产权绝不是所有权。但产权既然是权利,其权利标的绝不仅仅限于"物",不限于产权学派和新制度学派的"非物质实体",也包括不具备物质实体的其他"物",还有专利、商标、著作、企业名称等,还包括土地使用权等"权利",这便是法学上的"无体物"。知识产品因其非物质性难以进入"物"之客体范畴,知识产品之上的产权

---

〔1〕 参见纪坡民:《产权与法》,三联书店2001年版,第23页。

亦难以置身物权体系，因此人们在物权体系之外创建了知识产权法律规范。[1] 由此，“产权”被提升为“物权”与“知识产权”的上位概念，产权法律体系则嬗变为包括物权与知识产权在内的产权家族。上述论述给我们的启示是，科技成果所有权虽带有“所有权”字样，但因权利标的与知识产权有所重叠，它无法归入所有权范畴，但从产权的权利标的来看，科技成果所有权又可以是一种类似于所有权的权利。

（二）知识产权与所有权关系：学术界的争论

知识产权到底是不是所有权？对此，学者曾展开过激烈讨论。仲相、司艳丽（2002 年）认为，具有纯粹客体性和实在性的知识产品应当适应时代的发展，同有体物一同构成现代意义上“物”的范畴。[2] 知识产权是一种特殊的物权，应将知识产权划归到物权（所有权）范畴。杨紫烜（1996 年）认为，所有权客体的“财产”，不仅包括有形财产，而且包括无形财产，智力成果属于无形财产的范围，无形财产属于所有权客体，所以，智力成果应属于所有权客体的范围。[3] 尹田（2002 年）对现有的关于知识产权与物权的本质区别的分析进行了批驳，认为这些所谓的区分经不住推敲和论证。他认为，物权法的基本原则对无形产权具有指导作用，物权概念可以囊括财产法领域的知识产权和物权。[4] 章礼强（2003 年）认为，物权、债权、知识产权皆从属于财产权，知识产权概念是从物的所有权发展过来的，知识产权具有某种“物权性”。[5] 黄汇（2007 年）认为，知识产权和所有权作为产权之一，二者都具有普遍性、排他性、可转让性和稳定性的特征，都具有支配、使用、收益和处分的权能，如此一来，既然知识产权和所有权在上位的产权性质上没有区别，那么，我们完全

---

〔1〕 参见唐昭红：《知识产权规范的建立与产权体系的嬗变》，载《武汉科技大学学报（社会科学版）》2003 年第 2 期。

〔2〕 参见仲相、司艳丽：《知识产权法中物权理论的应用》，载《烟台大学学报（哲学社会科学版）》2002 年第 3 期。

〔3〕 参见杨紫烜：《财产所有权客体新论——兼论公司财产权和股东财产权的客体》，载《中外法学》1996 年第 3 期。

〔4〕 尹田：《论物权与知识产权的关系》，载《法商研究》2002 年第 5 期。

〔5〕 参见章礼强：《对知识产权根本特征的体认》，载《法治论丛》2003 年第 2 期。

可以把知识产权称为"知识的所有权"。[1] 方江宁(2014 年)认为,虽然知识财产是无体物,不受物权法调整,但它具有财产的性质,使得知识产权具有某种类似物权的特性,物权法的一些原理和原则对知识财产法律关系的调整及知识产权保护有着参考和指导作用。[2] 马一德(2015 年)认为,知识产权原意是"知识(财产)所有权"或"智慧(财产)所有权",它同所有权一样,具有排他性和绝对性特点,可称其为"知识财产的所有权"。[3] 万浩、黄武双(2019 年)认为,知识产权与物权均是民法意义上重要的财产权利,比如,隶属知识产权项下的专利权,由于其无形财产属性,其是独立于传统意义上的"物"的另类客体,因而不能实现事实上的占有,但仍可有广义上的观念占有。[4] 作为财产权利,专利权与物权具有共通性。从民法角度出发,专利权对于专利权人而言,是一种广义上的所有权,是专利权人对专利的所有。智力成果及其利益和无形财产的归属,均可以通过合同转让并具有对抗一切人的对世权,跟有形财产权相比,作为无形财产权之一的知识产权,除客体为非有体物之外,其他许多方面与所有权本身并无不同。实际上,无形财产权本质上就是一种所有权,所有权的"硬"概念已经被无形财产权的"软"概念所摧毁。[5] 郑成思、吴汉东、刘春田、张玉敏等对知识产权概念的界定都不相同,但他们的定义中都认为,知识产权产生于精神领域的非物质化财产权,区别于财产所有权。

但这种支持知识产权就是所有权的观点立刻遭到了其他学者的反对。吴汉东(2001 年)认为,知识产权是一种私的权利,但并不是绝对化

---

〔1〕 参见黄汇:《解释与转型:知识产权去"智力化"的阐明》,载《知识产权》2007 年第 1 期。

〔2〕 参见方江宁:《知识产权法基础理论》,知识产权出版社 2014 年版,第 147 页。

〔3〕 参见马一德:《创新驱动发展与知识产权战略研究》,北京大学出版社 2015 年版,第 34 页。

〔4〕 参见万浩、黄武双:《论国有科技成果权属制度——使用权"类所有权"化》,载《科技与法律》2019 年第 1 期。

〔5〕 参见尹田:《论物权与知识产权的关系》,载《法商研究》2002 年第 5 期。

的私权。[1] 它一诞生就在寻求个人利益与社会利益的平衡,而不像物权那样具有对世性。在德国学者看来,知识产品也可视为一种无体物,但它不能归类于物权法的物的范畴之中,而仅是知识产权法所规范的客体。[2] 传统财产所有权制度并不调整知识产品和智力成果,也未将知识产品作为所有权制度调整的对象,他认为,占有、使用、收益和处分的"四权能"理论,完全是以实物形态的客体为基础的,显然不适用于非实物形态的精神产品。[3] 换句话说,精神领域的智力成果不能成为传统所有权制度的调整对象,而只能归属于新型财产权利客体范畴。在财产所有权制度中,根据"一物一权"主义的原则,不能在一个物件上设立两个或数个内容相同的所有权。而同一知识产品之上拥有若干权利主体的情形却普遍存在,同一知识产品所产生的人身权和财产权会为不同的主体所分享,如将专利在不同地域转让,可能产生若干相同的新的知识产权所有人。知识产权法权威专家郑成思(2003 年)论述,《十二铜表法》将财产分为动产与不动产,但整个罗马法条中还找不到关于无形财产或知识产权的规定。[4] 尽管盖尤斯的《法学阶梯》将民法分为"人法"、"财产法"和"行为法"三个部门,在财产法中,又将财产分为"有形财产""无形财产",但他所称的"无形财产"并不包括知识产权。在《法国民法典》中,没有任何直接涉及"知识产权"的概念。知识产权作为一种财产权,在 1992 年法国知识产权法典出台之前,对其保护主要援用《法国民法典》的一些条文。就德国民法来说,一些民法专著在论述德国物权法的"权利物权"时,将知识产权与商业票据权、股份权等并列,作为权利物权的一种,但这并不符合实情。《德国民法典》规定,不可转

---

〔1〕 参见吴汉东:《科技、经济、法律协调机制中的知识产权法》,载《法学研究》2001 年第 6 期。

〔2〕 参见吴汉东:《科技、经济、法律协调机制中的知识产权法》,载《法学研究》2001 年第 6 期。

〔3〕 参见吴汉东:《关于知识产权本体、主体与客体的重新认识——以财产所有权为比较研究对象》,载《法学评论》2000 年第 5 期。

〔4〕 参见郑成思:《知识产权论》(第 3 版),法律出版社 2003 年版,第 31 页。

让之权不可以成为权利物权，德国版权法明确规定“著作权不可转让”。李芬（2003 年）认为，知识产权与所有权是不能等同的，知识产权不是私人占有权，所有权概念以及所有权的客体在大陆法系非常明确，如将“物”的范围局限于有体物。[1] 因此，学者将知识产权归入权利物权在其论证逻辑上是自相矛盾的。易继明（2000 年）分析了洛克的财产权劳动学说，通过劳动价值理论，从“狭义的自己所有权”导出了对外物的“广义的自己所有权”的命题。[2] 所有权，如果我拥有它，你就不能再拥有。知识产权，你并没有把它从我这儿“剥夺”走，实际上，我们可以同时共同拥有和利用它。曹新明（2005 年）认为，传统民事权利（如物权、债权等）的取得，不必经过国家行政机关的审批授权，如劳动者对其劳动成果的所有权、货币储蓄者对其孳息的所有权等，而知识产权的取得尤其是专利权、商标权等工业产权的取得，基本上需要国家行政机关的审批授权。[3] 王春燕（1996 年）则明确反对将知识产权等同于“知识财产所有权”。她认为，作为一种财产权利，知识产权在以所有权为基本表现形式的同时，还体现为他物权以及担保权意义上的财产权利。她从占有权、使用权、收益权和处分权四个权能上分析了以所有权形式存在的知识产权，认为知识财产权体现为所有权与用益权两种，知识财产所有权的权能表现不同于有形财产所有权，二者不能等同。[4] 黄汇（2006 年）认为，知识产权非理性扩张，体现在保护期限延长，客体不断增加，强制许可等反限制、权利人公共责任逃避等，这一切都是将所有权的基本理念错误地嫁接到知识产权上才引致了今天知识产权的非理性扩张。其分析了知识产权理念与所有权理念的差异，认为所有权是消极权利，而知识产权作为特权，在排除他人干涉的同时，也在积极干涉他人。其提

---

〔1〕 参见李芬：《知识产权性质的理论分析——兼论知识产权的法经济学分析》，载《中州学刊》2003 年第 1 期。

〔2〕 参见易继明：《评财产权劳动学说》，载《法学研究》2000 年第 3 期。

〔3〕 参见曹新明：《知识产权与民法典连接模式之选择——以〈知识产权法典〉的编纂为视角》，载《法商研究》2005 年第 1 期。

〔4〕 参见王春燕：《也论知识产权的属性》，载《中国法学》1996 年第 3 期。

出不能将知识产权拟制成为物，应该以财产法取代物权法。[1]

综上所述，知识产权与所有权既有区别又有联系，尽管知识产权的标的为非有体物，但它不具有所有权的权能，且所有权一般有永久性，法律对于所有权的身份也无特别要求，这些都是知识产权所不具备的。所有权的排他性事实上带有自然性，而知识产权则通常需要法律做出规定。[2]

（三）脱胎于物权的知识产权：分合交融

在所有权称谓的适用场域中，物权绝对是一种母权。知识产权长期被学术界称为“准物权”，他们认为，与有形财产（有形物）相对应的是物权，而与无形财产（无形物）相对应的是知识产权，英美法认为有形财产和无形财产没有什么本质不同，因此一并列入财产权予以保护。[3] 无论科技成果是否是与知识产权类似的概念，但因有了所有权后缀，加之知识产权与物权的关系，其衍生于物权毋庸置疑。早期的智力活动所产生的诸如专利权等权利，常被作为“物”的另一种指代而被纳入所有权范畴，或直接将其视为“物”，此种权利不是一项独立权利，而是作为所有权客体。在此意义上，将科技成果所有权看作是一种基于所有权的合理创造，并无不妥。

一是知识产权孕于物权。从民事权利发展史的角度看，早期的财产权利往往被认为是所有权，至少被统称为所有权。在普通法上，所有权概念主要是针对物而言，是对于物的所有权，而物又可以分为有形之物和无形之物，有形之物即实在之物，无形之物即特定的权利，因此所有权又可以分为有形的所有权和无形的所有权。普通法上，专利权、版权通常被视为“物”，它们作为所有权客体，对其拥有即意味着对其享有所有权。[4] 在知识产权等概念形成之前，智力活动所产生的结果[5]所享有

[1] 参见黄汇：《知识产权非理性扩张的法哲学解读——基于知识产权与所有权理念差异的视角》，载《西南民族大学学报（人文社会科学版）》2006年第6期。
[2] 参见尹田：《论物权与知识产权的关系》，载《法商研究》2002年第5期。
[3] 参见彭汉英：《财产法的经济分析》，中国人民大学出版社2000年版，第184页。
[4] 参见王涌：《所有权概念分析》，载《中外法学》2000年第5期。
[5] 笔者在本书中将智力活动所产生的结果所对应之概念称为科技成果。

的权利本身并没有独立地位，而是作为物权的延伸存在。即便到了近代，在知识产权等概念已经泛滥的当下，仍有学者认为对智力成果所享有的权利就是智力成果所有权，并直接使用专利所有权、商标所有权和著作所有权的称谓。[1] 而我国法学界也将智力成果所享有的权利作为准物权对待，它是权利人对智力成果所享有的支配权，其一般原理适用于物权，即便我国也采用了西方国家的知识产权概念，但该概念本身仍有诸多特性与物权保持一致。

二是知识产权脱离物权。科技成果毕竟是与物不同的事物，人们意识到它与传统物权相比所具有的特殊性，于是开始舍弃不符合法律逻辑的“权利所有权”等概念，按照分析法学的理论认真对待权利与权利客体，并从客体的不同属性上重新定义各种类型的权利。这种划分使得知识产权作为一种独立的权利，从物权的母腹中脱离，历史的错误终究不可能消解当下，昔日为知识产权辩护的历史背景已经不复存在，作为一个独立的权利类型，知识产权业已成为无可争辩之事实。如果说科技成果所对应的权利与知识产权只是在外延上有所不同，科技成果所有权无异于跟知识产权具有类似确定性，但跟仿造物权所有权的科技成果所有权相比，因科技成果的类型远大于知识产权的保护范围，知识产权反而变成了它的下位概念。

知识产权是给予其持有人要求所有的人不做一定事情，并向做了这些事情的人收取补偿金的权利。类似于土地所有人禁止他人侵入其土地的权利，但与之不同的是，它们没有有形的标的物，所保护的是人类头脑的产物，而不是大自然的创造物。[2] 尽管关于知识产权是不是一种

---

〔1〕参见杨紫烜：《财产所有权客体新论——兼论公司财产权和股东财产权的客体》，载《中外法学》1996 年第 3 期。

〔2〕参见[英]F. H. 劳森、[英]伯纳德·冉得：《英国财产法导论》，曹培译，法律出版社 2009 年版，第 42 页。

物权的讨论从来没有停息〔1〕,但仅因为权利标的不同就将知识产权看作是与物权并列的权利,而将其与所有权对立起来,就真的很妥当吗?既然如此,为什么技术转让合同和货物买卖合同虽因标的不同却都由统一的合同制度或债权制度所统领呢?科技成果所有权与物权法上的所有权无本质区别。学者关于知识产权不是所有权的观点并不是无懈可击。〔2〕

一是所有权必须以有体物为标的,而知识产权往往以非有体物为标的。这个说法是固守传统所有权概念,不要说德国人创设所有权概念时,根本就没有考虑到未来将出现诸如专利、商标等非有体物如何成为所有权标的的问题,即便在当今社会,所有权的权利标的也早已被突破,日本民法典〔3〕、瑞士民法典〔4〕、我国的民法理论和司法实践〔5〕早就将非有体物纳入所有权的权利标的。

二是知识产权不具有所有权的权能,特别是物权法上关于“占有”

〔1〕 我们暂且不论知识产权在很多国家的立法和学理的层面上就是被直接地称为“知识所有权”“精神所有权”“准物权”等,就是在权利的实质层面上二者也没有根本性的差异。黄汇:《解释与转型:知识产权去“智力化”的阐明》,载《知识产权》2007 年第 1 期。

〔2〕 参见尹田:《论物权与知识产权的关系》,载《法商研究》2002 年第 5 期。

〔3〕 《日本民法典》虽明文规定“本法称物者系指有体物”(第 85 条),但在此原则基础上,该法典实际上在“有体物”之外有不少例外:如该法典规定,在债权、股权等权利之上不得成立所有权及其他物权,但当权利变为证券时,其即被视为动产(第 86 条第 3 款);此外,自然力非为有体物,不能成为物权的客体,但是,依日本有关判例,当自然力被置于能够为人力所控制的状态下时,则按物处理(例如,在日本大审法院于昭和十二年即 1937 年 6 月 29 日作出的判决中,“电气”被准用《日本民法典》第 173 条第 1 项中的“产物”进行处理)。参见尹田:《论物权与知识产权的关系》,载《法商研究》2002 年第 5 期。

〔4〕 比如,《瑞士民法典》第 713 条规定:“性质上可移动的物及法律上可支配的不属于土地的自然力,为动产的标的物。”付梅臣、张建军、谢苗苗:《不动产登记原理与方法》,地质出版社 2017 年版,第 19 页。

〔5〕 至于我国民法理论和物权法立法实践,也对作为物权客体的“物”作了扩张解释:不仅有体物之外的电、热、声、光等自然力被视为物,而且连“空间”也得成为物。参见梁慧星:《民法总论》,法律出版社 2001 年版,第 81 ~83 页。

保护等均不能适用于知识产权。这个理由的前提是将物权法上的“占有”狭隘地理解为对实物的控制而非观念的占有，不要说物权法上的占有本身就包含有对有形物的物理控制或者对于不具有实物形态的他物权的观念控制，即便是智力成果或其他非有体物，权利人对其享有的“专有”于有体物的控制也不过是形态上的区别而已，并无本质区别，都是一种排他的垄断利用。

三是知识产权具有地域性和时间性，其产生需要有法律规定，行政管理介入的程度远远大于对所有权的保护。这种区别当然是存在的，问题是任何权利的产生都需要有法律的明确规定，至于权利设定的程序上的要求，对于权利的性质并没有实质影响。

如此看来，学者关于知识产权与所有权的区别并不是本质上的，或许是出于有体物和无体物的一种思维惯性，刻意区别二者，并夸大区别意义，但这并不能成为否定“科技成果所有权”概念具有相当说服力的理由。

第四节　科技成果所有权与传统所有权之关联

所有权概念在不同历史时期和不同法系国家均有不同意涵，法哲学上的所有权并不固守现今大陆法系民法所有权主体、客体等概念所确定的基本范畴，而回溯所有权之起源和本质，可以发现民法所有权的演化体现了开放性、承继性特点。因此，从哲学视角和民法视角，借用传统所有权制度对科技成果所有权概念进行阐释，并不能得出非此即彼的肯定性结论。

一、科技成果所有权的法哲学诠释

（一）科技成果作为个人劳动产物具有私权属性

洛克的财产权劳动理论对科技成果这种无形财产权存在之合理性提供了理论基础。科技成果作为人们劳动的产物，而劳动是人自身的自然延伸,人对其自身拥有所有权是天赋权利的应然之义,所以人天然地对科技成果这种知识产品享有财产所有权。一是智力产品的权利基于创造性劳动而产生。[1] 因劳动而获得报酬,因劳动而取得财产权是洛克劳动理论的核心观点。尽管洛克不认为思想本身是劳动,但他认为,生产思想的过程是劳动,因为在"思想"阶段,很难知道创造者没有付出劳动。就劳动本身而言,有创造性劳动和非创造性劳动的区分,这和今天我们所划分的精神劳动(脑力劳动)和体力劳动有同样的意义。著作和专利等事物之产生,显而易见属于创造性劳动,这种事物对劳动创造性的要求更高,它同时也提升了劳动的质的含量和品位。既然一般的劳动所产生的劳动产品都可以被劳动者正当占有并且取得该劳动产品的所有权,那么,劳动者对其更高质量的劳动所产生的智力产品就更应该享有所有权。[2] 二是智力产品所有权的取得具有道义基础。知识产品既然是人类体力劳动和脑力劳动的产物,依照洛克的逻辑,劳动是人自身的自然外在延伸,人的天赋权利中包括人对自身的所有权,所以人们理所当然对智力产品享有所有权。[3] 智力创造的所有权由创造者享有,就正如每个人对于自己种植的东西有权收获一样。三是智力产品所有权具有私权本质。劳动创造产生了知识产品,个人拥有对其劳动所产生的创造物的所有权,这是一种自然权利,所以知识产品的所有权并不纯粹源于"国家授予",在没有知识产权制度之前,智力活动的创造物也存在所有权。

(二)保护科技成果即为保护创造者的根本利益

卢梭的社会契约论虽源于有体财产,但强调平等的人们通过缔结契约、形成国家、制定法律的方式保护个人财产的目的同样适用于无形财产。自然状态下的有体财产尚且可通过安装栅栏等手段,宣示个人对财

---

[1] 参见方江宁:《知识产权法基础理论》,知识产权出版社2014年版,第81~82页。

[2] 参见冯晓青:《知识产权的劳动理论研究》,载《湘潭大学社会科学学报》2003年第5期。

[3] 参见余海燕:《"智力成果权"范式的固有缺陷及危机——兼论知识产权统一性客体》,载《理论导刊》2011年第7期。

产的占有，那么，对于类似专利、著作等无形财产则更应依赖于法律手段予以宣示和保护。发明人将发明信息的自然权利转让给国家，从国家获得国家赋予的受到一定限制的专利权，正是这种契约论的体现。不同主体、不同财产应该得到法律的同等保护，任何人的财产权利都不能优于他人的财产权利，这是“维护人们结合在一起的根本利益”的社会契约之目的决定的。科技成果转化本是一种市场交易行为，市场交易的本质是契约，而交易的第一要件就是权利人拥有能够管控其科技成果的终极权利，契约理论非常适于解释成果转化中的权属关系。一是契约理论鼓励一切有创造天赋的人去进行困难而又充满风险的技术创新，缔约机会向所有对社会有益的精神成果的创造人开放，精神成果创造者的地位获得了极大提升，这体现了法律对所有财产的同等保护，符合朴素的正义观念。二是契约意味着市场交易效率的提升，只有通过契约明确财产的归属，才能够更好地实现资源的优化配置和有效利用。精神成果是具有价值和使用价值的稀缺资源，通过契约可有效提高交易效率，将会鼓励更多的稀缺性精神成果资源被创造和利用，这也是所有权制度的设计目的。三是精神产品通过契约行为授予特定主体专有的控制权或使用权，这种权利是得到法律确认和保护的，而所有权也是法律确认的结果，没有法律确认，精神产品的权利和所有权一样没有法律意义。

（三）科技成果可以成为创造者法律占有的客体

康德的财产自由意志论强调主体对客体实行“纯粹法律的占有”，“物”作为创造者自由意志选择的外在对象，借助共同意志反对他人对该物的占有和控制。这使我们认识到，科技成果作为财产，并非取决于创造者对其自由支配，而是源于全体社会成员对其存在状态予以承认的共同意志。一是所有权的本质不在于主体通过肢体等外在力量对客体予以占有，而在于意志上的占有。尽管康德的“自由意志”理论是以有形物为研究对象，但它将自然占有和法律占有进行了区分。科技成果的创造者既然是科技成果这一客体的占有者和所有者，那么，它就有权将这种“财产”作为“我的”而排除他人干涉。二是智力活动产物是创造者“自由意志”选择的外在对象，它对这一客体进行占有或所有，不过是自己意志的延伸，将这种客体视为“我的”，从而拥有所有权是正当的。三是智力活动的产物被创造者自由支配，不仅是个人“自由意志”将其视为“我的”，还在于全体社会成员对这种状态予以承认的“共同意志”。

（四）科技成果是个人自由意志支配下的私人财产

按照黑格尔的财产人格理论，诸如技能、知识、艺术、发明等精神产品，在创造者自由意志的支配下成为了私人财产。在自由意志的作用下，实在物和精神产品具有法律上的同质性，都可以纳入所有权范畴。可见，财产人格理论用来直接证明版权之类的科技成果权属的正当性，具有相当说服力。首先，创造者通过特定方式将其精神思想予以表达而形成科技成果的过程，就是将抽象的自由转化为现实自由的过程。由于任何人都是与众不同的唯一存在，拥有独一无二的个人意志，意志通过将其本身施加给外部事物的方式展现于外部世界，人的存在与发展基于自由并以自由为最终目标。占有财产是最初的自由，是人通过控制外部世界来实现自由的基础条件，在此意义上，“科技成果所有权”的合理性在于它体现了创造者的意志和人格，具有与物权法上的所有权同样的绝对性。其次，财产人格理论将精神产品视为物的一种，认为精神创造的成果和物质成果一样，是创造者的财产，其“所有人”有权按照自己的意志处分，他人无权使用该成果或妨碍他人使用该成果。知识产品是一种非物质性的无形财产，一个发明人创造出的发明或完成的作品，就好像将自己生命的一部分投入了这项产品，精神创造物上凝结着创造者的个人意志，由于“我”的意志体现在财产之中，从而表明这种财产具有独立和自由的人格，它在社会中具有特殊地位。[1] 据此，无论基于科技成果而产生的民事权利究竟如何称呼，其权利内核均体现出财产权与人格权的双重属性，将财产作为人格的重要组成部分，负载在人的智力创造物中的思想、观点、气质和风格本质上是智力创造者人格或精神的体现。

---

〔1〕 参见李扬等：《知识产权基础理论和前沿问题》，法律出版社2004年版，第65页。

二、科技成果所有权的传统所有权意蕴

（一）朴素所有权观念源起：秩序需求

法律制度是人类社会的独特创造，随着人类历史发展逐步演化而来，在人类生存的各个社会阶段，对物品的支配和利用始终是重要制度。人类为什么需要所有权？许多学者认为所有权的创造经历了从事实占有到法律所有的过程。人类原初并无你我之分的所有权制度，在人口数量较少、自然界资源富足的原初状态，人类通过占有即可实现对资源的使用，任何人对自然资源的占有都不构成对他人的实质性妨碍。不过当人口增长与资源紧张的矛盾开始显现时，一个人的先占就必然导致他人的资源占有量减少。为了生存，夺取他人通过先占而获得的资源的欲望和动机开始增加，当通过暴力手段夺取资源比从自然界先占获得资源容易得多时，人与人之间、种族与种族之间、部落与部落之间的占有争夺就成为普遍现象。占有争夺使任何人的占有都成为暂时占有，占有的时间长短取决于双方力量的平衡，暴力成了人们占有资源的重要手段，它给人类生活造成极大不便，对人的生存造成极大威胁，因此人们期待一种外在力量保证财产占有的稳定性，抑制任何人破坏占有的正当性共识。政治性国家就是这样一种组织，“人们联合成为国家和置身于政府统治之下的重大和首要目的，就是保护他们的财产”〔1〕，给它的成员提供财产占有的安全保障，国家组织和垄断暴力使得人们对财产的原始占有有了实体力量维护，财产所有的正当性就此成功转化为财产所有的合法性。

这个论证逻辑将所有权产生与国家形成“捆绑”在一起，从占有到所有的演化虽具有“唯物史观”的说服力，却无法回应劳动说、自由意志论等所有权产生的法哲学理论，也没有回答所有权概念的作用。人类社会需要物质保障，物质的支配和分配遵循着一种逻辑，这种逻辑并不是在国家产生之后才有。彼此所同意，或者为彼此所生存的社会所承认，

〔1〕［英］洛克：《政府论》（下册），叶启芳、瞿菊农译，商务印书馆1964年版，第77页。

这才是所有权产生的正当性。许多人认为,原始社会没有所谓的所有权,只有占有,没有所有,即便有所有权,也是一种共有状态,但有学者通过考证之后认为,这一说法并不符合历史的真实情形。虽没有明确的以文字形式记载的所有权,但所有权意识在原始社会则早已萌芽,其所指代的内容与当今的所有权内涵基本一致。我国宁夏地区的贺兰山有一幅距今6000年至10,000年的岩画,岩画上绘制着一只手及其周围一只只动物,当地的工作人员将其解释为:手象征对某种物品的控制,控制对象则是手周围的牲畜。这幅画深刻说明,一个人向其他人宣告,这些牲畜是我的,而不是你的,这种宣告,从法律视角解读,便是一种私有所有权。[1] 可见,所有权反映人与人之间的社会关系,人们通过对自然财产划定范围来确定人与人的界限,没有所有权,人类就没有道德生活的可能。

(二)民法所有权之特性:不可侵犯性

所有权制度固然重要,但它的本质到底是什么呢?从所有权的起源中我们并不能找到合理的答案。按照近代以来以"支配权"为核心的所有权理论,是占有人对物的自由支配吗?没有所有权,物的占有人难道就没有了对物的自由支配?动物在被人占有之前,是独立的自然物,但它被人所占有之后,就成了占有人控制下的非自然物,占有人可自由支配。但这种自由支配,并不是因为占有人拥有所有权,而是因为占有人的力量超出了动物的力量,他可以以个人力量控制该动物。人对物谈不上什么权利,人对物的控制只是一种事实上的强制,是人的力量优于物的力量的表现。[2] 若暴力控制本身能够成为权利,那么,非洲狮子咬住了人,它就会说,这是我的权利。也就是说,没有所有权,占有人同样可以控制该动物,这说明所有权并不是占有人对物的自由支配。当占有人的力量超出占有物时,他当然可以随意处置该物,而不需要什么所有权

[1] 参见孙宪忠:《所有权制度的历史分析》,载《河南财经政法大学学报》2013年第3期。

[2] 参见张恒山:《财产所有权的正当性依据》,载《现代法学》2001年第6期。

概念来规定，既然所有权概念不是占有人对占有物的控制、支配权，那么，它的实质到底是什么呢？

笔者认为，它的实质是当占有人对占有物进行随意支配时，不受他人干涉，换句话说，禁止他人干涉和阻碍对其所有之物的随意支配才是所有权的核心。当所有权人支配该物时，不论他是以自己的肢体占有，还是以观念和意志占有，无论是毁坏它还是抛弃它，无论是闲置它还是使用它，任何他之外的个人都不能对其行为进行干涉，即物主对物自由支配的不可侵犯性才是所有权的本质。这个不可侵犯性源于先占说、财产权劳动说、社会契约论、自由意志论、社会公意论等所有权产生的法哲学依据，不过也有不少学者对先占说、劳动说等质疑，笔者赞同此种观点。先占说实际上并不能成为所有权依据，先占只是一种形式依据，一个人对某物进行占有之后，并不能证明和否认他人对其占有物的“再占有”。劳动说认为，个人对附着了其身体劳动的东西享有所有权，但劳动作为一个事实，本身只能表明个人在自然物中投入了自己的体力和脑力活动，基于这种投入，人与物之间产生了某种联系，并因这种联系而产生占有和支配该物的意愿。但这本身并不能证明一个人占有另一个人基于自身劳动而拥有的物的“不可侵夺性”。劳动者对劳动物的占有和支配意愿与非劳动者对劳动物的占有和支配意愿是完全平等的，虽然非劳动者并没有在该物中加入自己的劳动，但加入劳动的劳动者也不能就此否认非劳动者对该物的占有和支配请求。自由意志说，同样需要解释个人意志对物的支配为何不可侵犯。两个人对同一个物同时声称具有占有和支配意愿，如何评判谁享有所有权？黑格尔的自由意志为解决这个问题，对所有权附加了“先占”条件，但这并不能化解所有权的唯一性。一个占有该物的人有对物的支配意志，并不能否认未占有它的人对该物具有同样的支配意志，两个人的自由意志既然是平等的，那么，先占者就不能以自己的占有意志先于后来者的占有意志，而拥有对该物的所有权。

那么，所有权不可侵犯性的依据究竟为何呢？如果将个人以肢体和力量实现对物的占有称为所有权，一旦物离开其肢体和力量控制就会失去所有权,这显然是荒谬的。将个人所有之物借予他人使用,难道原所有人就没有所有权了吗?康德认为,一个人只有在观念上将某物视为己有,虽该物远离他,但他人仍不得夺取或侵犯,此才可称为所有权。但究竟是何种力量在保证个人意志对该物的控制呢?卢梭认为,人类基于社会契约形成国家来保卫人对物的占有状态,并使原初的事实占有转化为所有权,这个正当性依据实际上是社会公意。康德延续卢梭的思想,认为所有权具有个人意志和集体意志的双重属性,当某人并不直接占有和控制该物,但依然拥有对该物的所有权时,发挥作用的正是集体意志。因为在物主的背后站着一群人,他们共同的意志使得其他人不得侵犯物主对该物的观念占有。但社会公意并不是凭空产生的,只有人们形成对所有权的一致评价标准时,这个"公意"才能发挥作用,而这个评价标准就是"正当"。正当源于人的利他心和理性,一个人的行为既不因作为而对他人造成损害,也不因不作为而对他人造成损害,这种不具有损他性的行为得到大家认可,对这种被认可的行为全社会都要予以尊重,不能加以阻止和反对,这就是不可侵犯性。社会对财产所有权的确认,就是依据不得损害他人的正当性道德规则。因而所有权作为一种权利,并不是对物的占有或自由支配,而是意味着物主之外的人不能对其支配行为进行干涉,这既是物主的意志,也是社会成员的普遍性意志。

(三)科技成果所有权之面相:归属关系

现代民事权利体系是按照权利客体来划分和构建的,而权利客体则是制度演化和立法选择的结果。尽管《德国民法典》的制定使民法意义上的所有权得以确立,但德国民法将所有权之客体限定为"有体物",将原有的罗马法上和法国法上的各种权利完全剔除在"物"的范畴之外,强调物权是一种对有形物的支配权,而精神产品无论如何也无法成为德国法上的"有形物"。就此,"精神所有权""无形财产权"不是一种制度创新,而是一种简单的概念模仿,其理论仍存在明显缺陷。但从历史的维度审视所有权,民法所有权代表的不过是一种归属关系,至于这种关系将人和哪种事物联系起来,则是随着社会发展在不断变化。这种事物被称为所有权客体,客体是相对于主体的存在,主体之外的所有事物都可以成为客体,从所有权的客体必须是"物"出发质疑该概念的科学性,其立论本身就是错误的。首先,近代以来,随着科技发展,民法"物"的范围在不断扩大。通说认为,凡是存在于人身之外能够满足人类社会需要而又能够为人所控制和支配的自然物及人类创造物,都可以成为民法上的物。[1] 民法"物"是人类征服自然的能力在法律上的体现,受制于人类改造自然的实践和社会观念、科学技术等。例如,经典物理学阶段所产生的热力学和电磁统一学说使民法将电力、无线电频谱等纳入物的范畴之中;又如,随着医学科学技术的快速发展,人体器官被纳入民法物的范畴。其次,在知识产权概念产生之前,人类对智力创造物的保护制度就已经建立。由于智力创作物与传统的民法所称的"物"具有诸多相似性,如二者都具有独占性、用益性、担保性,尽管科技成果的独占性是法律授予的,但所有权的独占性又何尝不是通过法律予以保护的呢?因此,科技成果所有权虽带有"所有权"字样,也的确与传统的民法所有权在客体上有所不同,但它具有传统民法所有权的属性。

三、科技成果所有权的传统所有权注解

(一)两大法系对科技成果所有权概念的不同注解

按照大陆法系"物"的概念,无论我们将科技成果定义为抽象物,还是知识产品、智力成果、精神产品,这些称谓都无法使它成为我国物权法上所有权的支配对象——有体物。[2] 但普通法对"物"的认识有两点可供创造该概念借鉴[3]:一是它关于物的划分,充分反映了"物尽其用"的思维。普通法学者从人类生产与生活(动产与不动产)、投资与交易(如货物、商业票据)、财产管理(如信托基金)、分配与继承(如资本与收入)、财富创造(如知识产权等无形财产)等角度来看待物。它将一切物

〔1〕 参见杨立新、王竹:《论物权法规定的物权客体中统一物的概念》,载《法学家》2008年第5期。

〔2〕 参见陈健:《知识产权权利制度研究》,中国政法大学出版社2015年版,第5页。

〔3〕 参见[英]F. H. 劳森、[英]伯纳德·冉得:《英国财产法导论》,曹培译,法律出版社2009年版,第24页。

质财富视为物,并将其作为所有权的客体,由此而概括出系列抽象的法律概念。二是以商业交易实务为中心的价值取向。若没有权利的界定就没有交换可言,交易的前提是财产的分配和界定,它所要关注的是财产的运行,而不是财产的本体为何,财产的本体不过是一个归纳后的抽象概念,一切事物只要能够用于交换,它就是财产。科技成果如知识产权一样,是现代科技发展中客观存在并受到保护的"实在",是一种完全不同于物权法上的"物"的另一种实在体,作为一种权利客体,它是人们进行创造性脑力劳动而产生的智力成果或知识形态产品,具有价值和使用价值,可以在技术市场上进行交易,因此它在英美法上是一种财产。既然是财产,就会产生所有权,因此,在英美法的语境中,科技成果所有权这个概念是可以自圆其说的。

不过,在目前的用法中,财产权概念中的"形"与"体"并没有被严格区分,财产和物在不同意义上均可成为所有权客体,罗马法上的无体物概念出现的历史最早,它在财产和物的概念尚未分离时便已产生,是罗马法学家在寻求财产制度体系化的过程中,对"物"的概念进行类型化思维而产生的。"罗马法所称之物,包含甚广,凡存在于自然界者,皆谓之物,法律上之利益者,亦谓之物。"[1]所以,传统的所有权并不刻意区分"物"和"财产",它所要保护的实际上是一种法益,是作为分配资源的社会工具而存在。如此看来,借用无形财产权理论为"科技成果所有权"寻找正当性法理依据,必须对科技成果到底是物还是财产作出界分的前提不过是一种对所有权概念的机械理解,难怪无形财产权尽管在学界有着大量讨论,但它至今还没有被我国立法所采纳。英美法系因历史与哲学传统不同,没有像大陆法系那样用"物"来替代财产,而直接冠以财产之名义或以"法益"来保护,其将有形财产的原则最大限度地用于包括知识产权等在内的无形财产的做法,给"科技成果所有权"这个概念极大的理论支撑,这也是解决我国科技成果权属制度设计困境的最好答案。

---

〔1〕 陈朝璧:《罗马法原理》,法律出版社2006年版,第74页。

(二)科技成果所有权的双重所有权属性之否定

按照普遍流行的"谁投资谁所有"的观点,政府资助项目产生的科技成果所形成的各项权利归国家所有,单位和个人的占有、使用、收益甚至处分权均是来自国家授权,这种产权归属关系将国家这种虚拟存在作为科技成果权属主体,不能很好地保障现实中科技成果转化应用等功能实现。但国家对智力成果的投资巨大,这些源于纳税人的钱所形成的成果,绝不能将其赋予个人,国家有理由代表全体人民收回投资所产生的成果。但纯粹收回成果,将使得创造这种成果的个人和单位的利益受损,因为这个成果的产生有着复杂的因素,它既是物质投入的结果,也是创造者脑力劳动的结果,如果不能将成果转化为效益,有违投资者的初心。如何解决创造者与投资者的矛盾,促进科技成果的转化利用,来自国有企业法人财产权的学说提供了新的思路。有学者提出建构一个国家与科研机构共同拥有科技成果的双重所有权机制来解决这个矛盾。[1] 但实际上,国家和科研机构都拥有对某项成果的所有权,这个立论是不能成立的。"双重所有权"意味着一个物上有两个所有权主体,这在大陆法系物权法"一物一权"原则下,会引起所有权定义及结构的混乱。况且此处所谓的"双重所有权"与英美法上的"双重所有权"有着质的不同。源于日耳曼法的双重所有权,是基于封建领主和佃农之间的身份关系而产生的,封建领主作为上级所有权人对土地拥有管理、处分、收取地租的权利,而耕作者拥有下级所有权,即对土地的使用权和收益权,上下级所有权人均对该不动产拥有所有权,上下级之间的所有权共同构成了完整的所有权。英美法上的所有权不是一种绝对权利,它是分散于不同主体的权能总和。换言之,为因应当时的社会经济结构,它突出社会团体性机能,将本应为单一性绝对权利的所有权,分化成多种相对性所有权。[2] 而我国继承的是传统绝对所有权理论,所有权各项权

---

〔1〕 参见成义敏、沈永军:《国防知识产权法律属性分析》,载《军事经济研究》2012 年第 6 期。

〔2〕 参见戴东雄:《中世纪意大利法学与德国的继受罗马法》,中国政法大学出版社 2003 年版,第 288 页。

能是从一个唯一的所有权中派生而来,"所有权系就标的物有统一支配力,而非使用、收益、处分等权能总和……乃于一定限制内得为其所欲为单一的权利"[1]。所有权对其客体,虽有占有、使用、收益和处分等各种支配权能,但所有权非此各种支配权能结合,而系各该权能所成的派生单一体,为浑然整体权利。[2] 可见,这里的双重所有权构造方式与英美法上的信托所有权构造方式逻辑上完全颠倒。不过,这也提醒我们,作为最重要的法律概念,所有权在不同的传统影响下和不同法律语境之下,可能有着完全不同的意义。比如,宪法上的所有权是维护社会秩序的需要,它侧重于归属关系;而民法上的所有权,不仅是归属关系,还涉及利用关系,因为所有权制度的目的并不是创造一个并无益处的概念,而是要通过确权推动对物的利用。

(三)科技成果所有权概念的"类所有权"属性

"类所有权"概念在德国民法中被称为"相似所有权",它最早诞生于地上权,因地上权人的权利实际上与土地所有权人的权利相当,故称其为"相似所有权"。在我国,也有学者将其称为"准所有权",就是将某些权利类比于物权,赋予权利人行使所有权人的权利。科技成果所有权实质上是一种仿照物权理论而建构的推进科技成果转化的制度,它的目的是让科技成果的权利人享有对科技成果的持有、使用、收益和处置等权能,它承担的是所有权的制度功能。将科研人员对职务科技成果的权利界定为"类所有权",则科技成果转化的相应权属制度构造可采取"所有权"制度的构造方式,权利人可以将自己的权利分解为使用权、收益权、处置权,并选择其一而行使,这样财政资金资助的科技成果和国有企事业单位的科技成果的不同权能就能被不同的主体享有。因此,科技成果所有权一方面具有确权功能,另一方面也具有重要的约束作用。权利人应该积极使用其成果,通过将成果作价入股、授权许可、自己使用等形式,发挥成果推动生产力的作用。因此,创造这个概念就是为了通过赋

---

〔1〕 史尚宽:《物权法论》,中国政法大学出版社 2000 年版,第 61 页。

〔2〕 参见谢在全:《民法物权论》(上册),中国政法大学出版社 1999 年版,第120 页。

权给科研人员，化解国家所有与资产流失的矛盾，调动科研人员从事科学技术研究和开发的积极性，为潜在的职务科技成果创造者提供示范和激励。过去没有对国有科技成果转化和推广应用的法律机制，使得大量科技成果“闲置”，造成社会资源浪费。通过规定科技成果的所有权归依托单位和归科研人员，打破了国家自行投入、国家承担研发失败风险及成果转化责任等怪圈，激发了科研人员创造高质量成果的能动性。

CHAPTER 04 >>

第四章

科技成果所有权的概念辨析及谨慎证成

作为政策领域的高频词汇,"科技成果所有权"这个概念已被实务界所接纳。但创造一个法律概念,首先要符合法律界的思维习惯和基本认知,然后要明确创造该概念的目的和意义,以及用何种方式去界定它。该概念因内涵与外延的不清晰而欠缺作为法律概念的基本要件,其客体似乎涵盖了知识产权法的各类客体,但又不完全等同于知识产权的权利客体。尽管知识产权过去被认为是虚构的"鬼权",但它毕竟通过历史演化得到了全世界认可。"科技成果所有权"既为国家政策的高频词汇,将国家政策转化为法律的立法宗旨预示其进入法律已是必然,然而作为法律名词进入立法的正当性尚待探究。

第一节 科技成果所有权的制度功能及价值

对法律门外汉来说,所有权不过是一个界定"你的"和"我的"的简单概念,若是"我的",我就拥有它,若不是"我的",我就不能拥有它。这个简单概念被法律所吸收,随即成为确定物的归属和利用的法律意义上的"所有权"。若某物属于"我",任何其他人都不能对该物实施降低其效用及减少其价值的行为……既然物的价值源于我们能够对物做什么,那么,所有权的内容就是我们能够对物做什么的总和。[1] 从支配利用的角度来看,技术上的所有权客体只限于有体物,但我们却经常听到著作权的所有权、债权的所有权、肖像权的所有权等看似荒谬的提法,这些用语将权利主体当成权利客体,实为一种错误的称谓。[2] 但即便如此,人们似乎也司空见惯,从来不会误解它的含义。上述现象提示我们,"所有权"这个术语,虽在不同场合被大量使用,内涵也不尽相同,但并未影响人们的基本概念认知,这背后其实反映的是它所具有的制度功能。

一、所有权作为经济工具的三个理论支撑

法律经济学将效率最大化看成是所有权存在的最为合理的依据,所有权在经济学家看来,不过是一种降低交易成本的工具而已。若没有对所有权的确认,就不可能产生市场交易,如果产权界定不明确,交易的成本就会无限增大,所有参与市场交易的人都要为这种不明确的权属付出代价,这将大大增加交易难度,损害社会的整体效益。作为一种调控经济的手段,所有权的产生在经济学家眼中有着重要理论支撑。

(一)考特和尤伦的契约论

考特和尤伦在其著作《法和经济学》中提出:契约论源于这样一个

---

〔1〕 参见[英]F. H. 劳森、[英]B. 拉登:《财产法》(第2版),施天涛等译,中国大百科全书出版社1998年版,第6~8页。

〔2〕 权利质权可作为他物权的客体,说明权利可以作为物权客体,也可以作为所有权客体。然而,权利成为所有权的客体,不仅是没有必要的,而且增添了混乱。如果权利可以成为所有权的客体,则会出现所谓债权的所有权、股权的所有权、知识产权的所有权等,那么,债权的所有权、股权的所有权、知识产权的所有权等分别是指什么呢?如果是指债权、股权、知识产权、他物权的归属,那这些权利本身均有非常明确的指向,债权归属债权人、股权归属股东、知识产权和他物权也皆有明确的权利主体,再重复设定其所有权归属,既无现实必要,又徒增法律体系混乱。参见王新红:《国有企业所有权与经营权相分离理论批判》,载《政治与法律》2019年第8期。

假设,在只有人、土地、农业和军事技术的社会,人们基于谋生需要从事农业生产,他们对土地的拥有只具有道德上的所有权,而没有法律上的所有权,因为在这个区域没有法院和政府。由于缺乏来自公共权力的保护,人们生活秩序的维护主要依靠道义基础,但这确实是弱不禁风的,随时有可能被摧毁。土地的占有者在自己的财产周边巡逻,依靠武力保护自己的劳动果实。〔1〕 这种情况对于一个人或少数人的社会来说尚可以接受,但对于整个社会来说,却并没有效率,因为整个社会拥有公共武装系统要比单个个人拥有私人防御系统更加经济,于是人们达成某种协议,建立公共权力政府,维护自己的财产权,土地所有权应运而生。在这种制度下,每个人都能获得平等的安全保护,他们可以把更多精力用在种植和生产上,而不是武斗,这样整个社会的总产量就会大大提高。所以,法律上的所有权制度是有效益的制度,一个强有力的产权制度,可以有效推动社会资源利用,增加社会财富。〔2〕

(二)波斯纳的效率激励说

波斯纳在《法律的经济分析》一书中作出这样一种假设:在一个废除了所有权制度的社会里,农夫从事农业生产经营活动将付出巨大代价,比如农夫辛勤耕作,种植谷物、给谷物施肥、安装稻草人等,就是为了获取谷物的收益,但他的邻居却将他种植的谷物据为己有,由于农夫不是土地的所有权人,这意味着他没有权利对邻居的行为作出法律上的请求。〔3〕在没有恰当的保护机制的情况下,若类似事件多次发生,人们就会放弃对该土地的耕种,而寻求那种投资较少的方法来维持生计,比如狩猎。因此,只有对财产权的充分保护,才能激励人们有效利用资源,并确保每个人从自己的投资中获得合理回报。〔4〕

---

〔1〕 参见彭汉英:《财产法的经济分析》,中国人民大学出版社2000年版,第64~65页。

〔2〕 参见[美]罗伯特·考特、[美]托马斯·尤伦:《法和经济学》,张军等译,上海人民出版社1997年版,第129~139页。

〔3〕 参见彭汉英:《财产法的经济分析》,中国人民大学出版社2000年版,第62~63页。

〔4〕 参见[美]理查德·A. 波斯纳:《法律的经济分析》(上),蒋兆康译,中国大百科全书出版社1997年版,第39~93页。

(三)科斯的交易成本论

在《社会成本问题》一文中,科斯通过一个广为人知的牧场主养牛妨害农场主种植谷物的例子,推导出科斯定理:在零交易成本的条件下,法律权利的任何界定都是有效率的,在有交易成本的条件下,法律权利的初始界定就十分重要。[1] 换言之,在交易零成本的情况下,对交易物的权利归属的界定并不那么重要,因为不管选择怎样的法律规则,对权利作出怎样的配置,有效率的结果都会出现。当交易成本为零,且个人是互相合作行动时,法律权利的任何分配都是有效率的。[2] 但实际上,不可能出现零交易成本,因为交易双方或多或少都会在时间、精力等方面进行投入,这些投入都会增加当事人的交易成本。因此,法律权利的初始分配就显得非常重要,有了产权(所有权)的合理配置,就会减少交易费用,降低社会交易成本。[3]

(四)所有权作为制度工具的应用

在法经济学家看来,一切有价值的东西(包括有形的物体和无形的技能)都有所有人。所有权与传统理论中的激励假定是一致的,财产所有权不过是一种降低交易成本、提升交易效率、实现社会财富最大化的工具而已。[4] 作为国家调控经济的一种法律制度,所有权反映和调整特定历史时期的生产关系。近代以来的工业革命之所以产生于西方,就是因为其所有权制度及理念能够焕发人们的创造激情,创造财富者能获得所有权保护。瓦特一生有3000多项发明,打了5000多场官司,足以见证英国法律对所有权的保障力度。[5] 有恒产者有恒心,没有任何东西能像财产所有权那样如此普遍地激发起人类的想象力,并煽动起人类

---

〔1〕 参见彭汉英:《财产法的经济分析》,中国人民大学出版社2000年版,第67页。

〔2〕 参见钱弘道:《法律经济学的理论基础》,载《法学研究》2002年第4期。

〔3〕 参见刘美希:《论近代所有权绝对原则遭遇的现代挑战》,载《法学论坛》2006年第1期。

〔4〕 参见彭汉英:《财产法的经济分析》,中国人民大学出版社2000年版,第72页。

〔5〕 参见孙宪忠:《所有权制度的历史分析》,载《河南财经政法大学学报》2013年第3期。

的激情。[1]

职务科技成果权属改革在经济学那里是产权问题,而科技成果转化则是产权分割问题,但无论是经济学上的产权还是法律上的所有权,其设计目的就是将权利赋予有利于提高效率和优化资源的那个人。当然,制度设计既要效率优先,还要受制于价值观。专利制度既要促进社会科技进步,也要激励和保护专利权人利益。不保护他的利益,他就丧失了创新动力,终将损害社会利益。创造科技成果所有权制度的目的,就是要促进科学技术进步,破解成果归国家所有带来的转化难题。在促进交易和提高效率上,再也没有一种制度像所有权制度那样,能够给主体如此多的诱惑和保障。所有权是权利体系中最为丰富的权利,也是最完整的权利,更是保护利益最全面的权利。特别是在中国语境中,它与知识产权相较而言,更容易被人们所认可和理解。科技成果所有权的目的,我们从政策的设计中似乎可看出一些端倪,如国家要求财政资金设立的科研事业单位出具科技成果转化报告和科技成果年度使用情况报告,并把它作为一种法律义务。这表明赋予个人科技成果所有权的目的就是要通过产权合理配置明确科技成果权利的取得、变更和许可,更好推动科技成果转化,促进科学技术和产业发展相结合,绝不是让科技成果束之高阁,否则就与制度设计的初衷背道而驰了。

二、科技成果所有权作为经济工具的功能体现

科技成果所有权作为法律权利虽没有得到诠释和适用,但和知识产权一样,它是公共政策的产物。科技成果是虚拟财产,是一种客观存在的财产类型,法律对这种财产所承载的利益进行确认,从而创造出的科技成果所有权概念,实为政府用于资源配置、调节社会利益尤其是经济利益的政策工具。这个工具意味着政府应该平衡科技成果创造者与社会整体利益间的关系,把科技成果所产生的社会关系通过法律制度予以

---

[1] 参见[德]罗伯特·霍恩、[德]海因·科茨、[德]汉斯·G. 莱塞:《德国民商法导论》,楚建译,中国大百科全书出版社 1996 年版,第 189 页。

明确,使其更具有合理性和权威性。

（一）作为国家激励科技成果创造和推广的工具

世界各国经济增长的原动力是科学技术,而体现科学技术重要载体的是科技成果,因为科技成果通过转化之后就会创造新的产业。在当今,科技成果不仅是一种科学活动的产物,还是法律所要保护的财产,对这种财产的保护,必然需要一种"类所有权"制度。当然,有了科技成果并不必然有经济增长,虽然经济增长是科技成果带来的,但科技成果只有通过广泛而又高效的转化应用,才能推动经济发展,实现经济增长。法经济学主张,任何法律制度的制定和执行都要有利于资源配置效益的最大化,科技成果所有权就是试图通过法律确权的形式来激发科技成果所有人对科技成果转化的积极性,从而加速科技与经济的对接和融通。400 多年前的英国,因为颁布《垄断法》和利用专利制度,极大地刺激了经济发展,从而成为世界强国。20 世纪 80 年代的美国,更是通过一部《拜杜法案》,使科技成果转化率大大提升,美国经济实力也长期位居全球前列。在我国,过去对科技成果权利归属的设计,倾向于保护单位利益,使得国家具有作为私法上的科技投入者和公法上的科技管理者的双重角色,角色的难以兼顾直接影响了科技成果转化为现实生产力的效率,因为不同的角色定位有着不同的利益追求。作为科技成果所有权人的国家,其主要利益取向是社会公共利益;作为事业单位存在的高等院校和科研院所,其主要利益取向则是完成国家作为科技管理者的委托任务即科研活动;作为市场主体的企业的价值取向则是实现市场价值和经济效益最大化。上述主体中,企业距离市场最近,所以,它通常没有遭遇科技成果转化不畅的问题,科技成果转化似乎一直都是国有科研机构的任务。《科学技术进步法》第 32 条规定政府资助的科研项目所形成的科技成果的权属由项目承担单位依法享有,解决了国家、科研院所、高等院校作为科技成果所有人的产权配置不合理问题,但国有科技成果的权属配置规则在《促进科技成果转化法》《科学技术进步法》中却并不是基于经济效率最大化和交易成本最小化而设计的,它更多是出于保护科技成果作为国有资产不流失的目的。我国的年专利数量已经位居世界前列,但就其转化效益来看还是十分有限。其原因就在于我国对于国有科技成果、职务科技成果的转化制度还不够完善，特别是对科技成果创造者的激励还不够。科技成果转化作为市场交易行为，借用法律经济学的契约论、交易成本论和效率激励论等创造一种基于成果保护和转化的“所有权”制度，是国家激励创新和发展经济的重要工具。

（二）作为维护国家利益和促进公共利益的工具

我国的科技体制具有一定的特殊性，大量科技成果源于政府举办的企事业单位是其特色。从科研项目计划的设定、申报、结项到转化，科研活动的各环节均处于国家委托的管理机构的监督之下。国家权力的深度介入和强大的资金支持，旨在发挥举国体制，快速突破关键技术，但这种方式却让国家成为科研活动的主导者。尽管政府对其资助的项目进行管理是科技行政管理的一部分，但管理应符合国家利益和公共利益，符合科技资源优化配置的市场规律。政府不能仅仅因为对科研活动进行了资金投入，就将科技成果视为公有，据为己有，而忽视单位和个人的合法权益。当然，也不能过度保护单位和个人利益而忽视社会公共利益。在平衡各类关系时，首先需要明确的就是，政府作为公共利益代表，投入资金进行知识生产的目的并不是盈利，将科技成果进行转化，为社会带来利益、推动社会发展和进步才是其根本目的。科技成果所有权制度的目的就是要平衡各方利益，促进公共利益增长。尽管科技成果转化所涉及的国家利益和公共利益具有同质性，如研发的抗疫药品不仅对国家而且对全人类都具有重要意义，但实践中这两种利益往往会产生冲突。职务科技成果制度的本质是构建创造该成果的个人、团队与国家、单位之间的利益分配规则。在自由市场经济中，这种规则无须单独立法或建构制度，也不存在制度操作障碍，但我国计划经济体制所塑造的科研模式与市场经济之间产生了巨大鸿沟，导致创造的成果的需求不是来自市场，而是来自政府指令，这导致大量成果无法与市场直接对接。即便少量科技成果是市场所需求的，但它又被确定为“国有资产”而被加以特殊保护。对个人利益保护的忽视和缺位，使得“科技成果所有权”必须达成个人利益和社会利益平衡的目标，为此，创造一个法律概念和规则化解上述矛盾便成为必然。

(三)作为政府调整国家利益和个人利益的工具

科技成果所有权作为推动科技成果转化的政策工具,是为了解决科技成果完成人在科技成果转化中的尴尬地位。一方面,科技成果完成人申请科研项目须通过依托单位进行,依托单位对其研发活动和项目义务承担研发失败的责任,但同时它享有对项目研发成功后利益分配的主导权,包括在科技成果转化中所获取的收益,这导致科技成果完成人无法得到他们应有的利益。另一方面,科技成果完成人与依托单位间的劳动合同关系,使科技成果完成人处于弱势地位,经常受到依托单位压制,迫于生存压力,不得不顺从依托单位的诸多规定。比如职务发明,科技成果完成人付出了大量劳动,但只能获得署名权,由此诱发一些科技成果完成人为了谋取私利,在项目结题时不发表成果,而在项目结题之后才发表,极大损害了单位利益和国家利益,这也是导致我国科技成果转化难以及科技成果质量差的重要原因。政府在不同时期有不同利益目标,科技成果制度及其配套措施的建立和变革,就是要引导创造者和拥有者实现国家战略目标。计划经济时代,科研活动采取指令性计划进行,创造者按照国家下达的任务完成研发活动,产生的成果交由国家负责转化。但市场经济的研发需求则源于市场本身,若科研单位依然按照过去的方式,将会导致成果与市场脱节。由于我国的科技成果多产生于国有企事业科研单位,这些成果大多是国家财政资金资助而产生的职务科技成果,对其进行保护理所当然,但若不通过合理的制度设计,这些科技成果便不能转化为现实生产力,终会沦为无用之果。创造科技成果的目的并不是保护它用来欣赏,而是要推动经济社会发展,服务社会利益和公共利益。成果转化不仅要对沉淀的成果进行市场化商用,而且要建立一种市场与科研的良性互动机制。因此,科技成果所有权是政府公共政策的产物,是一种政策工具,但这种工具需要借法律之名来得以确认。

(四)作为激励创新主体从事技术开发的工具

技术进步需要花费巨额研发成本,若没有一定形式保护,"搭便车"会通过反向工程轻而易举复制技术,使得发明者的投资付诸东流。短期看来，公众能够以较低成本获取抄袭创新成果所带来的利益，但这种行为最终会损害、削弱、扼杀对未来创新的激励。由于创新产品和服务的边际收益必然低于边际成本，发明者几乎没有被激励去投资昂贵的项目。若没有这种制度，市场中的理性投资者将不会从事研发活动，坐等他人研究，然后进行克隆。在封建社会，手工业界和商业行会成员才拥有技术诀窍和促进技术进步的动力，这种做法实际上是减少潜在的发明者数量，遏制了竞争，但造成这种局面的关键是没有保护机制。激励科技创新需要一种制度，这种制度通过市场竞争促进科技创新，保证投资者的利益回报。特别是对于研发周期长、发明起点高、投资风险大的领域，如果没有一种制度创造竞争机制，无法确保拥有发明创造的机构保持竞争优势，终将会损害整个国家的利益。这种制度的目的在于挖掘知识创造主体的智力潜能，使其创造出更加丰富的科技成果，因为制度本身就是用法律形式确认智力成果创造者对所创造的成果享有专有权，用法律保护这种专有权的实现，抑制他人的擅自实施，即任何人要生产和销售，都要征得同意并支付费用。这样的制度安排，使得发明创造完成人或持有人的劳动消耗或资金消耗得以收回或获利，并使专门从事这种创造工作成为一种有利可图的职业，提高了企业和科技人员从事发明创造的积极性。如果没有这种保护机制，创新发明就会面临侵权、仿制、假冒的危险，导致从事创新的主体投入得不到回报，必将影响科技进步和经济发展。

三、科技成果所有权促进成果转化的政策价值

科技成果作为国有资产，必然产生国有资产的“国家所有权”问题。当科技成果这个行政管理领域带有“公法”性质的概念与以民法为代表的私法上的“所有权”结合在一起时，它就成为了一个中国政策领域独创的概念。但无论如何结合，保护科技成果的目的是保护创新和促进创新，而创新的领域十分宽泛，技术创新可能产生的结果也是多种多样的，这就决定了科技成果所有权的对象也涉及诸多领域。对创新成果产生及应用的制度需求不应该单一地依靠知识产权，而应该结合中国实际，

构建更加完备和有特色的保护制度。倘若该概念能解决现有的科技成果转化难题,符合人们的基本认知和习惯,倒也没有不接受的理由。笔者认为,科技成果所有权概念较好吸收了物权法上所有权的合理内核,有机结合了当前我国面临的科技成果作为国有资产而纳入“国家所有权”所带来的科技成果转化主体缺位问题,具有重要的理论意义和实践价值。

(一)达成国有科技成果转化的制度目的

科技成果的所有人不能利用其财产创造价值,所有人在法律上的所有权在经济上就无法实现,这种所有权在经济上就是没有意义的。将财政支持形成的科技成果纳入国有财产,形成民法上的国家所有权,看似合理,实则没有仔细权衡利弊得失。对于一些权利渊源不明确或者归属不明确的财产,往往将其规定为国家所有,这是社会主义公有制思想的体现,至少在政治上不会受到质疑。但在法学上,赋予某主体一项财产权利或所有权,同时也意味着赋予其相应的义务。如果要把一切国家资助产生的科技成果都规定为国家所有权,那么,立法者就不能只对这些成果的处置进行监管,还要看到自己拥有这些成果所有权所应该承载的法律义务,也就是说,不能只想到国家权力,还要想到义务和责任。如果国有科技成果长期得不到转化,变成“沉果”,造成的损失将由国家来承担,其背后损害的还是公共利益,这也是对所有权本身所承载义务的懈怠。任何权利都伴随着义务,这个义务不仅仅是相对人的义务。国家拥有科技成果所有权,它也要履行转化义务。因为国家与全民是对等概念,它的权利与义务在这里融为一体了,所以政府出台了诸多成果转化政策来履行自己的义务。截至 2018 年,自 1978 年 3 月全国科学大会召开后的 40 余年,中央分别于 1985 年、1995 年、1999 年、2006 年、2012 年和 2015 年发布了六份科技体制改革和创新驱动发展的重大决定或意见。在每一个决定或意见中,科技成果转化都是重要目标,其中,具有里程碑意义的是 1985 年实施科技体制改革、1995 年实施科教兴国战略、2006 年建设创新型国家和 2015 年实施创新驱动发展战略,基本上每隔

10 年跃上一个台阶，步入新的发展阶段。[1] 社会对科技成果转化的认识也从最早的以科技成果推广应用为主，到制定政策促进成果转化，再到将成果转化纳入创新型国家和创新体系建设中统筹谋划，再上升为对科技成果转化制度进行系统设计，围绕制约科技成果转化的体制机制进行改革等，足见科技成果转化之难。为了有效保护国有资产，首先要摒弃科技成果归国家所有的观念，不能只做财产的消极保护者，还要做财产价值的积极创造者。消极地对所有物进行保护，固然能够确保物的完整性，不让国有资产流失，但若忽略了动态利益的实现和保护，将导致国有财产所代表的公共利益遭受损失和浪费，这不是真正有效地保护国有资产的明智之举，我们所称的国有资产保值增值，只有通过增加其收益才能实现。

（二）弥补科技成果转化的制度缺失

当前，职务科技成果转化的国家政策尚处于试点阶段，但政策导向已经十分明确。尽管科技成果确权的单位优先和个人优先模式各有利弊，但总体来说，我国科研人员利益被大幅压缩从而影响科技成果转化效率则是不争的事实。因此，对科研人员的利益给予法律保护已是十分必要，借用“所有权”可有效保护科研人员利益，激励科技创新，所有权对个人财产权利保护的私法价值与科技成果转化中科研人员利益保护的法律诉求完全契合。

一是科技成果所有权肩负识别创新的使命。在《促进科技成果转化法》中，科技成果被定义为具有实用价值的成果，也就是说，没有实用价值的成果是不能成为科技成果的，自然也就不能成为该权利的保护对象。二是保护创新是科技成果所有权的基础功能。通过专有权、独占权等设权方式和侵权责任追究等，对科技成果进行保护，捍卫所有人的利益，不允许任何人未经所有人同意而使用其科技成果，可防止他人不劳而获。三是科技成果所有权体现了激励创新的价值追求。对个人创新的激励是通过赋予其财产权的形式实现的，通过确认个人产权的形式来

---

〔1〕 参见吴寿仁：《中国科技成果转化 40 年》，载《中国科技论坛》2018 年第 10 期。

促进个人创新,是社会财富创造的基本手段。任何财富的增长都是因个体创造性智力劳动而来,其中技术创新发挥着重要作用。之所以建立知识产权制度,其本质是鼓励创新,而不是鼓励模仿和复制,而创新的根本目的是要带来物质财富的增加,而不是使其变成一个"摆设"。这里借助于知识产权,是想通过一个得到普遍认可的概念来证明科技成果所有权在中国语境下有着同样意义。确定成果的所有权,就是要明确其归属,只有产权清晰才能够确保其通过市场交易行为而获取利益。对成果转化价值分配的调节和保护,反映了对创新活动结果的维护来激励创新的追求,任何违背创新的行为和制度安排都是不合理的,不具有实用价值的"伪创新成果"对社会和拥有者而言都是负资产,不能成为权利保护对象。四是科技成果所有权的根本目的是保护财产权。无论科技成果是国有资产由国家享有所有权,还是通过"三权改革"将其赋予科研人员,都是通过对科技成果进行确权来推动其实现转化,转化的目的是创造价值,不事先确权会导致未来利益的分配之争,确权后就可按照权属规则分享利益。可见,权利设置的目的是保护和实现财产权。对科技成果权属进行分解,有利于调动科研人员参与转化的积极性,提高转化效率。国有单位的科技成果交易,尽管目前政策已经做了调整,但效果仍不明显,其根源除现行科技评价体系导致的成果质量不高外,还有来自国有资产流失和资产保值增值监管的担忧。因此,尽管我国的《促进科技成果转化法》等政策力度已经超过美国的《拜杜法案》,但其没有带来与美国《拜杜法案》同样的效果,背后原因除了跟我国科技体制有重要关系,还有科技成果权属主体虚化的问题。

不过,国有资产监管带来的成果转化难题,随着"三权改革"的推进开始逐步破解。科技成果所有权作为一种政策设计,它将权利主体由过去抽象的国家转变为科研人员或项目承担者,解决了权利主体虚位问题,打破了传统民商法与国有资产法的保守理念。尽管按照《促进科技成果转化法》,国有企事业单位可与科研人员约定职务科技成果归属,但职务科技成果和国有科技成果归单位所有的原则在国有资产监管法律中却没有改变。国有企事业单位本来负有推动科技成果转化的法律义务，但职务科技成果或国有科技成果作为国家所有权的组成部分，单位作为所有权主体并没有独立的类似于民法个人所有权的权利行使自由。要推进科技成果转化，唯一可能的路径便是寻找一个在法律上具有较为明确定义且能够具体化的转化主体，这个主体非科研人员莫属。作为创造者，他们对成果最为了解；作为权利主体，他们对转化收益的期待使得他们有足够的动力去实施转化。反之，依托单位实施转化，其决策权还是在单位的管理层，而管理层本身并没有参与项目研究，对一项成果的性质、目的和运行等都不太熟悉，何以促成转化？只有项目负责人或者实际参与了研究的科研人员才最清楚成果的性质、价值以及优缺点，他们作为科技成果转化人最有利于提升转化效率。过去曾采取内部协议约定形式，通过对转化利益的分配来调动完成人的积极性，但这个尝试被证明是失败的。因为对利益的分配及其谈判是依托单位和个人之间的自由协议，且《促进科技成果转化法》还规定了约定不明情况下的分配规则，但“约定不明”是在有约定但不明的基础上才适用，单位委托个人进行转化，但对收益却约定不明，这种情况几乎很少见。况且，依照过去的国有资产管理制度，这个约定在经过内部决策流程之后，还需上报上级财政主管部门同意才能委托个人进行转化。在这样复杂的监管流程中，很难想象，依托单位在转化协议中对转化收益的分配没有进行约定。由于转化协议的主导权在单位，加之各种复杂的转化审批流程，科技成果转化作为一种义务并没有得到真正落实。在这种境况之下，唯一的选择就是对权利归属重新确定。赋予科研人员所有权后，作为独立的市场主体，他将不再受制于国有无形资产管理制度的约束，也不需要到财政部门去审批或备案，成果转化的烦琐程序、时间滞后、效率低下等障碍在制度层面将不复存在，科研人员可以自由对该项成果进行转化，并排除单位非法干涉。当然，所有权并不是不受约束的绝对权利，在成果转化上，科研人员还负有诸多义务，除了履行转化义务，赋予科研人员成果所有权的单位还需要履行科技报告义务、在单位内部对转化信息进行公开的义务、获取利益后使用情况的报告义务等。

（三）厘清和建构起科技成果转化的法权关系

所有权的功能是确定法权关系上的主体，但它不仅仅是确定权利主体，更重要的是确定责任主体，如自己享有所有权的某物对他人造成损害，需要权利主体承担责任。正因如此，所有权的主体必须是现实存在的、具体的、能够享有和承担民法上权利义务及法律责任的人。〔1〕而国家所有权中的“国家”，在责任主体上往往是缺位的，“国家”本身不会承担也无法承担具体民事责任，我们从来没有看到一份判决书上载明由“中华人民共和国”承担侵权责任。科技成果所有权因科技成果转化不畅问题而来，而科技成果转化涉及的实际上是公共利益。无论将科技成果权属赋予谁，都意味着权利主体要行使推动科技成果转化的义务。换言之，权利主体对自身拥有的科技成果是否转化不仅享有一种权利，而且承担着一定的义务。通常所讲的“成果转化权”实质上是成果转化义务。从科技成果所有权的产生来看，它确实是一种义务，但从权利关系上来说，是否转化科技成果、何时转化、采取何种途径转化，这完全是权利人的一种权利。“所有权”人的义务不过是防止“所有物”不给他人造成损害，并非要让该物发挥有利于公共利益的作用。可见，科技成果所有权创设的目的与传统所有权本身有明显不同。因此，有学者将科技成果转化看成是一种权利，将政府长期以来享有的科技成果转化主导权和单位、个人享有的参与权看成是角色定位错误，试图赋予在转化中发挥引领和主要推动作用的主体一种转化权〔2〕，但这种权利并不是成果所有权的权能内容，转化权不是处置权。但无论如何，谁是所有权主体，谁就负有转化的义务。政府既然是科技成果的所有权主体，其转化实质上是一种义务。如果所有权人不进行转化，其他人私自进行转化，可能形成对其权利的侵害，这种侵害绝不是转化权的侵害，而是对所有权本身的侵害。不过若将成果转化作为一种权利看待，那么，是否转化属于当

〔1〕 参见孙宪忠：《中国物权法总论》（第3版），法律出版社2014年版，第52页。

〔2〕 参见葛章志：《权利流动视角下职务科技成果转化机制研究》，中国科学技术大学2016年博士学位论文，第39页。

事人自决的范围,在民法上,一个人连权利本身都可以放弃,又何来如果拥有一项权利还需要履行相应的法律义务?这显然与成果转化的政策逻辑和立法目的背道而驰。在所有权的四大权能中,科技成果因其无形性,其四大权能相应地变为了"持有、使用、收益、处置",这里面并没有所谓的转化权。转化本质上是一种义务,之所以设计所有权,其目的就在于调动最具有转化能力的主体的积极性。在过去,防止国有资产流失、促进其保值增值是第一义务,转化并没有被当成一种义务对待,使得国家作为科技成果所有权主体的身份,并不能给其推动科技成果转化带来多大促进,而且国家作为虚拟机构,本身也不符合所有权主体特定的原则。

(四)填补知识产权制度的功能缺失和不足

因社会制度原因,人们长期以来对国有企事业单位的各类资产都当然地认为其归国家所有,衍生出"国家所有权",生活习惯中人们也往往把某件归自己所有的物品统称为"所有权"。科技成果所有权也是基于科技管理领域的语言使用习惯而产生,科技成果到底归谁所有,谁才有权利去处分它,这样的探讨久而久之就慢慢演化成为国家、单位、个人对科技成果的所有权。尽管法律上的"所有权"有确定的概念及判断标准,但国内诸多谈及科技成果转化的文章及官方的政策文本中则大量使用这个表达,使得"科技成果所有权"逐渐成为一个被广泛接受和认可的概念。更重要的原因在于,它是基于语言使用习惯而形成,社会已经赋予了它特定的含义。当然,语言使用本身并不能代表什么,学术研究所要考究的是作为一种符号存在的概念的本质及内涵。科技成果所有权不仅符合语言使用习惯,关键还在于它与知识产权相比,具有独特法律功能:

一是解释功能。科技成果所有权概念确定了应受保护的科技成果类型及其属性,凡属基于科技成果创造和运用所产生的合法利益,该成果类型是否被法律所明确确认,其产生的合法利益均应受法律保护。由于科技成果的种类较多,为推动科技成果转化,可对"赋予职务科技成果所有权"中的成果类型作出扩大解释。二是创造功能。科技成果所有权概念不是类型化的,也不是固定和僵化的。它可以弥补知识产权制度的不足,让现实生活中不断出现的新的科技成果在得到知识产权法保护之前,以“所有权”名义受到保护,如未注册商标不能受到商标权保护,但若作为科技成果,它仍然可受到法律保护,保护的具体路径参照有体物的所有权保护模式。三是补充功能。科技成果所有权是一种弹性的科技成果保护模式,可以对尚未被纳入知识产权保护范畴的成果给予确认和保护。这种保护并不仅是保护科技成果的财产利益,还包括对社会秩序和创新激励的保护,即便是基因编辑这种被社会伦理所不容的科技成果,也应该对其进行保护,对它的保护和创造者滥用此种技术损害社会利益,是两种不同的价值取向。四是平衡功能。所有权作为财产权,具有排除权利人之外的任何人使用的法律效力,科技成果所有权就是要保护权利人对其权利的有效实现,它的这种绝对权效果,有利于打破现有的科技成果因权利主体虚位而造成的转化不畅。无论我们将科技成果的权利以怎样的方式授权给承担单位,但承担单位作为所有权主体的转化动机依然不如个人,因为保护科技成果和促进科技成果应用之间存在矛盾,保护体现的是“私益”,促进体现的是“公益”,就如国有科技成果不转化虽保护了国家所有权,但损害了社会公共利益那样。科技成果所有权就是要打破过去的“国家私益”偏向,通过赋予“个人私益”来更好实现“社会公益”。

第二节　科技成果所有权的物权意蕴及属性

在我国法上,要证成科技成果所有权概念,其首要任务就是证成科技成果是不是民法所有权的客体“物”。然而长期以来,对于“物”的概念,学术界向来争论不休。科技成果所有权与物的所有权都属于所有权范畴,但物的所有权客体是特定的“物”,而科技成果所有权的客体是否是科技成果？如果是科技成果,那么,科技成果到底是不是物？如果是物,科技成果所有权概念从语词创造的逻辑性来说,这就好比房屋所有权一样。但科技成果作为精神产品或者思想产品，其是否是“物”，至少目前在学术研究中并没有定论。

一、科技成果作为所有权客体的分析维度

我国民法理论，将所有权的客体界定为“物”，而且原则上须为有体物，坚持这样的客体界定，是为了形成科学的权利分类体系，针对不同的财产权进行有的放矢的法律调整。[1] 科技成果是否属于“物”，是它能否适用所有权的制度模式得到保护的关键。笔者认为，作为历史演化的所有权概念，其客体随着社会经济发展不断扩充，正如财产与物作为不同制度下所有权的两种不同客体那样，科技成果到底可否成为“物”，关键在于制度选择。

（一）所有权客体是历史演化的结果

将所有权客体局限于“物”，且将物局限于“有体物”，这不过是所有权制度在法律上的一种演化结果。法哲学上的所有权，并没有确定客体范围，什么样的“东西”可以被我所有，从而成为我意志支配下的所有“物”，并不是法律制度设计的关键，凡是能够被人所控制的“东西”，均可以成为所有权客体，包括人本身。人类进入文明时期[2]之后，最为本质的历史现象是等级身份制，中国的贵贱制度与尊卑制度，西方的平民制度与贵族制度、自由民与奴隶制等，使得具有人的外在形式的奴隶变成了与“物”一样的存在，可自由买卖，直到欧洲历史上发生被称为现代社会三大革命的人文主义革命、工业革命和启蒙运动后，这个现象才逐渐消失。上述三大革命产生了自然权利学说，建立了所有权制度的基本伦理基础，财产所有权成为人权保护的核心，进而催发了世界性的物质财富创造活动，推动了人类文明的大发展。因此，从历史角度看，法律将何种事物确定为所有权客体，赋予主体对自己所拥有的事物一种排除

---

〔1〕 参见谭启平主编：《中国民法学》（第2版），法律出版社2018年版，第249页。

〔2〕 所谓文明时期，是指有了系统的官吏制度和法律体系的时期，包含奴隶社会和封建社会。中国之所以被称作四大文明古国之一，是因为中国在历史上最早建立了自己的官吏制度和法律制度。

他人干涉的权利，完全来自制度规定，这个规定是人类为推动社会发展而做出的理性选择。早期罗马法的所有权客体，仅有被人们视为家庭中的贵重财产，如妻、子女、奴隶和能驮物拉车的牲畜以及"世袭住宅"等，才可作为所有权客体，受市民法保护。[1] 由此，在奴隶时代的生存环境下，奴隶被作为"物"来对待，成为奴隶主"所有"的"物"，是因应奴隶时代的社会发展特征的。但这个现象说明所有权作为一种制度，其对象或者客体是什么并不重要，重要的是它所要实现的稳定秩序、创造财富的功能。所以，分析科技成果到底是不是"物"，从而判定科技成果所有权概念是否具有正当性，实际上是一种机械的思维方式。任何法学概念和名词的出现都是人所创造的结果，只要这个概念能够清楚界定"科技成果"的权属关系，化解科技成果转化中遇到的各类难题，那么，作为人所创设的法律制度，承认这个概念没有什么不妥，因为制度设计的目的是增进人类福祉，而不是机械地维持制度本身的稳定性。

（二）所有权客体在社会发展中不断扩大

传统物权法仅保护有体物的观念，已成为一种传统和共同认知被沿袭下来，它直接影响到《德国民法典》及其后诸多国家民法典的制定。大陆法系的学者通常将物权法上的有体物划分为"有形物""无形物"，前者如建筑、汽车，后者如光、电、磁、气体等。从形式上看，科技成果与"物"不太相关，它很难成为"所有权"客体。但源于罗马法传统的有形物和无形物，其各自范围随着经济和社会发展则在不断拓展，通过权利创设和安排来发挥"物"的价值，使得所有权客体在各国普遍呈现出不断扩大的趋势。比如，沿袭罗马法的《法国民法典》增加了债券和股权为无形财产，而《德国民法典》则对物权和债权有了更为清晰的界分。在美国发生的"自由的财货的财产化"运动，使得美国把空气作为财产权客体，以控制污染性地使用空气。[2] 我国 1986 年制定的《民法通则》和随后的物权法中关于"财产"和"物"的界定也已经扩展至无形财产和

〔1〕 参见周枏：《罗马法原论》（上册），商务印书馆 2014 年版，第 347～348 页。
〔2〕 参见徐国栋：《民法哲学》（增订本），中国法制出版社 2015 年版，第 91 页。

无体物，特别是在知识经济时代，所有权的客体已经突破了传统的“物必有体”的限制。一是以文学作品、艺术作品、计算机软件、专有技术、商业秘密、服务标识、非物质文化遗产等为代表的知识财产被学者作为新的所有权客体予以对待，这些所有权客体表现出诸如光、电等“无形所有权”的特点，但与光、电等不同，它的无体性和可复制性使得创造者和生产者不能像对待有形财产那样，通过对“物”的客观占有来实现权利占有，但赋予所有人一种垄断资格，防止他人未经允许和授权使用该知识财产，确认和保护所有人的利益，则是法律推动技术进步的需要。二是在马克思经济学理论中，劳动是一种特殊商品，商品之所以存在是因为它确定了私人对交易物的所有权。科技成果是人类脑力劳动的产物，尽管具有很强的人身依附性，但它是一种可用来交易的商品，属于无形财产范畴。我国《专利法》修正过程中曾提出对利用单位物质技术条件所完成的技术成果不再确认为职务技术成果，这个变化足以说明智力创造作为无形财产的重要性。传统所有权制度为推动经济发展，将大量“无形物”，如光、热、无线电频谱、股票、证券等，纳入所有权保护范畴。[1]科学技术进步需要新的权利模式和范式予以支撑，现如今为推动科技资源的有效利用，将科技成果纳入所有权保护，是发挥法律能动作用的体现。

（三）科技成果与物在法律上具有牵连关系

科技成果具有财产性，若将其看成一种财产，它就与“物”及“所有权”发生牵连。作为财产类型，科技成果不仅具有财产的一般特征，还具有隐性的“物权”特征，它不过是财产体系中有别于有体物、无形物和拟制物的一种特殊的财产形态。而且，广义的物权法上的所有权客体不仅包含有体物，还包含专利权、著作权等权利，这在学术界已形成共识。例如，我国法律中的抵押权作为担保物权的一种，其客体也包含专利等科技成果。又如，1995 年《俄罗斯信息基本法》将信息作为“物”，以所有权模式对其进行保护，将用户对信息财产享有的权利确定为所有权，信息

[1] 参见周林彬、李冬青：《所有权客体新论》，载《科学·经济·社会》2000 年第 2 期。

可以作为商品进行转让，并适用所有权转让的规则，信息作为数据、文本、图像、声音甚至计算机程序以及它们的集合，可以成为一项“科技成果”，这种交织关系使得不能简单将物权法上的“物”与科技成果割裂开来。所有权将“物”作为财产予以保护，科技成果所有权将“科技成果”作为财产予以保护，其本质不是保护“权利”本身，而是保护权利背后的财产，即财产是权利客体，财产权不是权利客体。因此，科技成果所有权的创设，并非要通过“所有权”来确定权利主体，而是通过赋予权利主体财产权来促进科技成果的创造和应用。

二、科技成果所有权与知识产权的客体界分

人类社会从产生法律之时起，就有了对有形物的保护，并逐渐形成了一套较完备的体系，这种体系后来演化出知识产权制度。知识产权因有不同于物权的特殊性而摆脱其阴影并走向独立。虽然知识产权与物权在诸多方面有着根本区别，但总体来说，知识产权与物权的共性远大于各自的特殊性。在我国民法学界，认为知识产权为准物权的主张始终占据主导地位，此处的“准”字充分说明知识产权和物权之间有着可类比的相似性，也暗示知识产权的各种权利在性质和法律适用上与物权具有一致性。不过，令人疑惑的是，既然知识产权与科技成果所有权在范围及对象上存在交叉，用知识产权保护科技成果不就行了吗，何必再创造一个“所有权”的概念呢？笔者认为，科技成果所有权与知识产权即便都源于物权，但其并不在同一条轨道上运行。

（一）所有权对科技成果的保护制度早于知识产权建立

没有知识产权制度之前，人们所取得的具有创造性的成果如何保护呢？在中医里，我们经常听到有人讲“祖传秘方”，“秘方”在没有知识产权制度的时代，只是被个别人所掌握的一项“科技成果”，但我们能否将发明该秘方的所有人对秘方的独占权称为“科技成果所有权”呢？试想，有人发明了一种治疗某种疾病的配药方案，该配方只有他本人掌握，由于没有法律对该配方的保护措施，他获得配方后会“秘而不宣”，人们使用他的配方进行治病，得按照市场交易法则支付一定费用。显然，这

里的"配方"是一项"科技成果",但它并没有成为知识产权的保护对象,因为当时还没有知识产权制度,但这并不意味着"秘方"不受法律保护。试想,若有人抢走或盗用该配方,配方所有人能得到什么保护呢?他可否以对方侵害了其对配方的所有权为名进行起诉,追回配方?可否以他人使用同样的"配方"进行市场销售行为而起诉对方赔偿由此对其造成的损失?除非同样的配方所有人是通过法律所许可的智力创造行为而获取的配方,否则原配方所有人是可以获得赔偿的,这种赔偿是基于对该配方的"所有权"被侵害而获得的。所以,没有知识产权,同样存在对科技成果的"所有权"保护,别人是否知道你有"配方",并不影响你对该配方的"所有权"。当然,以"所有权"对科技成果进行保护,存在"所有权"的保护客体是"物",而科技成果本身是一种"思想表达"的矛盾,但这不过是法律的惯性而已,法律完全可以改变过去保守的所有权保护客体的范围,赋予一个新的客体,它不会影响今天既有的民事权利体系,《俄罗斯帝国民法典草案》《蒙古国民法典》等都是最好例证。法律是人类发明的一种治理社会的工具,只要对促进科学技术发展和人类社会进步有益,对概念体系和理论进行创新,将科技成果纳入所有权的保护范畴,不会犯下什么无法容忍的错误。

(二)科技成果所有权与知识产权的保护范围并不相同

知识产权法并不保护所有的"科技成果",而仅仅保护符合特定条件的"科技成果"。这个"特定条件"至少应包括两点:其一,该科技成果是基于智力创造活动的事实而产生,并且应以某种客观的形式体现,即有直接或外在的载体,比如论文、经过国家专利行政管理部门确认登记的专利权等。其二,法律明确规定哪些科技成果应予以保护。比如,有些成果不是基于智力创造活动而产生,或者虽然有智力创造活动但没有形成实际成果,或者有实际成果但并没有成为知识产权法的保护对象。上述情况下的"成果"与科技成果所有权中的"科技成果"并不是内涵和外延完全相同的客体。比如,根据我国《专利法》第5条的规定,即便某项发明具有新颖性、创造性、实用性,但若妨害公共利益,则不会被授予专利权。也就是说,任何科技成果要得到知识产权法保护,都不能是损害社会公共利益的成果。换言之，违反法律、社会公德和妨害公共利益的科技成果，是无法得到知识产权法保护的。但这些不能得到知识产权保护的“科技成果”，是不是意味着任何人都可以对原作者的创造成果随意进行侵占和复制呢？比如，某科学家经过毕生奋斗掌握克隆技术，但它并没有对外公开，一直存放在自己的实验室，有人将其克隆技术的方案或图纸等予以公开，该科学家如何保护自己的“权益”？他的权益要不要给予保护，给予什么样的保护？毫无疑问，法律应该对上述成果进行保护，这种保护好比物权法对小偷的占有也进行保护那样，否则，整个社会秩序就会失控。可见，科技成果的知识产权保护和所有权保护，其内涵和目的并不完全相同，前者侧重点在于保护财产权，而后者还兼顾维护社会秩序。

（三）科技成果的范畴及对象在社会发展中不断扩展

从我国《促进科技成果转化法》等相关法律及科技成果所有权的相关政策文本来看，科技成果总是局限于专利权、计算机软件著作权、集成电路布图设计专有权、植物新品种权以及生物医药新品种和技术秘密。若果真如此，科技成果所有权中的“科技成果”范围要远小于知识产权的客体。随着信息技术与生物技术的发展，知识产权将域名、数据库、遗传资源、非物质文化遗产等也逐渐纳入其客体予以保护，保护对象从过去的“创造性”成果逐渐扩大为“无创造性”成果，这个变化引发对知识产权保护对象的重新思考和定位。尽管“无创造性”成果已经被纳入知识产权制度予以保护，但它能否纳入“科技成果”范畴却值得商榷。无论“无创造性”成果是否具有“实用价值”，但至少它不是“通过科学研究和技术开发”所产生的，因此不符合“科技成果”的定义，不能纳入科技成果所有权的保护范围。但所有权和知识产权都是基于保护财产权的目的而产生的民事权利，《促进科技成果转化法》及相关政策只是罗列了日常中较为普遍的几种科技成果，虽然它们在成果转化中是高频类型，但这并不代表科技成果所有权的客体只局限于这几种，否则科技部等 9 部门印发的《赋予科研人员职务科技成果所有权或长期使用权试点实施方案》就不会在试点的成果类型中加上“等”字。无论是否将“非创造性”成果纳入知识产权保护范畴,传统的知识产权保护对象还是以创造性智力成果为主。以民法学界热议的“数据”为例,数据及其所形成的“数据库”本身只是一个事实存在,但它却被民法看成一项“权益”而得到保护,尽管目前它还没有成为知识产权保护对象,但它究竟是不是本文所探讨的科技成果呢?科技成果这个概念总是带着浓厚的科技管理色彩,政府资助的科研项目有不少是以数据库开发和数据采集等为主要考核指标的,这些受资助的项目所产生的成果是否都可以纳入“科技成果”范畴确实值得思考。不过,科研项目所形成的数据库显然是基于“科学研究和技术开发”而形成的,数据可以被用来作为分析工具,也可以通过不同算法的加工清洗而形成有价值的信息,具有“实用价值”,满足科技管理领域对“科技成果”的定义,它也由此产生了被广泛讨论且难以达成共识的“数据所有权”研究热点。这里的“数据所有权”实际上与“科技成果所有权”有相同的概念构造逻辑。

(四)“科技成果”范围比知识产权的客体要广泛

法律仅保护符合一定构成要件的“科技成果”,并非保护一切“科技成果”,这些被法律筛选后的“科技成果”是知识产权法保护的客体,而不符合知识产权法保护要件的科技成果,在知识产权法上无法得到保护,但可能得到“科技成果所有权”的保护。我国行政管理领域有科技成果登记制度,纳入登记的科技成果跟知识产权客体并不完全一致,那些无法得到知识产权法保护的科技成果,有的也是具有实用价值的科技成果,这些成果也存在传播和应用问题,这些成果如何保护呢?比如,进入公共领域的科技成果,任何人都可以自由获取和无偿使用,它的传播和使用是自由的,而知识产权法上的科技成果的传播和应用则属于私人领域。由此,公共领域中的“科技成果”,通常是没有纳入知识产权法的保护对象,没有纳入的还包括保护期限已经届满及权利人放弃知识产权的“科技成果”。由于处于公共领域的科技成果是自由免费使用的,它不再作为一种财产存在,负载其上的知识产权就会消失。换句话说,知识产权所保护的科技成果是不能处于公共领域的,“免费”的资源和“有主”的财产将知识产权和科技成果所有权的保护对象进行了划分。

三、科技成果所有权存在的物权意蕴及价值

一是科技成果是无形财产，权利人对科技成果的支配不像“物”那样，具有形式上的“独占性”，它需要通过法律赋予权利人独占性。所有权的独占与使用权的独占具有不同意义，用科技成果所有权可以使成果的权属更易界定，且让这种独占性不再受时间限制。但由于非专利技术具有某些财产价值，同时又不是所有权或者其他控制权的对象，法律没有将它作为独占权来对待，如何保护它的价值则需要在既存的法律框架下进行超越和升华。

二是知识产权所保护的客体具有时间性，即只在规定期限内受到保护，过了有效期，其客体就进入公有领域，任何人均可免费使用。但进入公有领域成为公共产品并不意味着负载其上的所有权利都会随之而消失，这里借用“科技成果所有权”是将科技成果看成“物”，它的某些权利不会随着有效期届满而消失，比如一部作品的署名权、保护作品的完整权等就不会因保护期限届满而消失，消失的只是科技成果的部分权利。

三是知识产权的保护对象是由法律明确规定的，那些法律没有规定或者没有进入知识产权保护领域的科技成果，如祖传秘方、申请专利权失败的非专利技术等，它们也需要得到法律保护。借用“科技成果所有权”对这些成果进行保护，有利于维护社会秩序，在这里所有权成为知识产权之外保护权利人利益的退而求其次的权利。比如，物权法上的所有权根据一定法律事实就可取得，不需要每次都获得国家主管机关认可和核准。而知识产权所要保护的科技成果，必须得到法律认可且要按照规定的程序才能取得。著作权虽然是作品创造完成即自动获得，但这种程序也是法律规定的。笔者认为，之所以知识产权的取得与物权法上的所有权取得不同，这大概是因为人们思想观念认为，智力创造物不能直接带来财富，只是人类共同所有的精神财产，况且对其予以法律保护，立法技术上也有困难。立法者既要考虑保护创作者的权益激发其积极性，又不能过度强调保护而妨碍知识传播和社会进步，所以对此类成果的保护需要通过法律对其范围进行界定，体现在立法上就是除著作权之外，其

他所有知识产权类型的保护都需要经过行政主管部门的审批和核准。但不同的是,科技成果并不像知识产权所保护的对象那样,需要申请才能获得授权保护。知识产权法并不保护全部创造,思想、原理等重大智力成果,并不在著作权法和专利法的保护范畴中,知识产权保护的仅仅是可以产业化的智力成果,知识产权并不关注创造行为本身,而是关注作为财产形态的结果,具备财产属性的创作结果,才受知识产权调整和保护。[1] 一项不受知识产权保护的科技成果或者在尚未申请知识产权保护之前,是否应该保护此种科技成果,用何种权利来保护?商业秘密的保护范畴并不能满足权利人需求,科技成果所有权是先于科技成果知识产权而存在的权利,这种保护是有意义的。犹如物权法上对小偷所占有的盗赃物,法律也应该对其予以保护,否则整个社会就会失序。

四是科技成果所有权的权利人负有使用或实施该科技成果的义务,权利人可以自己使用也可以许可他人使用,否则该制度设计的目的就无法实现,而知识产权则并不必然要求权利人一定使用该物。知识产权侧重于保护负载科技成果之上的"财产权",而科技成果所有权除此之外还兼顾通过权属界定定分止争,维护社会秩序之价值追求。

五是科技成果的所有权不需要法律的创设,它是一种自然权利。早期的财产权理论将发明创造看成是与有形财产同等重要的财产权客体给予必要法律保护,但专利权实质上并不是法律的创设,而是法律对发明人自然权利的认可。[2] 所有对社会有益的新颖构思,本来就应属于创造该构思的人,如不承认发明为其创造者所有,就等于无视人权。[3] 科技成果的创造者对其成果投入了自己的生命,他人对其成果的侵犯,就是对其个人权利的侵犯。科技成果是一种对社会有益的事实存在,社会理应设计一种制度来保护这种"存在"。赋予科技成果创造者一种绝

---

〔1〕 参见余海燕:《论科学技术对知识产权立法价值目标的影响》,载《科技与法律》2011年第2期。

〔2〕 参见唐昭红:《知识产权规范的建立与产权体系的嬗变》,载《武汉科技大学学报(社会科学版)》2003年第2期。

〔3〕 参见吴汉东主编:《知识产权法新论》,湖北人民出版社1995年版,第214页。

对的排他性权利，使其获得相当经济利益，这是社会对创造者的回报，有利于促进经济发展与科技进步。

六是科技成果所有权可发挥所有权定分止争的作用。知识产权垄断的不是特定财产，而是界限模糊、资源有限的各种智力成果。智力成果间紧密联系，导致知识产权间常发生众多权利冲突和摩擦，如一项发明可通过改进发明、组合发明从而使其权利保护范围不断扩张。由此，知识产权虽确定了各种权利归属，但依然会产生使用权利、分配权利、获得收益方面的纷争。实践中，知识产权的排他性设置并没有起到定分止争的作用，而“所有权”天然地具有定分止争的作用。尽管科技成果与知识产权的客体存在交叉，也存在内部各种权利的冲突和摩擦，但“所有权”对主体特定、客体特定的要求，有助于缓解这种冲突和摩擦。在笔者看来，科技成果所有权就是对因科学研究和技术开发活动所产生的成果之上负载的各类著作权、非专利技术使用权、转让权、发明权等，以及由科技信息、情报、数据所产生的权利归谁所有、如何使用、转让及由此产生的利益如何分配的规定，其核心还是化解权利保护中的对象不明引起的权利纷争。

总之，作为规范无形财产支配和利用关系的知识产权法，虽然基于历史和现实的考虑而以特别法的形式呈现，但与规范有形财产的物权法有着千丝万缕的联系，它的许多规则源于物权法，物权法对科技成果保护的规则在知识产权法上有着太多印记。学者借用物权法原理尤其是所有权制度对科技成果的权利性质进行解释也并不显得那么异类。

四、科技成果具有物权客体的四重属性

传统的有关适用于物权的概念和原则完全可以适用于科技成果所有权。尽管科技成果所有权源于科技成果转化这种具有行政管理色彩的“公权”，但它的权利主体、法律行为、请求权等基本架构与物权没有本质区别。尽管它的客体不能像有体物那样通过交付而变动，不能通过物理占有进行公示，也不能进行事实上的处分，但其变动规则与物权相同，如专利权转让自登记或公告之日起发生变动，这完全符合不动产物

权变动的规则。

(一)科技成果的所有性

独占性和支配性是所有权的本质属性,其基本含义是所有人在法律规定范围内对其所有物进行占有、使用、收益和处分并排除他人对其财产进行违背其意志的干涉。[1] 由于现有物权理论明言其所称之“物”不包含无体物,因此很难用物权理论去阐释科技成果所有权的基本权理并给出科学合理的解释。但实际上,科技成果被创造者创造之后,该创造者既可以对其进行“占有”,使其成为一种智力财产,也可以以公示方式放弃此项科技成果,使其成为非财产性成果。创造者若要获得对该成果的独占权,需要通过法定程序得到法律确认,但一旦获得了专有权,他就可以以智力财产所有人的身份按照自己的意志对其进行自主支配。这种建立在所有人独占基础之上的专有权体现了物权的自物性,且即便他人受许可使用该项智力财产,也不影响所有人的独占排他权,这与有体物的独占排他权具有同样的实质内涵。[2] 比如一项发明,发明人对其享有专有权,这个权利的客体可能是产品、方法或通过改进所提出的技术方案,由于该发明具有实用价值,且能满足“物”所具有的价值和使用价值,从而成为发明人的一项智力财产,发明人作为专有权人,对这项智力财产享有占有权、使用权、收益权和处分权,尽管其绝对性受到“合理使用”“强制实施”“权利穷竭”等限制,但这不是排除其作为物权客体的理由,因为物权本身也会受到一定限制。[3] 同时,跟物权一样,智力财产的所有人也可以通过授权许可等方式使自己的所有权处于不圆满状态,但一旦这种“他物权”消失,其即刻会恢复到圆满状态。当然,与知识产权保护对象重合的那部分科技成果,其与所有权最大的不同在于后者的无地域特定性和无期限性。但实际上,任何权利在经过法律确认后就意味着其权利地域范围也得以确认,只不过科技成果的地域性因确权

[1] 参见钱明星:《物权法原理》,北京大学出版社 1994 年版,第 143 页。

[2] 参见何敏:《知识产权客体新论》,载《中国法学》2014 年第 6 期。

[3] 参见何敏:《知识产权客体新论》,载《中国法学》2014 年第 6 期。

而特定，但这不能作为排除其所有性的理由。至于所有权的无期限性，这是一种假设其客体永不消灭的绝对状态，一旦所有权客体灭失，其所有权自然也就消灭了。而科技成果的客体在其作为财产的期限届满而变成非财产性的科技成果后，其财产权利也自然消灭。二者在财产的权利灭失规律上并无本质区别，只不过科技成果作为财产性的存续期间比较确定而已。也就是说，无论是有体物还是科技成果，只要它是被法律所确认的财产，其在地域性和时间性上没有本质区别，唯一的区别是空间效力的自然发生与人为发生、期间效力的自然灭失与法定灭失。

（二）科技成果的用益性

对科技成果进行确权，一方面是基于社会本位通过私权保障的路径激励创新，让更多创造者能够创造出社会所需要的实用科技成果；另一方面则是基于个人本位通过私权确认科技成果的财产性，确保创造者能够获取本应获得的收益。在知识产权法形成早期，保护创作人、发明人和设计人利益，是著作权法、专利法等的基本价值取向。著作权法最早保护出版人和作者，反映的是一种尊重个人创造和个人权利的观念。[1] 而专利法则是将其视为一项特权，由国王授予工艺师，如英国1623年颁布的《垄断法》是世界第一部现代意义上的专利法，它明确专利权人必须是一项发明的第一个真正的发明人。[2] 可以说，在知识产权法的历史上，保护原始取得的知识财产权是最为基础的传统理念。[3] 社会利益和个人利益的实现是确权的直接目的，只有让科技成果为他人和社会所利用，创造者才能获得基于创造活动所应获得的收入，社会也才能借助于创造者的成果而不断得到进步，这种利益的实现充分体现了科技成果作为财产的用益性。科技成果所有权是一种确权范式，它通过确权推动科技成果产业化和商品化，在所有权人和用益权人间划分出清晰的边

〔1〕 参见[澳]彼得·德霍斯：《知识财产法哲学》，周林译，商务印书馆2017年版，第26页。

〔2〕 参见郑成思：《知识产权论》（第3版），法律出版社2003年版，第5页。

〔3〕 参见齐爱民：《知识产权法总论》，北京大学出版社2010年版，第47页。

界。比如,一项发明,它需要通过生产者将其变成产品、通过商家使其变成商品,发明人对生产者和商家的许可使用,实际上所形成的是一种用益关系。在这个过程中,发明人或智力财产的所有人将科技成果的部分权能许可给他人,他人获得使用权和收益权,但“他人”并不能以所有者身份为使用行为,只能以“使用人”“被许可人”来使用,这与有体物的物之利益实现路径相同。当然,有体物的用益性与科技成果的用益性并不完全一致,如一项科技成果可被多个相互独立的人所使用,且使用完之后,不存在所谓的原物返还占有,但这些差别不足以影响二者作为“所有权”项的用益规律。

(三)科技成果的担保性

知识产权质押制度在我国民法典担保制度和物权制度中已有所体现,科技成果与知识产权客体多存在交叉重合,其作为质押权客体理论上也没有什么障碍。普通的质押是质“物”,而科技成果是质“权”。普通质押以移转对物的占有为前提条件,以物的处分所获得的收益优先受偿为保证,而科技成果的质押则以移转科技成果这种作为财产权利象征物的占有为前提条件,并以财产权利的让渡优先受偿。它不仅与普通质押不同,而且不同于无形物中的债权和证券权利的质押。债权作为质押标的,其权利实现是质权人直接对债权进行处分而获取受偿,证券质权实现以债权已届清偿期而未获清偿为条件,此时,质权人可直接行使证券权利获得受偿。二者最大的不同在于权利实现的难易程度。科技成果要进行“变现”,其不可控的因素太多,必须考虑该成果的市场应用前景、实施条件和价值评估等。此外,科技成果的质押通常表现为移转权利证书,或者与质权人签订作为质押客体的科技成果权利转让协议。但无论何种方式,质押关系实际上体现的是对科技成果作为一种财产的占有、使用、收益和处分的权利,这与有形物的质押具有同样的性质。

(四)科技成果的占有性

占有是一个事实,而不是一种权利,它表明了物的管领与控制的自然关系,当被法律所确认或作为财产归属确认的依据时,才表现为一种依附于财产之上的占有权利。[1]科技成果本质上是一种智力财产，作为无体财产，它虽不像有体物那样可被物理占有，但它也存在管领与控制的自然关系。所有人对财产权利的享有是以对科技成果的"占有"为前提而成立，只是这种"占有"与有体物的"占有"在形态及方式上存在差异：其一，对科技成果的占有是一种无形占有，需要被法律所确认。其二，有形物只能被一人占有，而科技成果则可以同时被多人"占有"。多人"占有"可能是基于共同的研发行为，也可能是因非独占性质的许可合同，还可以是合理使用或强制许可。这种"多重占有"，似乎有违"一物一权"原则，但这不过是占有存在的原因，占有的多重性并不意味着所有权的多重性，所有权意义上的占有只有一个，其他占有均为用益权意义上的占有。科技成果所有人的占有是因物的归属而形成的排他性占有，是自物占有，而非所有人的占有是以某种特定关系支配科技成果而形成的占有，是一种他物占有，只有排他性的独占占有才能体现出所有权的特性，而一项科技成果只能有一项独占占有权，因此所谓的"多重占有"是符合"一物一权"原则的。当然，当一项科技成果被公知公用或者过了保护期限而进入共有领域，其排他性丧失，占有权也自然消失，但这个消失不意味着科技成果本身消失，作为科技成果所有权客体的技术方案、论文等依然存在，只是专属于创造者的负载在其科技成果上的财产权消失了。

总之，科技成果所有权具有深刻的物权性特征，与物权的共性远远大于其个性，这也决定了其作为一种"所有权"的合理性和正当性。尽管该概念的确切性不如物权法上的所有权，但它较为清晰地界定了我国科技成果转化领域中因权属问题而带来的成果转化难题，其主要意义在于将国家对科技成果作为国有资产的行政管理权转化为一种由科研人员或单位享有的私法上的所有权。功利主义法学派的奠基者边沁告诉我们，一个法规或原理或制度在多大程度上导向或促进人类的幸福，才

---

〔1〕 参见何敏：《知识产权客体新论》，载《中国法学》2014年第6期。

是制度生成的重要因素。[1] 实际上，科技成果所有权能否成为法律概念在理论上并没有什么障碍，这主要取决于法律是否规定这项权利，是否保护这项权利下的科技成果。

第三节 科技成果所有权概念的多重反思

在我国《民法典》中，物权分为所有权、用益物权和担保物权三种。受制于"物权法定原则"，何种权利类型可以成为物权，是由《民法典》予以明文规定的。在《民法典》刚刚颁布施行之初，基于政策文件而贸然提出"科技成果所有权"概念并将其写入国家和地方性法规，这与民法典所构造的民事权利体系格格不入。科技成果所有权到底是何种权利？就现实来说，它既不是债权，也不是物权，更不是人格权。它虽带有"所有权"字样，但并不是物权，更不可能成为物权，它最多是借助于物权的构造方式而从知识产权概念中派生而来的概念。因为要成为物权项下的所有权，科技成果必须成为物权客体的"物"，而这在我国民法理论中是不能被证成的。

一、不具备民法意义上的所有权属性

民法体系中的所有权有特定含义，尽管法哲学上的所有权对民法所有权概念的产生提供了理论支撑，其关于物的支配关系的本质也体现了法哲学所有权的基本思想，但二者毕竟不能等同，借用经济学产权概念和法哲学所有权理论，并不能证成"科技成果所有权"的正当性。

（一）科技成果所有权实为嫁接经济学产权概念而来

众所周知，在推动科技成果转化过程中，由于缺乏适格主体，政策制定者借助经济学产权概念对财政资金资助所产生的科技成果进行权属

---

〔1〕 参见［美］罗斯科·庞德：《普通法的精神》（中文修订版），唐前宏、廖湘文、高雪原译，法律出版社2018年版，第109页。

规则的重构,从而创设“科技成果所有权”,其目的是将“单位利益优先”转变为“个人利益优先”。这虽是推动成果转化的临时之举,但也包含着一种无奈,这种无奈是基于我国社会主义制度中国家所有权制度构造的制约。科技成果所有权概念嫁接了经济学上的产权概念,将产权概念转化成了法律上的“所有权”。作为政策工具的科技成果所有权所要解决的成果归属问题,本来属于知识产权法调整的范畴,且知识产权法也已经对这些事项作出了规定,但我国基于传统的国家所有权理念和国有资产监管制度的惯性,官方更倾向于创造一个符合语言习惯且类似于物权的概念,于是与此相关的政策文本中便诞生了“科技成果所有权或长期使用权”的称谓。然而经济学产权概念与民法的所有权有着根本不同,经济学的产权范畴远远大于所有权,物权、债权、知识产权等具有经济利益的权利表达均可体现为经济学上的产权,简单地将无形资产的产权概念用所有权表达是无法在民法理论中自圆其说的,至少是不够严谨和准确的。

（二）法哲学上的所有权无法为其提供正当理论依据

首先,能够为科技成果所有权提供直接理论依据的是法哲学上的所有权和曾经风靡一时的“精神所有权”论,但法哲学上的所有权仅为民法所有权的产生提供了一种合理假设,或者只是其中一个支撑依据,它并不能证成所有权存在的必然性,而且它的内涵与民法意义上的所有权相去甚远。民法的所有权有着特定的主体与客体,什么样的东西可以成为客体,是由法律加以规定的。而法哲学上的所有权或者将人的意志能够控制的事物视为客体,或者将人本身之外存在于自然界的一切事物视为客体,这种对客体的界定超出了法律关系中客体的确定性原则。因此,将法哲学上的所有权和“精神所有权”论中的所有权概念套用在非物质财富的权利形态上,可能导致“使它远远超出在技术上对它作准确理解的内容的范围”[1]。尽管所有权与有关精神产品的权利具有某些

---

[1] 吴汉东:《关于知识产权本体、主体与客体的重新认识——以财产所有权为比较研究对象》,载《法学评论》2000 年第 5 期。

共同特征，但后者具有不同的性质，即非物质化的财产权利遵从的应是有别于所有权制度的其他法律规定。

其次，从所有权原来的含义来讲，对精神产品的所有权并非传统意义上的所有权。精神所有权未设定于物质上，而是根植于创造性的精神产品，而后者是非物质性的另类客体。[1] 对这类客体使用何种权利属性来界定，以使它能够获得与传统物权之所有权同样的保护？在经历了若干年的理论演化之后，人们创造了知识产权。那么，我们是否还有必要用所有权的样态来重新为已经被抛弃的概念寻找依归？"科技成果所有权"借用所有权外衣，但其真正要保护的却是与知识产权类似的非物质客体，如果按照精神所有权理论，科技成果当然可以被称为所有权，它不过是精神所有权的一个变异，精神所有权概念的内涵与外延要比它大得多，但我们使用这个概念，本身的意义又是什么呢？是否使用这个概念，对我国科技创新和科技成果转化并没有什么根本性影响。

最后，与民法上的所有权相比，以所有权表达对科技成果等精神创造物的拥有，仍然体现出局限性。这主要是源于精神创造的事物种类繁多，并非所有的精神产品都负载着人格或人的意志，即便是负载着人格的科技成果，其在负载的"量"上似乎又有所区别。比如诗歌、小说负载着人格，而集成电路布图设计似乎又不负载人格，它只不过是一种功能性解决方案，散文等作品上负载的人格相较于专利、商标等，似乎前者更多。如果把人格理论不加取舍地应用于所有精神产品，将使得盗版、假冒、仿冒等所谓的"科技成果"同样获得合法性，因为智慧创作物中的人格是不可磨灭的，任何精神产品中都包含有人格因素。德国哲学家与法学家对所有权的理解没有在精神产品上找到契合点，传统所有权很难为科技成果所有权在民法理论中找到正当性依据。

---

[1] 参见吴汉东：《知识产权的私权与人权属性——以〈知识产权协议〉与〈世界人权公约〉为对象》，载《法学研究》2003 年第 3 期。

二、无法在现有民事权利体系中自处

民法是系统性工程，其权利制度设计及逻辑体系需要综合考虑民法的整个历史传统及价值取向，权利的创设及其制度构造涉及民法体系的安排及逻辑自洽性。承认“科技成果所有权”概念，就要研究与其相关的权利类型，并进行必要的立法安排，不能仅仅局限于形式上的论证。当前，若在法律语境中使用这个概念且让其进入立法，可能会引起现有民事权利体系的紊乱。

（一）将导致与民法物权概念混淆

自罗马法将有体物确定为民法所有权客体以来，各国民法典均进行借鉴和吸收，已经形成了较为固定的物权架构体系，在这个体系之下，所有权的客体有着特定的含义和范围。而科技成果所有权与物权法上的所有权在客体、权利期限、权能和效力等方面存在诸多不同，它不可能纳入物权体系。在物权领域，外观及性能完全相同的相互独立的物可存在数个所有权，而在专利领域，虽然独立的发明人基于同一构思可能会产生相同发明成果，但专利权的授予往往是给予最先申请的人或最先发明的人，这种垄断的权利若被当成物权法上的所有权，必然会使现有民法所有权学说产生概念的混乱，将其硬性嵌入物权体系也是不可行的，因为它的塑造晚于传统所有权。专利权是一种超经济垄断权，不可能与物之所有权同日而语，因此日本民法特别强调发明、外观设计等精神产品不能成为物权，特别是不能成为所有权客体。[1]

（二）与传统所有权不具有财产权的等同性

民法所有权概念及其客体在大陆法系国家非常明确，“物”的概念被严格限定在有体物，科技成果不能被拟制为“物”而成为物权法的客体。尽管在物权法之外，存在大量无形财产权，“科技成果所有权”可以成为其中之一种，但它不可能被传统物权理论所接纳。现代无形财产权除知识产权、有价证券外，诸如商号权、经营特许权、商业秘密权、有线电

〔1〕 参见邓曾甲：《日本民法概论》，法律出版社1995年版，第46页。

视信号传播权等均被认为是无形财产权。这种新扩张的无形财产权，被学者称为新财产或准财产，可类推适用物权法的有关规定。但这种说法将财产与物的概念混淆〔1〕，尽管债权尤其是证券化的债权这类无形财产可类推适用物权法规定，但科技成果所有权的产生、行使、特征与一般无形财产并不相同，它只是具有财产的某些性质而已。不能因为新的财产种类，就将物权的功能扩大，更不能泛化物权概念，将广义财产权与物权概念混同。我国将物权客体限定在“有体物”，并扩展至质权等无形物，但不能因此进入“财产即物”的误区，虽然科技成果所有权也具有私权属性，但其私权属性是一种基于自然法的传统或沿袭。在权能上，科技成果本身也没有“占有”之说，科技成果可通过法律制度安排成为私人控制的生产资料，但这并不意味着可以“独占”。因此，不能将对科技成果的权利看成是所有权，“科技成果所有权”也不可能属于物权项的财产权利。

（三）与传统所有权的权能完全不同

若将科技成果所有权作为所有权形式存在的知识产权，其作为支配性权利与有形财产的所有权在权能上大异其趣。在占有权上，有体物所有权的标的物、标的、客体三位一体，同为“物”，可为所有人所实际控制。而科技成果所有权的标的（客体）与标的物往往是分离的，如专利权的标的物为专利产品，标的为专利技术，标的物是标的的载体，标的才是“科技成果所有权”的客体，采用“所有权”一语，实际上是将科技成果所有权的标的物与标的混为一谈。在使用权上，“使用”意味着对适用对象的消耗，而科技成果的“使用”则不存在“消耗”，人们可通过许可、复制、制造和销售等多种方式对其无限期利用。对“物”的使用意味着使用主体必然排除另一使用主体的使用，而科技成果的扩散性，使得它可以同时为多人所使用。在收益权上，传统的“物”的收益权通常指获

〔1〕 从罗马法到法国民法，财产与物的概念在权利客体的意义上是重叠的，但德国民法否认罗马法以来的物的分类，提出了“物必有体”观念，不承认以特定财产权利为指向的无体物，在这里财产与物的意义是不能等同的。参见吴汉东、胡开忠：《无形财产权制度研究》（修订版），法律出版社2005年版，第25～26页。

取物的孳息，意味着一种“增值”，而专利使用费等则属于使用权的对价，收益不只囿于对价，其范围更为广泛。在处分权上，物的处分包含事实处分和法律处分，而科技成果的处分则只体现为法律处分，包括转让、放弃及设定质权等。

（四）违背民事权利基本划分规则

所有权是一种调整平等主体间财产关系的制度安排，尽管财产关系在“科技成果所有权”概念中占据主导地位，但它跟知识产权一样，还带有一定的人身关系，且人身关系是该概念起源的根本。我国“专利”一词的语源取自“独占其利”，而欧洲的专利制度最早发轫于国王颁发诏书授予个人特权，商标是游牧部落时期牧主用烙印做标记以将其牲畜与他人牲畜区分而逐渐产生，我国古代的“祖传秘方”“家传绝技”等非专利技术成果，都带有明显的人身色彩。特别是版权，大陆法系多数国家认为它不仅是一种财产权，而且反映了作者的精神权和人格权，因此称其为作者权。[1] 尽管我国多数民法学者认为知识产权具有人身权和财产权双重属性，但知识产权学界则认为知识产权是财产权，只有著作权二者兼具。从知识产权的基本作用来看，知识产权人身权和财产权不是平起平坐的，人身权是为了更好地实现财产权而存在。[2] 但从起源上说，知识产权的财产权不过是后来才发展起来的，人身权才是其本体。[3] 科技成果是在人的思想上建立起来的，其本质是属于人的精神的产物，而不是什么财产，更不能形成财产权。以《法国民法典》为肇端的近代民法开辟了将封建的人格关系、身份关系彻底分离创造纯粹财产所有权的先河，使得物权从人身权之下脱离出来，为成文法国家所借鉴，如今的民法所有权通常是指财产所有权，身份是不能产生所有权的，这已是通识。著作人身权就是作者基于作品创作所享有的各种与人身相联系而无直接财产内容的权利，它体现着作者的精神气质和追求。署名

[1] 参见郑成思:《知识产权与知识产权法》,载《科技导报》1991 年第 2 期。

[2] 参见齐爱民:《知识产权法总论》,北京大学出版社 2010 年版,第 31 页。

[3] 参见曾培芳:《知识产权共有问题研究》,载《学海》2009 年第 6 期。

权、发表权和修改权等往往因牵涉作者的人格利益，只能由作者本人行使，现在将这种二分结构的权利冠以“所有权”，违反了民事权利划分为财产权和人身权的基本原则。尽管在物权法上，诸如残疾人的假肢到底是人身权还是财产权存在争议，但从理论上讲，一项权利要么是财产权，要么是人身权，不可能既是人身权又是财产权。尽管在这之外，我们创造了知识产权，回避了诸如著作权的双重性等问题，但现在又用“所有权”这个明显带有财产权属性的权利来统称如此复杂的精神创造物，显然是违背民事权利基本划分规则的。

三、具有与知识产权概念的同等法律指向

科技成果所有权无法归入民法典的物权项，那么它只能在民法权利体系中的知识产权项下寻找归宿，既有的民法典不可能为这样一个权利创设一个介于知识产权和物权之间的概念。更为关键的是，我国《民法典》第 123 条关于知识产权客体的规定与科技成果转化语境下的“科技成果所有权”所指代的对象几乎完全重合。比如，《民法典》第 123 条列举的七种知识产权客体恰是职务科技成果所有权改革试点中的权利类型。因此，科技成果所有权虽披有“所有权”的外衣，但实质上就是知识产权。

（一）科技成果是法律规定的知识产权客体

我国《民法典》第 123 条对知识产权的客体作了明文规定，除了列举的七种知识产权客体，还用“法律规定的其他客体”作为兜底条款。这个兜底条款有两个特殊之处：一是法律规定可以成为知识产权客体的，遵照法律规定，此处的“法律”应扩充理解为包含地方性法规在内；二是“其他客体”是开放性概念，不局限于已有的知识产权客体，它可能会随着科技发展而产生新的对象，比如脱离人体的活的胚胎等。“科技成果”作为《科学技术进步法》《促进科技成果转化法》等法律所规定的名词，可以被理解为《民法典》第 123 条所表述的“法律规定的其他客体”。基于此，《民法典》第 123 条的这个规定，让科技成果所有权的客体与知识产权的客体重合了。实质上二者在权利客体和权能上具有同等指向，

即它们所保护的都是由创造者智力劳动而产生的创作物的财产权。从现实中来说，自"科技成果所有权"概念在政策文件中频繁出现以来，地方人大及其常委会基于贯彻落实科技成果转化的国家政策，修订颁布了20余部涉及职务科技成果权属制度的地方性法规，这些规定中只有少数法规采用了国家政策文件中的"科技成果所有权"概念，绝大多数依然采用"科技成果的归属""科技成果的权属""科技成果确权"等表述，2020年1月出台的《上海市推进科技创新中心建设条例》第25条更是直接采用"职务科技成果的知识产权"替代职务科技成果所有权[1]。

（二）科技成果所有权与知识产权保护内容相同

当前，我国知识产权所保护的客体已被法律所明确规定，没有罗列的知识产权种类通常被称为"一般知识产权"，如未获得专利授权的专有技术、未注册的商标等。虽然"一般知识产权"在知识产权法体系中没有得到明确保护，但这并不意味着它们在其他法律上也得不到保护，如民法典、商标法、反不正当竞争法对未注册的商标仍给予保护，权利人对未注册商标仍享有法律权利，只是此种权利不是知识产权法体系中的商标权而已。实定法通过"具体知识产权"确认和列举的知识产权类型并不能穷尽所有知识财产利益，且"具体知识产权"的总和并不能构成"一般知识产权"，前者只能是后者的一部分。可以说，知识产权客体涵盖了所有应该得以保护的科技成果，只是一些科技成果并不能通过知识产权法得到保护，比如我们所称的非专利技术成果，虽然它不能得到知识产权法保护，但它可通过商业秘密权的方式得到保护，而违背公共利益、公序良俗的科技成果，它既然不能得到知识产权法保护，同样也不应该得到以"所有权"为名义的"科技成果所有权"的保护。一个有违社会进步的科技成果，对其保护将与社会利益相冲突，且同样的事物在既有

[1] 《上海市推进科技创新中心建设条例》第25条第3款规定："在不影响国家安全、国家利益、社会公共利益以及他人合法权益的前提下，科研事业单位可以将其依法取得的职务科技成果的知识产权或者知识产权的长期使用权给予成果完成人；职务科技成果未形成知识产权的，可以决定由成果完成人使用、转让该职务科技成果或者以该职务科技成果作价投资。"

的民事权利体系下已经被抛弃，为何又要创设一个新的权利类型对其进行保护？若真要保护这种权利类型，在现有的知识产权体系框架下增加相关的制度不就行了吗，为何要煞费苦心创设一个与传统民法所有权制度格格不入的“科技成果所有权”概念？

（三）科技成果权属制度之根本目的是保护财产权

所有权是财产权，知识产权实质上也是财产权，尽管关于它具有人格权和财产权二元属性的论证也颇为常见，但它本质上仍然属于财产权。科技成果所有权毫无疑问是财产权的一种表达方式。对一个新概念的使用，不能仅局限于它叫什么，而是要深究它的本质。职务科技成果产权制度改革的根本目的是将知识产权的权属主体由过去的“单位所有”变更为“个人所有”或“个人与单位共有”，从而激发和调动科研人员参与科技成果转化的积极性。实质上，无论是知识产权制度还是科技成果所有权制度，它的目的并不只是保护科技成果本身，而是通过保护科技成果来保障创造者基于对科技成果的所有而可能获得的预期利益。一个职务科技成果产生之后，可以申请专利，也可以不申请专利。申请专利的好处是任何人未经允许不能使用该专利，不申请专利就意味着这个技术今后可能被公开，或者被其他人复制而抢先申请专利。但这一切都只是表象，一个人申请专利通常不是为了观赏该专利或者仅仅将其作为一种防范他人复制的手段，他通常是基于经济利益考虑。他为专利的产生耗费了大量的人力物力，如果不申请专利，那么意味着他所付出的一切将得不到保护，而他申请之后既不独立实施该专利，也不允许他人使用，那么他的行为将阻碍科技进步，这将与知识产权制度通过保护个人专利权从而促进社会发展的初衷相违背。由此，科技成果所有权与知识产权在权利保护目的上具有同等的指向性。

（四）成果转化中的科技成果所有权实为知识产权

就当前而言，科技成果所有权名为“所有权”，实为“知识产权”。从表面看来，知识产权制度可以替代科技成果所有权，不过有一点值得探讨，那就是科技成果所有权与知识产权有着完全不同的生成逻辑，前者是从国有资产的国家所有权派生而来，解决的是科技成果作为国有无形资产的产权配置问题,这种情况只存在于社会主义的中国,而后者是民法权利体系下的一种法定权利,解决的是对精神创造物的保护,在全世界民法法系国家都获得了广泛认可。在当前看来,二者虽有着相同的性质和权利内容,知识产权完全可以吸收科技成果所有权,但因为二者产生背景不同,采用"科技成果所有权"这种新的概念,更易构造一种全新的专门针对财政资助科技成果的权属规则。按照法律经济学,所有权是市场交易中的核心权利,只有对权利归属进行明确才能使技术交易与商品交易一样成为可能。虽然过去也有对科技成果权属的明确,但那种针对科技成果权属的规定,并没有简单套用物权法和民法所有权的制度。主体特定、权能明晰是民法所有权的基本要素,而过去对科技成果权利的明晰,无论是国家所有权还是集体所有权,它都不符合这个标准,也很难得到实施。至于"科技成果长期使用权",这是一种类比于土地承包经营权的设计,其本质都是"类物权",只不过前者至今仍未在立法和司法中得以实践,而后者已经被物权法所明确规定。

四、基于成果转化而创设的理由不能成立

基于财政资金形成的科技成果及其知识产权归项目承担单位所有,这在我国《专利法》《科学技术进步法》《促进科技成果转化法》中是有明确规定的,也是符合"谁投资谁拥有"的产权配置规则的。但作为国有资产进行监管的科技成果,受限于成果转化中的行政审批制度束缚,降低了转化效率。提高转化效率的途径就是单位放弃对科技成果的所有,于是科技成果的国家所有权演变成为个人所有权,从而一个新的名词"科技成果所有权"便应运而生,但这并不能成为这个概念正当性的理由。

(一)未能解决科技成果转化中的国家所有权虚位

国家所有权本质上是一个公法概念,尽管它在我国《民法典》物权编中也有规定,但它从来都没有产生与民法所有权同等的实践理性。首先,国家所有权在权利内容上,表现出政治权力和经济权力的交叉,其权利取得方式、实现方式具有特殊性,通常是通过拨款、划拨、征收等,借助

公权力来实现私权,这必然干涉正常民事关系中平等理念的实现。其次,即便国家可以成为民事主体,但它也只能以国库作为人格表征而参与民事法律关系,但此时它已经不能以国家所有权的面目出现。将科技成果看成是国有资产,然后按照国家对国有资产享有所有权的逻辑推导出的“科技成果所有权”,它从产生就天然带着“公权”性质。对国有科技成果的处置,本就属于行政法范畴,何以通过嫁接民法的“所有权”制度来为其寻找存在的合理性?国家所有权面临的难题并不仅仅是国有科技成果,它还有无穷尽的自然资源所有权问题,冠以“所有权”名义不过是为了进行确权,确权的目的是保护权利背后的利益,但科技成果这种利益已经被知识产权这种特殊的权利范畴所囊括。此外,所有权的标的要特定,如房屋所有权中的“房屋”一定是处于某处的客观实在物。科技成果所有权中的“科技成果”本身就是个专有名词,它不是像房屋那样的客观实在物,其概念范畴既有知识产权的客体,也有其他法律所保护的客体,如非专利技术成果作为商业秘密受反不正当竞争法的保护。通常我们所称的某某所有权,其定语有着严格清晰的界限划分,如土地所有权、矿藏所有权等,其所指的对象是明确且具体的,这样权利人支配时,才不至于跟别人类似的权利相冲突。所以“所有权”一定是需要通过技术手段将其客体从空间、时间和数量等方面进行特定化,不动产登记制度就是这样建立的,其他类似的自然资源,也有草原登记、森林登记、滩涂登记等制度,这些制度使其成为民法意义上的特定物,从而成为所有权客体。科技成果是个非常笼统的概念,尽管它的某些类型,如专利、论文等可通过专利权证书、著作权证书等予以特定化,但它还包含了无法获得知识产权法保护的那些成果,这些成果如何用“所有权”来特定化?实际上,不通过“所有权”,它们同样也可以通过商业秘密等形式得到保护。

(二)职务科技成果归单位所有是立论错误的假设

职务科技成果的权利主体往往为单位,并不是发明人、作者等成果完成人,这在专利权登记证书或科技管理部门的成果登记行为中有着明证。从权利证书登载事项来看,单位是合法权利人,既然是权利人,它自然可对其所享有的科技成果进行占有、使用、收益和处置，无论我们把这种权利称为知识产权还是本研究所讨论的科技成果所有权。不过对于国有企事业单位来说，其作为登记证书上的权利人并不能享有完整的"所有权"权能。在科技成果作为国有资产管理的实践中，《事业单位国有资产管理暂行办法》第32条[1]用财政部统一印制的产权登记证排除了专利权登记证书的权利赋予，重新"夺回"了国家对国有资产的所有权。至于2007年《科学技术进步法》第20条将四种财政性资金支持的科研项目所形成的科技成果权属授予承担单位的做法，则并没有改变现实，实践操作中与上述逻辑并无二致。笔者认为，2007年《科学技术进步法》第20条的规定本来就是多余的，这个被我国学者解读为中国"拜杜法案"的条文，它只能说明过去我国对政府资助科研项目成果权属设计上的缺失。财政资金支持形成的科研项目成果无论是《科学技术进步法》修订前的归国家所有，还是修订后的授权项目承担单位依法享有，它实际上都可以在《民法典》合同编的技术合同章中找到确权依据。受资助形成的科技成果权利到底归谁，即便没有《科学技术进步法》，它在民法上也有着清晰的权属配置规则，属于技术开发合同调整的范畴。按照我国《民法典》相关规定，受资助形成的科技成果权属由资助合同约定（实践中往往体现为项目任务书），在双方约定不明（项目任务书未规定成果权属）的情况下，属于发明创造的，其申请专利的权利归研究开发方所有，属于非专利技术成果的，当事人均有使用和转让的权利。目前政策文本中"赋予科研人员职务科技成果所有权或长期使用权"的提法，是假设单位和个人对职务科技成果权属没有约定的情况下，出于提升科技成果转化率的考虑所推行的一个改革举措，这个举措被国内不少学者解读为对《民法典》合同编、《专利法》等关于"无约定时成果权属归单位"规则的变革，将其说成是我国科技成果确权规则由过去的"雇主

---

[1] 《事业单位国有资产管理暂行办法》第32条规定："《产权登记证》是国家对事业单位国有资产享有所有权，单位享有占有、使用权的法律凭证，由财政部统一印制。事业单位办理法人年检、改制、资产处置和利用国有资产对外投资、出租、出借、担保等事项时，应当出具《产权登记证》。"

优先"变为了"发明人优先"。但实际上，这个改革举措并没有改变我国科技成果确权规则，"赋予"一词的意义是可以赋予，也可以不赋予，只是将是否赋予的权利交给了国有企事业单位而已，至于科技成果本身的权属仍须按照民法、专利法等法律规则确定。稍加思考也不难发现，"赋予科研人员职务科技成果所有权或长期使用权"作为政策，它不太可能挑战现有的法律法规，也不太可能在相关法律法规未作出改变的情况下，重新确立一套科技成果权属的确权规则，无论是政策制定者还是立法者都必须遵循改革于法有据的基本要求。

（三）创设科技成果所有权概念没有司法上的意义

与知识产权不同，"科技成果所有权"没有得到法律确认，它的产生、权能、规则及救济手段等都没有法律依据，对权利主体的保护很难在实践中找到应用场景。尽管我们试图通过"所有权"概念，确定科技成果的归属及其权利的自动取得，避免像知识产权那样通过复杂的流程得到行政授权和许可，但这个"权利"一旦被侵害，如何得到司法救济则存在问题。当一项权利在法律上没有被明确时，司法救济往往是通过与其最相类似的权利救济方式来保护该项权利，如果这样，既然有知识产权、商业秘密权等，创设这个概念也就没有什么必要。而且没有进行登记的科技成果或者未申请知识产权保护的科技成果，在司法裁判中也存在举证难问题。

综上所述，既然科技成果借用"所有权"模式进行保护与传统的所有权在制度理念、规范基础、制度构建技术上都存在如此大的差异，若继续仿照传统物权概念，把科技成果拟制成为"物"，或将其作为一种准物权来看待，其结果就会导致把所有权的规范手段移植到对科技成果的保护制度上来，使整个知识产权制度和物权制度发生扭曲和畸变。在创造这个概念并企图使其成为法律制度时，就不能将二者混同起来，否则会导致物权的概念体系发生变化。曾经无限扩展的知识产权就是因西方国家把所有权相关概念错误嫁接到知识产权之上而引起的，区分这两套不同的制度体系，就是要保障整个民法所有权制度的良性运行，否则将与百年来民法的实践理性背道而驰。

五、用专有权表达科技成果权属称谓更优

在学术界，将知识产品、科技成果等非物质财产权的核心特质界定为专有性素无疑义，专有性对应的自然是专有权，为避免科技成果所有权演变成一种与物权、知识产权相混淆的概念，亟待把实践中所产生的概念与法理研究对接起来，理性探讨科技成果专有权的概念范畴和特殊价值与作用，对其展开法律上的剖析和释义，这对完善民事权利体系规范架构有重要意义。

（一）科技成果专有权概念的提出及构造

知识产权与所有权的不同决定了专利权、著作权等具体"权项"不能等同于所有权的"权能"，知识产权概念仅是在"权利集合"意义上被使用时，其专利权、著作权等"权项"才具有真实的权利运行意义。"科技成果所有权"在法律上到底是一种什么权利？既然这个概念容易引起误解，且与知识产权的概念发生冲突，那么，用何种概念来替代它？或者说，何种概念可更好统揽科技成果转化所涉及的权能配置？在所有科技成果都为职务科技成果的计划经济时期，国家对科技成果曾采取国家"所有"，单位"持有"的管理方式，将知识产权的基本属性概括为一种专有权利。[1] 这里的"持有"在我国民法上是一种占有和使用，它并不是与英国法上"holder"等同的概念。[2] 英国法上用"holder"来指财产的保有人、持有人或占有者，"holder"是一种广义的、特别权利的持有者，这个权利也许是所有权，也许只是一个租赁权或占有权，用这个语词来避免使用"所有人"的用法，回避该词带来的问题。[3] 作为精神产品的

---

〔1〕 参见何敏：《知识产权客体新论》，载《中国法学》2014 年第 6 期。

〔2〕 关于"占有"和"持有"的区别，王泽鉴教授认为，占有为民法上的制度，持有更多为刑法等公法上的制度，二者均指对物有事实上之管领力，但"持有"更着重强调对物的实力支配。参见王泽鉴：《民法物权》（第 2 版），北京大学出版社 2010 年版，第 422 页。

〔3〕 参见［英］F. H. 劳森、［英］伯纳德·冉得：《英国财产法导论》，曹培译，法律出版社 2009 年版，第 18 页。

科技成果,其“所有权”的移转会产生权利结构的变化。一种是产品的所有人可以完全占有该产品,可以把科技成果中所包含的思想内容和技术发明变成自己的,甚至是将此作为“所有权”移转的真正目的;另一种是新的所有人不能完全占有该产品,尽管他可自由使用该成果,但对该成果只拥有其中一部分权利,其他权利依然保留在原权利人手中,也就是说“所有权”依然保留在原权利人手中。[1] 由于使用“所有权”概念,会引起权利移转等诸多方面的困惑,笔者认为,按照科技成果转化的目的,借用英国法上“holder”的表述方式,对“科技成果所有权”的称谓也可以借鉴知识产权法上的“专有”,采取“专有式”或“排他式”表达方式,将其称为“科技成果专有权”。

“专有权”是一种具有支配性、独占性的权利,其核心在于专有性。专有性在英文中通常表示为“exclusive”或“monopoly”,我国的相关著作通常将其译为“专有性”或“垄断性”。[2] 现代知识产品的保护制度,各国不约而同采用授予专有权的保护方式,是有着深刻历史渊源的。以作品保护为例,文艺复兴时代西方的出版业以发现和整理古籍为主,不涉及当代作者的利益,封建君主授予出版商的特许权只是一种保护出版商的特权而不是现代意义上的财产权,它的背后动机是教俗统治者对印刷出版的有效检查。[3] 随着封建王权衰落和市民阶级权利观念进化,出版商开始主张对其出版物的保护应基于作者的精神所有权而不是国王授权。精神所有权认为作者对其作品以及将作品物化而形成的书籍享有“所有权”,但这种权利不能像管理有形财产那样凭借个人实力来管理和支配。于是1709年的英国《安娜女王法令》规定,作者是第一个享有版权的人,他对已经印刷的书在重印时享有专有权,对创作完成但尚

[1] 参见齐爱民:《数字文化商品确权与交易规则的构建》,载《中国法学》2012年第5期。

[2] 参见吴汉东:《试论知识产权限制的法理基础》,载《法学杂志》2012年第6期。

[3] 参见吴汉东等:《西方诸国著作权制度研究》,中国政法大学出版社1998年版,第6页。

未印刷的作品，有同意或禁止他人印刷、出版的专有权。[1] 与此类似，1474 年威尼斯共和国所颁布的世界第一部《专利法》及英国 1623 年颁布的《垄断法》均承认任何制造了前所未有的新而精巧的机械装置的人对其创造享有专有权，在其他保护精神产品的法律中，也常采用授予专有权的方式。

我国《民法典》第 123 条将知识产权定义为"权利人依法就下列客体享有的专有的权利"，这里的"专有的"一词说明知识产权是权利人对知识产权客体享有的专有权利。这实际上是沿袭原《民法通则》将商标权表述为"商标专用权"的用语，"专有"与"专用"体现出相互间的继承性。但如何解读这里的专有性？所谓"专有"，实际上是指专有其利益，物权、人身权也具有此种属性。物权是"对物直接支配并排除他人干涉之权利"，人身权是"与权利人不可分离的没有直接经济内容的权利，专属于权利人本人，不能转让与继承"。专有性的权利称谓，符合大陆法系对权利规范的两种基本方式：一种是对世权，即没有特定义务人，另一种是"对人权利"，即有特定的义务主体，前者为绝对权，后者为相对权。诚然，对"科技成果所有权"范畴进行概括性定义，从专有性上对其进行界定，强调它是一种"对世权""绝对权"。这主要体现在三方面：一是权利主体的唯一性，对于同一成果，不允许有两个以上的同种权利并存；二是权利行使的排他性，权利人对其取得的知识产品享有排他使用权，任何人未经允许均不得使用[2]；三是知识产品属于最先申请保护的人所有，其后完成同一知识产品的人不能取得权利。可见，知识产权具有专有性，首先要将这种权利与其他公有领域的事物相区分。比如，铅印机为古人发明，任何人都可以去制造它，它的制造技术处于"公有领域"；而微软的操作系统则属于微软公司的专利，在"专有领域"，任何人要想复制和生产该系统，都需要取得微软公司的许可并支付报酬。专有性还

---

〔1〕 参见王兵、王金英：《对我国著作权法关于专有出版权规定的几点思考》，载《清华法学》2005 年第 2 期。

〔2〕 参见吴汉东：《试论知识产权限制的法理基础》，载《法学杂志》2012 年第 6 期。

体现为排他性，这与物的私人所有权有区别。比如，我有一辆车，不排除你也拥有同样的一辆车，但若是软件著作权或专利权，其他人发明出与微软公司同样的系统，但未申请专利，则微软公司对该微软操作系统的“专有”就意味着它可以排斥其他任何人的“专有”。

然而，具有专有性的权利不是知识产权所独有的，物权同样是专有权，但二者所指代的专有性是有区别的。知识产权的专有性是权利人对其科技成果享有独占、垄断和排他的权利，任何人未经权利人许可，均不得使用权利人的成果；对同一项成果不允许有两个以上的同种知识产权存在。有人会说，专有权并非知识产权所独有，物的所有权也有专有性。虽然此种见解有一定合理性，但两种权利的专有性不同，物权的专有性意味着权利人排斥非权利人对物的不法占有、使用、收益和处分，而知识产权的专有性意味着权利人排斥非权利人对其科技成果的不法仿制、假冒或剽窃。比如，你不能排斥他人拥有与你房屋结构和形式完全相同的另一所房屋，但你可以排斥他人拥有与你申请的专利相同的技术。更为复杂的是，知识产权项下的各项权利的专有性也各不相同。著作权的专有性表现为与其身份相关的权利为专有，还有对其作品的专有使用权，专利权的专有性为署名权属于发明人或设计人享有，专有实施权属于专利权人享有。知识产权专有性的来源是法律的直接规定或国家的授予，这是创造者利用其知识产品的前提，其核心在于权利人对知识产品的利用进行控制。[1] 而在有形财产制度中，权利人往往可以凭借自身对物品的实际占有而进行利用，无须通过法律授予，法律不作事前引导而听凭权利人根据意思自治自行约定。此外，专有性也属于一种垄断行为，但不受反垄断法制约，除非权利行使超出了范围，构成了权利滥用，这是由知识产品本身所具有的独占性、排他性所决定的。知识产权是一种受保护的法律垄断，这种独占性是一种知识资源自由流动和传播的人力障碍，是构成经济垄断的重要和关键因素。实际上，专有性并不同于垄断性，反垄断法上的“垄断”是企业利用自己的优势地位排挤竞争者，限制

---

〔1〕 参见吴汉东：《试论知识产权限制的法理基础》，载《法学杂志》2012 年第 6 期。

竞争者生产同种产品或提供同种服务，而“科技成果所有权”的专有性是权利人不允许他人未经允许而非法使用其科技成果，不同于经济学意义上的垄断。

按照国有资产国家所有权理论，国有企事业单位对科技成果仅拥有占有权和使用权，但这显然不符合实际。科技成果转化行为是市场交易行为，市场交易必然产生交易利益分配，距离市场最远的科技成果创造者获得的利益较少，影响到科技成果转化的效率，因此才出现政策对成果权属规则的重新设计。过去将国有科技成果权属概括为一种国家所有权，避免单位和个人成为所有权人，并按照社会主义所有制关系明确国家的所有权人地位，这具有鲜明的计划经济时代性。但现在，无论是观念还是制度都早已时过境迁，法律已经明确规定，可以通过约定的形式对职务科技成果或作为国有资产的科技成果重新确定所有权人，若依然将科技成果权属用一种法学理论体系中莫衷一是的“国家所有权”来归纳，是无法揭示其本质的，也无法建立有利于市场交易的成果转化体系。所以，基于科技成果及其成果财产的所有属性来确定科技成果的权属并称之为“科技成果所有权”，这是现实需要。但这个称谓借用物权法上“所有权”概念虽合乎习惯，却也不够精准。“科技成果所有权”的保护对象是科技成果，科技成果的非物质性使得不能对其进行具体实际的控制，它极易被若干主体同时占有和共同利用，也极易脱离权利人的控制，使权利人可能一无所获。由于其具有明显不同于有形财产的特点，对其保护也不能简单适用物权的保护制度。

但笔者认为，不论是所有权还是专有权，都具有独占性、排他性和垄断性，本质上反映的是权利人依法享有的独占使用其科技成果的权利，他人不得侵犯。尽管不是所有成果都是专有的，那些经过保护期限或不被法律所保护的成果，就不具有专有性，但借用民法理论，将此种专有权称为支配权和对世权，可使针对国有企事业单位科技成果权属的设计具有激励功能，从而促使人们不断开发新的智力成果，推动科技成果转化和技术进步。知识产品生产代价高，在消费上无对抗性且信息传递费用相对较小，消费者“搭便车”的动机较为普遍。不受管制的市场将在有创造力的思想上和创造性的作品上生产出小于最优值的信息数量，导致市场无效率。[1] 赋予创造者对该项科技成果的排他使用权，通过授予独占权给予信息提供者以补贴，他才能因此获得垄断利益，提升知识产品生产效率。这种为在交易中获利以弥补智力支出而设置的一定程度的专有权，实为科技成果转化为现实生产力，从而实现科技、经济一体化的利益驱动机制。[2] 不管我们是否采用专有权，“科技成果所有权”的支配权和对世权属性，就已经突出了此种权利与债权的区别，也表明了其与物权的共性。鉴于此，套用物权理论去认识“科技成果所有权”是完全可取的，只不过“科技成果所有权”的客体不能被占有，也不能交付，只能通过法律行为方式确权或发生权利变动，科技成果的这种非物质性决定其权属使用专有权称谓要优于所有权。不过，在笔者看来，科技成果作为一种财产的专有性和所有性并不存在质的不同。在过去，我国的科技成果多为职务科技成果，在“国家所有”和“单位持有”的制度逻辑之下，将权利人对科技成果的占有、使用、收益和处分等权能概括成为一种“所有权”，避免单位和个人成为科技成果的排他支配者，具有符合我国社会主义所有制的时代特性。但现在，对“国家所有”制度的反思及对科技成果转化的价值追求，使法律逐渐将有利于发挥科技成果价值的主体确定为专有权人，将这种价值追求和基本属性借助于物权法上的“所有权”概念进行表达，是可以揭示科技成果作为财产的本质属性的，也可以建立起系统的科技成果转化的制度体系。

（二）用专有权表达科技成果权属优于知识产权

尽管知识产权制度被证实是一种可激励创新和增加社会财富的重要制度，或许，我们可以对知识产权客体作扩充解释而避免再造概念产生的法律问题，但知识产权毕竟产生于西方法学，它成为世界通用概念，不过是因不同国家为达成合作而遵照先例沿袭下来，是为降低概念更换

[1] 参见[美]罗伯特·考特、[美]托马斯·尤伦：《法和经济学》(第6版)，史晋川、董雪兵译，格致出版社、上海三联书店、上海人民出版社2012年版，第153页。

[2] 参见赵震江：《论法律在科技、经济一体化进程中的作用——关于知识产权问题的法理学思考》，载《中国法学》1996年第1期。

成本的一种迫不得已的选择。但本质上,知识产权是一种具有专有性特质的民事权利,而专有性一般被作为与物权相对应的"排他性"来认识,专有性权利不过是排他性权利的另外一种译法。[1] 因此,我国的立法和理论研究均将知识产权冠以"专有性权利"称谓,这为科技成果专有权的概念塑造提供了经验借鉴。况且,"科技成果"本是中国科技管理领域的一个特有名词,其涵盖范围与知识产权的保护范围并不相同,对无法纳入知识产权保护范畴的科技成果,其本身也存在确定其归属的问题。我国学者曾提出,知识产权概念的表达带有很强的经济学色彩,使用这个概念仅能表达出其中的经济价值[2],而科技成果既具备物质利益也包含人格利益,所有权本质上是一种人格权是有理论基础的,而"专有权"在对待精神创造物时,具有与"所有权"同样的构造,因此借用"专有权"来表达科技成果的权属比知识产权更为形象具体。

(三)科技成果专有权作为替代是进入立法的妥当选择

创造科技成果专有权的直接原因是避免科技成果所有权在概念称谓上对现有民事权利体系造成冲击,本来科技成果所有权已经被政策所引用,逐步进入法律并得到认可,重新提出科技成果专有权的概念会人为增加立法成本,打破政策执行者的既有认知。但科技成果转化所遇到的权利主体虚位问题,必须在法律上予以解决,既然科技成果所有权对民法权利称谓造成如此大的冲击,那么,将其改造为科技成果专有权是一种较为妥当的选择。但科技成果专有权未来能否进入立法呢?或者说,能否围绕此概念而构建一种专门针对我国财政资助所产生科技成果转化的权属制度呢?科技成果专有权作为我国的"创造",不能以固有法学概念标准来判断它,也不能将其等同于西方舶来品"知识产权",现在无法证成,并不意味着它永远无法证成,也不意味着它是错误的。所谓"正当性",也不过是时空转化和人们认知的结果。我们也不能因为

---

[1] 参见杨涛:《知识产权专有性特质的理论阐释》,载《法制与社会发展》2020 年第 3 期。

[2] 参见李扬:《智慧财产法中的几个基本理论问题》,载《科技与法律》2008 年第 2 期。

国外法律上无类似概念,就武断这个概念没有必要存在或者没有理论依据,任何国家的立法都与其发展环境和社会现实密切联系,没有可以照搬的固定模式,国外的立法经验只能作为参考。在物的价值主要是由知识产权构成、动产业已成为知识产权载体、物的价值成为知识产权价值的外在表现及物权呈现出知识产权化倾向的背景之下,回应我国科技成果转化领域的问题,将日渐成熟和被接纳的科技成果所有权概念进行立法创新,并以科技成果专有权的形式予以规定,是一种超越现实和解决科技成果所有权称谓困惑的重要方法。它与我国土地承包经营权一样,是基于中国的社会现实而产生的,只要对它的研究足够多,那么,它成为法律概念并得以认可也只是时间早晚而已。

第四节　科技成果所有权概念的谨慎证成

前述对科技成果所有权概念正当性产生的质疑,是严格遵从既有的民事权利体系予以论证的,这种论证带有明显的实定法局限。所有权是历史的产物,是发展的概念,它是用来解决实际问题的,而不是作为僵化的教条存在。我们参考大陆法系建构的所有权概念,在试图解释公司法人和股东财产权关系、信托财产权利性质、建筑物区分所有权性质等问题时已经失灵了。这说明所有权并不是一个万能的概念,作为罗马法学的产物,所有权具有其适用的特殊语境,因而也有相应的局限性。[1]

一、科技成果所有权符合所有权的法哲学立论

从本体论上来看,劳动理论、人格理论是其重要理论支撑。洛克的财产权劳动理论,使我们可以将基于脑力劳动所产生的智力成果,看成是一种基于自身劳动所获得的东西与自己的劳动结合在一起的特殊物,

〔1〕 参见梅夏英:《民法上"所有权"概念的两个隐喻及其解读——兼论当代财产权法律关系的构建》,载《中国人民大学学报》2002 年第 1 期。

因为个人对自己的劳动拥有自然法上的所有权，这是一种天赋权利，所以他对基于自己劳动所产生的东西同样拥有私有的所有权。黑格尔的财产人格理论，使我们可以将科技成果看成一种非物质的无形财产，发明人创造出发明或作品的过程，是他通过特定方式将其思想予以表达的过程，这个发明之上凝结了创造者的个人意志，发明或者作品上负载着创造者的思想、观点、气质和风格，既然所有权是主体通过创造活动来展现他的个人意志，科技成果体现创造者的主体意志，他当然可以对其主张所有权。从认识论上来看，科技成果所有权若作为一项需要被法律确认的权利，就要界定其权利内容和权利范围，对人类基因的开发和研究是否可获得专利权？显然，违背伦理的科技成果不能得到知识产权法的保护，它不是知识产权的客体，但作为一项科技成果，它可以成为"科技成果所有权"的客体。物权法上的所有权，并不会因为某物对人类社会有害，就不将其作为所有权客体，或者不给予法律保护。同样，"科技成果所有权"既然是所有权，它就应该给予一切科技成果平等保护。

二、民法所有权的含义随着时代的变化而变化

西欧所有权发展经历了罗马法上的所有权、政教合一的封建所有权和资本主义社会的个人主义绝对所有权等阶段。封建社会的所有权承载着确保封地秩序的义务，它不仅是各项经济特权的结合，还是一项负有责任的职权，拥有者可获得能够使他在其体制中所占地位的职责，此种观念下流行着非排他性的所有权，土地可被共同拥有，甚至同一片土地在不同季节可为不同的人群而拥有。资产阶级的所有权则是一个人对有形之物的一切合法的权利，它固定了人与物这两个概念，然后用财产和所有权将二者连接起来，人和物被割裂成互相分离的各项。到了近代，所有权不再是现实的权利，而是与现实之支配分离，对物为观念之支配，以使其从所有向利用转化。[1] 所有权被划分为作为归属的所有权和作为支配的所有权，前者不过是表面形式，所有权的实质目的是要在

---

〔1〕 参见谢在全：《民法物权论》（上册），中国政法大学出版社1999年版，第10页。

确定归属之后对客体进行支配利用以获取利益。早期的自给自足的自然经济，由于实物供给小于需求，人们生产的目的是供自己使用，强调对有限实物资源的占有和消费，归属与支配利用二者浑然一体。随着社会生产方式的变化，人类社会的实物生产总体上供大于求，只要能够支付对价，随时可获得实物消费，社会的运作方式从自给自足变成了交换获取所需要的资源，强调实物的所有权其背后的原因已经转变为获取经济价值，从而实现交换价值，归属与支配利用分离，物可以脱离所有者的管辖而为他人所利用，虽归我所有了但我却并不能任意支配，这个时候仅强调其归属已经无法满足人们需要，绝对的所有权分离出"相对的所有权"，也就是英美法上的"双重所有权"。

三、科技成果所有权仅反映科技成果的归属关系

所有权代表"拥有某种东西"，反映的是一种事物归属关系。按照古罗马法，既然所有权代表着拥有某种东西，那么，当我们拥有债权或者知识产权时，是否可以说我们对该债权或知识产权享有所有权呢？这个说法被民法学者认为是逻辑混乱且毫无意义，如果所有权的客体包含权利，这将使权利在客体与权能之间不断循环，不仅多此一举，而且近乎荒唐。[1] 但这种论证只不过是对形式主义的一种机械反驳。实际上，无论是否承认债权所有权，也无法否认债权人有时可像所有权人那样行为，德国僵化的物债二分法或许才是否认这个概念存在的罪魁祸首。破除所有权概念僵化的使用场合和使用逻辑，在世界民法典的立法史上并不是没有先例。俄罗斯帝国时期，知识产权就被纳入所有权体系，与物并列作为所有权客体。或许是认识到这个问题，法国学者吉诺萨尔曾提出全新设想，他认为所有权并不代表着一种对物的权利，而代表着一种归属关系。[2] 他借用法国人格主义理论，从具体义务入手，构建了一个

---

〔1〕 参见孟勤国：《物权二元结构论——中国物权制度的理论重构》（第2版），人民法院出版社2004年版，第40页。

〔2〕 参见张淞纶：《财产法哲学：历史、现状与未来》，法律出版社2016年版，第136页。

全新的财产权利结构:以所有权为基础,其客体包含两类,一类是有形客体,即物的所有权,另一类是无形客体,包括知识产品及其构成的知识产权以及债权。吉诺萨尔认为,一般意义的债权包含两种重叠权利,一种是对债权人的权利,另一种是对前一权利的所有权。按照他的立论,民法中的他物权也属于债权,因为他物权本质上是对债务人的特殊约定,将其纳入债权更为合适。而我们一直探讨的科技成果,是智力创造活动的产物,它首先是一种"东西",而所有权就是对某种"东西"划分出"你的"和"我的"。回顾所有权演化史,我们不难发现,在前古典时期,罗马法并没有一个统一的词来表达我们今天的所有权概念,在更多的时候,他们只会说"根据市民法,这是我的"(meum esse ex iure Quiritium)〔1〕。

四、科技成果所有权只是借用所有权的构造方式

且不说宪法、民法上的所有权各有不同的指代和理论,日常生活中关于"所有权"的各种称谓也比比皆是,人们在表达对某种事物的归属关系时,都会用到"所有权",因此,冠以"所有权"的概念通常是借用所有权的构造方式,并不必然具有所有权的立论。实践中只要是绝对权,一般都可用"所有权"来表达,如《计算机软件保护条例》第16条关于"软件合法所有人对软件复制品享有所有权"的规定。自近代知识产权制度产生以来,关于智力成果的权能设计基本上是采用所有权的构造方式。特别是针对专利法的权能构造,无论是自然权利论、人格财产论还是功利主义的法经济学解释,它最终都归结为一种"类所有权"构造的财产保护方式。所有权将对物的各种利用可能性总体授予权利人去实现,而专利权是将发明的各种利用可能性总体授予权利人去实现,它们都是赋予权利人一种排除其他任何人干涉的权利。〔2〕如果所有权按照此种解释,我们所称的"科技成果所有权"无非将科技成果这种"东西"

〔1〕参见唐晓晴:《拓荒与万恶之源:财产权正当性论题的反思》,载《浙江社会科学》2020年第6期。

〔2〕参见郭雪军:《专利权的所有权构造方式及其功能》,载《电子知识产权》2018年第10期。

通过法律形式明确为“你的”或“我的”，它代表的不过是一种归属关系。然而，所谓的归属关系是不是仅能通过所有权这一种形式来表达呢？债权人对债务人享有的权利，也是一种归属关系，我们是否可以将其称为“债权所有权”呢？某项专利归他人所有，是否可以将其称为此人对该专利享有所有权呢？况且，权利本身也是一种“东西”，谁拥有权利，就表明拥有权利者与相对方之间形成了某种归属关系。土地经营权人相对于土地所有人来说，他们之间形成的是一种基于土地经营权的归属关系，我们是否可以称之为“土地经营权的所有权”？这种理论似乎是荒谬的，至少在现有民法理论体系中无法得到认可。如此看来，用归属关系来定义所有权并不是证成“科技成果所有权”概念的有效方式。但如果我们将归属看成是所有权所定义的全面排他性，那么，这种排他性就将超越人与物（东西）的关系，而转化为一种人与人的关系。“很明显，如果这个地球上仅有一个人，那么他不可能获得任何外在物为自己所有，他与外在物之间没有权利义务关系”[1]，民法上的所有权描绘的是一种人对物（东西）的全面利用和支配关系，这种关系根本上体现的是一个物上只有一个自由意志，既然科技成果是一种“东西”，赋予它一个唯一的意志，并将其用“所有权”这种语词加以界定，它没有什么不妥当。

五、借用“所有权”保护抽象物具有历史承继性

从历史角度来看，人们创设所有权的目的不过是确定物的归属，满足个人发展需要，只不过早期所有权所涵盖的对象并没有考虑到人类智力劳动的产物。工业革命之后，大量抽象物产生，借用传统所有权制度保护抽象物难以在理论上自圆其说，除了将所有权客体严格限定为“有体物”所带来的困惑，还有将绝对的私人所有权引入抽象物保护中所产生的诸多矛盾，如工厂主利用对机器的所有权来控制社会资源的分配。

---

〔1〕［德］康德：《法的形而上学原理——权利的科学》，沈叔平译，商务印书馆 1991 年版，第 76 页。

如果把抽象物看成是包括发明一台机器在内的技术方案或者机器本身，那么保护机器背后的思想或构思，则变成了近代所有权不得不面对的一个问题。历史上的确曾借用传统所有权制度保护这种构思，直到知识产权概念出现才打破了这种格局。“科技成果所有权”承继了所有权对“这种构思是我的”的狭义理解。尽管“我的”对应法律上的“所有”，但某物是“我的”，仅意味着该物归“我”“所有”，要取得所有权，还需得到法律认可。法律有时虽使用“所有”一词，用以表达某种归属关系，但“所有”并非物权法意义上的所有权。[1] 不过将“科技成果所有权”理解为“科技成果”归“我”所有，与将“抽象物所有权”理解为“抽象物”归“我”所有一样，它反映的都是朴素的利益归属问题，具有传统“所有权”概念的正当性。

六、消解国有科技成果转化中两种所有权之矛盾

我国的社会主义公有制所塑造的科研体制，使国有科技成果长期被当成一种公共品由国家配置和所有，科技成果的生产、转化等均体现出行政权优位的特征。实际上，无论科技成果由谁创造，其转化都是一种市场经济行为，与其相对应的权利体系应按照民法的逻辑进行构建。但我国知识产权理论缺乏对专利权、软件著作权等科技成果权属之间逻辑关系的阐释，没有构建科学的科技成果转化权利体系，在实践中孕育而生的“科技成果所有权”面临着理论和实践困惑。它既要化解国有科技成果归国家所有产生的转化动力不足问题，又要确保国有资产保值增值的价值追求，那么，在民法体系中国有企事业单位对其所拥有科技成果到底享有何种权利呢？

毫无疑问，将科技成果作为国有资产对待，必然引发国有资产国家所有权与企业法人财产所有权间的矛盾。国家对国有企事业单位占有的国有资产实行“国家统一所有，政府分级管理”的体制，国家作为国有资产唯一的所有权主体，对国有企事业单位资产享有统一所有权，这个

〔1〕 参见江平主编：《中国物权法教程》（修订版），知识产权出版社2008年版，第184页。

学说被2007年颁布的《物权法》和2008年颁布的《企业国有资产法》所继承和坚守。针对国有企事业单位对自己占有、使用和收益的财产享有何种权利，理论界形成了企业权限说、企业自主权说、两权分离说和法人财产权说四种学说，其中以两权分离说较为流行。该说源于苏联学者维涅吉科托夫1948年出版的《社会主义国家所有制》，其核心是国家保留对国有企事业单位的财产所有权，企事业单位仅享有财产经营权。这个学说在计划经济体制下，没有遇到太多实践障碍。但1992年后，随着我国社会主义市场经济体制的逐步建立，它遇到了现实困难，如一所大学将财政拨款用于发放职工工资，大学对获得的这笔拨款难道只拥有这笔费用的使用权吗？市场经济条件下，商品交易实质上是所有权移转，两权分离说强调单位只有经营权没有所有权，那么，当单位从他人手中购买一件物品时，物上的权利本来是所有权，但该单位只能获得经营权，当单位出卖一件物品时，企业本来只拥有经营权，但他人买到的却是所有权，这完全违背基本的民法常识。而且从公司法角度来看，这个概念的科学性也不足。作为民法上的法人，国有企事业单位的举办者实际上是法人的投资者，国家通过投资取得的实质上是股东权利，而不是对法人财产的所有权。[1] 我国《公司法》明确规定，以实物、工业产权、非专利技术和土地使用权出资的，应当依法办理财产权转移手续。既然作为投资者的股东已经将财产权移转给新成立的法人，那么，其对原财产自然也就失去了所有权。由此，在笔者看来，国家对新成立的国有企事业单位的国有资产拥有所有权的理论自然是错误的，国家享有的是基于投资而形成的股权。所有权和股权存在本质区别，所有权是一种财产性权利，权利人可要求充分且绝对地行使自己的权利，他人不得干涉，而股权并不是单纯的财产权，它是法人所有权的内部权源，是股东因出资取得的一种内部成员权，是投资人转让财产所有权所换取的权利。国内学者

---

〔1〕 参见王新红：《国有企业所有权与经营权相分离理论批判》，载《政治与法律》2019年第8期。

对股权的性质有债权说〔1〕、社员权说〔2〕、独立权说〔3〕和所有权说〔4〕等不同观点，虽说股东组成公司意思机关可控制公司经营策略和发展方向等，从而实现自己的利益，但股东不能滥用股东权利，股权本质上是股东操纵公司的一种工具，而不是直接对公司本身的所有权。那么，国有企事业单位对其生产的科技成果到底享有何种权属呢？

笔者认为，我国社会主义公有制的制度基础决定了对国有资产的利用只能采取他物权形式，且在国家所有权框架下，它只能被当成一种他物权，如同土地与自然资源权属制度那样。理论界认为，国有资产的占有权、使用权和收益权并不是孤立存在的，它必然存在"母权"。〔5〕由于对部分国有财产的利用具有不同于一般用益物权的性质，由此产生了准物权理论，比如有学者将知识产权等无形财产权利当作准物权客体。〔6〕科技成果是"物"以外的财产，因其具有支配性、绝对性和排他性而类似于物权的民事财产权，可被看成是准物权。由于准物权来源于自物权，即所有权，因此，无论将对国有科技成果享有的权利解释为用益物权还是准物权，都是合理的，它们均源于母权"所有权"。作为法人的国有企事业单位是独立的民事主体，它成立的前提是要有自己的名称、财产、组织机构和经营场所，它依照法律规定对自己的动产、不动产、知识产权等

〔1〕此说认为股东一旦把自己的投资交付公司，便丧失了对该财产的所有权，而取得股权。股权是债权的一种表现形式，股东和公司间的契约关系所反映的债权特点更为突出。参见郭锋：《股份制企业所有权问题的探讨》，载《中国法学》1998年第3期。

〔2〕此说认为股权是公司社团的内部成员权，股东为实现营利目标出资设立公司社团，只有成为该社团成员才能在公司社团享有并实现权利。参见江平主编：《法人制度论》，中国政法大学出版社1994年版，第222页。

〔3〕该说认为股权是一种自成一体的独立权利，其与所有权、债权等权利是并列的关系。参见石少侠：《公司法》（修订版），吉林人民出版社1996年版，第201页。

〔4〕该说认为股权是股东出资形成的权利，股东并不因其出资享有了股权而丧失对其财产的所有权。股票是股东对公司拥有的实际资本的所有权证书和索取每年由此产生的剩余价值的凭证。参见丁焕春主编：《企业法概论》，中国政法大学出版社1989年版，第284页。

〔5〕参见崔建远：《准物权研究》，法律出版社2003年版，第88页。

〔6〕参见崔建远：《准物权研究》，法律出版社2003年版，第8页。

占有、收益和处分,其所有权及于其全部法人财产。法人财产是法人进行市场经济活动的必要条件,它以其财产对外从事民事活动并承担相应的责任。国家投入到国有企事业单位的资产只能有一个主人,这是"一物一权"原则决定的,即便有两个以上主人,要么是共同共有,要么是按份共有。一旦国家将财产投入到国有企事业单位,其财产就属于其投资形成的法人,而不再属于国家。也就是说,国家和其投资形成的法人不能同时拥有对法人资产的所有权。正如《企业国有资产法》所规定的,国家出资企业对其动产、不动产和其他财产依照法律、行政法规及企业章程享有占有、使用、收益和处分的权利。《民法典》第256条也规定,国家举办的事业单位对其直接支配的不动产和动产,享有占有、使用以及依照法律和国务院有关规定收益、处分的权利,这种占有、使用、收益和处分权的统合按照民法原理就是所有权。科技成果作为一种财产,它是法人在自身经济活动中所形成的财产,是法人利用自身拥有所有权的财产和物质技术条件形成的财产,它理应对其享有法人所有权,不能说这种由国家举办的单位形成的资产天然归国家所有,这不符合物权法原理。对该科技成果的支配秩序需要明确其主体、客体及权利内容,这里的主体就是国有企事业单位,客体就是法人作为独立民事主体对其生产经营活动所产生的科技成果,内容就是法人拥有独立的唯一所有权。

可见,从民法理论上来说,国家对国有企事业单位的科技成果并无所有权,也不发生"双重所有权"[1],这是民法主体作为民事权利义务主体的必然要求,与公有制和私有制的形态并无直接关系。国家将财产投入到企业,对其投资形成的国有企业行使股权控制,这符合现代公司法原理和市场经济发展需要。国有企事业单位按照民法规定享有财产所

---

[1] 双重所有权说是法人所有权的重要观点之一,该说认为,"股份公司的财产权结构是公司财产由公司所有、公司本身由股东共有的二重结构,这种双重结构不过是一物一权规则的特殊表现形式","股份公司享有法人所有权并不是对股东的所有权的否定,只是股东所有权表现为收益权和部分处分权,而不再是完整的所有权"。王利明:《论股份制企业所有权的二重结构——与郭锋同志商榷》,载《中国法学》1989年第1期。

有权,也不会导致国有科技成果作为国有资产会被私有化。国有企事业单位的财产不同于个人财产,它不是员工个人财产,也不是法定代表人的财产,既然国家已经以股东身份将资金投入到国有企事业单位,那么它们作为民事主体拥有这些财产是其法律人格的要求,依托这些资产形成新的资产并拥有所有权,也符合法人作为民事主体的正当性。而国家作为股东,享有资产收益、选择管理者、参与重大决策及转让股权等权利,但它不能直接行使对自己所投入那部分财产的所有权,只能通过股东权利影响法人的生产经营活动。

CHAPTER 05 >>

第五章

科技成果所有权制度及其范畴确定

科技成果所有权只是“科技成果的所有权”的变异称谓，而不是在民法所有权既有理论之外产生的一种新的所有权形式。由于民法所有权理论及其体系经过百年演变，其称谓早已在法学界形成固化，科技成果所有权的表述极容易引起歧义和误读。为此，探寻一种能够有效区分所有权与科技成果权属称谓的替代用语，并基于科技成果转化的实践需求构建属于我国独有的科技成果权属制度有现实意义。尽管前文提出的科技成果专有权作为替代称谓是妥当选择，但它本质上与科技成果所有权一样，只是为了避免概念混淆，而根据民法“所有权”的专有属性创设的一个符合我国法律语境的概念。因此，在范畴确定时，基于“赋予科研人员职务科技成果所有权或长期使用权”的政策立论，依然沿用科技成果所有权的概念进行诠释。由于作为政策术语存在的科技成果所有权与民法所有权有着千丝万缕的联系，作为法律概念存在并进入立法，必然要求对它的法律定义、法律性质、法律关系及相应的制度构造等基础问题进行阐释，否则，它作为一个法学概念就没有相应的支撑和依据。科技成果所有权作为法律概念的使命就是要确认它作为财产权的法律地位，构造科技成果归属和利用的法律规则，促进科技成果的价值实现。

第一节 科技成果所有权的定义及特征

"科技成果"是我国行政管理领域的特有名词，而"所有权"又是民法制度的核心，两个语词结合所形成的概念进入法律既然具有一定正当性，那么，对该概念的内涵与外延进行界定便成为研究其性质和法律关系的逻辑起点。

一、法律概念的定义方式

概念是对某一类事物的高度抽象和概括，是对该类事物共同本质的提炼。科技成果所有权尽管在重庆和深圳等地的地方性法规以及国家科技进步法中已经出现，但目前尚没有针对该概念的定义及围绕定义所形成的严密制度体系。要界定这个概念，下定义可以说是一种常用的方式。定义是揭示概念内涵与外延的逻辑方法，一个概念的内涵与外延明确了，这个概念自然就明确了，所以，定义是正确思维最基础的逻辑手段之一。[1] 对概念下定义的方式，在法学界主要有列举法和概括法两种。

列举法，就是通过系统列举所保护的权项，即划定权利体系范围来明确概念。比如，我们可将科技成果所有权作如下定义：科技成果所有权泛指一组对科技成果享有的财产权利，包括发明专利权、计算机软件著作权、集成电路布图设计专有权、植物新品种权、发现权、商业秘密权以及其他科技成果权。概括法，就是对权利所保护的对象进行概括抽象的描述，通常采取"属 + 种差"的方式，即把某一概念包含在它的属概念中，并揭示它与同一个属概念下其他种概念间的差别。与被定义项最相邻的属概念，称为"最相邻的属"，被定义项所反映的对象不同于其他种

---

〔1〕 参见陈孟麟：《墨辩逻辑学》（修订本），齐鲁书社 1983 年版，第 33 页。

概念所反映的对象的特有属性,称为“种差”。按照此种路径,科技成果所有权“最相邻的属”就是科技成果所有权所指向的权利保护对象,但这个对象到底是什么,十分复杂。我们不能简单地将“科技成果所有权”的保护对象界定为“科技成果”,这至少在对该概念下定义时是不够严谨的,好比说知识产权的客体是“知识”、债权的客体是“债”同样的道理。当然,套用概念组成的某个词语作为权利客体并不是没有先例,如日本“知识财产权”将“知识财产”作为该权利客体。但组成科技成果所有权的两个语词“科技成果”及“所有权”形成的复杂性决定了不能简单借用物权的客体是“物”那样的逻辑来推导它的客体。因此,简单按照我国《民法典》对民事权利进行概括性定义或通过列举法从权利对象或客体角度来定义科技成果所有权都是比较困难的。但这并不意味该概念在学理上无法予以界定,就概括法和列举法而言,采取概括其本质的抽象定义方式比采取列举式更容易让人接受,因为这符合我国对民事权利界定的一般思维方法。比如,我国《民法典》对“物权”概念的界定,采取了“客体属性 + 权利内容”的以概括为主的定义方式。物权是指权利人依法对特定的物享有直接支配和排他的权利,这个界定方式,首先明确界定权利客体是物,然后将直接支配并排除他人干涉作为权利内容,从而将物权与债权、知识产权等其他财产权利区分开来,这个概念界定方法对定义“科技成果所有权”有相当借鉴意义。

二、科技成果所有权的定义

采用概括法为主的界定方式,其好处是无论概念的具体内容或范围如何动态变化,构成概念的理论都能够解释和预测同一概念下出现的各种子概念或新事物。参照物权的界定方式,可将科技成果所有权作如下定义:科技成果所有权是权利人依法垄断特定的科学技术活动所创造的成果并排除他人干涉的权利。这个定义中,权利客体为“科学技术活动所创造的成果”,权利属性为“垄断并排除他人干涉”,前者是借鉴《促进科技成果转化法》第 2 条关于科技成果概念的定义,后者是借鉴物权“排除他人干涉”的权利内容定义方式。尽管从外延上看,将一切科学技术活动所创造的成果均作为科技成果所有权的客体,这样的定义无疑含义太广,但这样的定义却可以将科技成果所有权的客体与知识产权的客体区别开来。前已论述,并不是所有科学技术活动所创造的成果都可以成为知识产权保护的对象。比如,科学发现是科学技术活动的成果,但知识产权并不保护它;克隆技术是不能授予专利权的,但这并意味着它不能得到科技成果所有权的保护。此外,这个定义也反映出科技成果所有权与传统所有权及知识产权的不同特征:

第一,传统所有权的客体为物,在我国法律中通常为"有体物",而科技成果所有权是产生于精神领域的非物质化财产,它代表着属于权利主体的精神财产或智力性财产,是思想和智慧的财产。知识产权的客体和科技成果所有权的客体绝大部分重合,但并未完全重合,比如科学发现。此外,法律确认的客体才能成为知识产权的客体,而科技成果所有权则将一切科学技术活动的成果都纳入客体范畴。

第二,科技成果所有权不等于知识产权或智力成果权,由它统领的各项权利并非都可以纳入知识产权范畴,反之,知识产权所保护的对象也无法全部纳入科技成果所有权范畴。例如,地理标志权、域名权、反不正当竞争权是否可以成为独立的知识产权,理论界存在较大分歧。又如,专有技术作为典型的科技成果,可以作为科技成果所有权的保护客体,但它没有被纳入知识产权保护范畴,而是通过反不正当竞争法予以保护。此外,科技成果所有权不像知识产权那样基于单纯的智力成果而产生,它是基于专门机构的科学技术活动而言,而科学技术活动在我国指的是有组织、有系统开展的活动,它是专门机构存在的目的或者被列入某些专门机构的工作计划,由专门的人员开展的有组织、有计划的系统性活动。

第三,科技成果所有权在目前还不是一种被法律所规定的法定之权,这与知识产权被法律认可并成为民事权利类型之一不同。然而,一个权利的产生,并不总是首先从立法中得以固化和传播,它基本上是来自学术界先期的研究。科技成果所有权是我国特殊社会背景下产生的法律概念,作为一个开放的权利群,它随着科学技术与社会经济发展也将不断拓展其内涵。有人提出，科技成果所有权实质上就是知识产权，无论理由为何，但作为政策领域广泛使用的概念，它并不是自封的，它的产生有着相当的理论依据和中国元素，不能将二者等同。

三、科技成果所有权的特征

科技成果所有权具有如下特征：

一是从客体无形性到特征的独特性。在分析概念的特征时，将特征和性质混同的现象时常有之。如学者在分析知识产权法律特征时，将客体无形性作为重要方面。其实，一项民事权利的法律特征和法律性质属于不同范畴，特征是作为一项民事权利具有的法律上的独特现象，性质是作为民事权利固有的法律属性。科技成果所有权与其他权利之区别，在于其权利本身而不是主体和客体的不同，主体和客体是法律关系的要素，不是权利要素。换句话说，主体并不能体现权利特征，同一个主体可能拥有物权、债权、知识产权，还可能拥有人身权。客体不同也不能构成权利特征，如科技成果所有权的客体具有无形性，但知识产权的客体也具有无形性。不能将客体的无形性等同于其所指向权利的无形性，如将科技成果所有权的特征描述为具有无形性。这种描述是非常荒诞的，权利不存在有形与无形，所有的权利都是无形的，只有权利的客体才可能存在无形与有形。科技成果所有权不是与物权、债权、知识产权并列的权利类型，它仍然是上述权利之下的次概念。鉴于此，科技成果所有权应具有所有权的绝对性、排他性和永久性三大特征，但这种特征具有普遍性，并不能成为它的独有特征。与之相类似的知识产权的期限性、时间性和地域性，它也具有，所以这也不能成为它的特征。那么，它的特征究竟是什么呢？实际上，它融合了知识产权和所有权的特征，从而形成了自己的独有特征。

二是融合两种权利特征形成独有特征。科技成果所有权既融合了知识产权客体的特征，又具有所有权权利属性特征；它既有知识产权的部分特征，又具有所有权的部分特征。这种特征恰是科技成果所有权特征的典型特征。到目前为止，尚没有法律概念能够将两种并列权利类型的特征进行筛选并重新组合而构成自身的特征，科技成果所有权特征的复杂性可见一斑。由于大部分科技成果类型与专利权、著作权等知识产权客体重合，因此科技成果所有权本应具有知识产权的特征，但诸如科学发现及不受知识产权法保护的其他科技成果则又不具有知识产权特征，但它们又是科技成果所有权客体，又具有知识产权特征之外的特征。如此看来，这样的概念创造确实显得有点不伦不类。但笔者认为，科技成果所有权借用"所有权"的外壳，无非想解决科技成果转化中权属规则的界定问题，因此，这个权利本质上是一种对科学技术活动所创造的智力成果进行排他性支配的权利，权利的核心仍是排他性和支配性。无论它融合了何种权利的特征，但归根结底，这种权利体现为专有性、完全性、独占性和单一性，其特征更接近于"所有权"的特征。由此，科技成果所有权是一种绝对权利，它排斥他人对所有人行使权利的干扰，他人未经权利人许可不得行使专属于所有人的权利；它无须任何中介介入就可以直接、无条件控制并实现其权利；它可以在法律允许范围内享有对科学技术活动所创造成果的控制、使用、收益和处分的所有权能；尽管它是一组权利束，但它并不是这些权利束的简单累加，而是一项单独权利，对其中任何权能的侵害，都构成对该权利的侵害。

三是权利集合与单项权利的认定复杂性。从种属关系上来说，科技成果所有权是民事权利的下位概念，是属概念，但从权利内容构成上来看，它又是专利权、著作权、集成电路布图设计专有权等权利的种概念。那么，它是权利集合还是单项权利？所有权曾经也被看成是由占有、使用、收益和处分各项权能组成的集合权利，但这个主张在我国物权法领域并不占主流，多数学者认为所有权是单项权利而非权利集合。若将"科技成果"看成"所有权"的定语，科技成果所有权就变成了类似房屋所有权同样的称谓，这样理解，它即为单项权利，但这显然是不妥当的。权利集合，是人们为了一定目的，冠以一个独立名称的一类权利的联合，而单项权利，则是指组成权利集合的不可划分的权利。单项权利的不可划分,不是指权能不可划分,而是权利本身不可再划分为其他权利类型。[1] 科技成果所有权是由著作权、专利权、集成电路布图设计专有权和发现权等各项权利组成的权利集合,如果仅认为其带有"所有权"后缀,就否认它作为集合权利的性质,则会直接导致上述各项科技成果所有权所包含的下位独立权利的性质被否认,这和常识与实践是不相符的。判断一项权利到底是单项权利还是权利集合,关键看权利所统摄的客体是一类还是几类,如果一项被冠以"所有权"名义的"权利"涵盖了属性不同的多种客体,该权利名为"权利",实为"权利集合"。科技成果所有权的客体为科学技术活动所创造的成果或者科学技术活动所产生的结果,这些成果或结果表现出彼此不同的特征和属性,实践中通常被划分为技术方案、诊疗方法、自然规律发现、图形公式、技术秘密等,这种结果划分相应可能对应着著作权、发明权、发现权、商业秘密权等权利类型,它们都属于单项权利,而不是权利集合。因为这些下位权利只有一类,尽管它们的客体还可能再继续划分,比如,专利权可分为发明专利、外观设计专利等,著作权还可以分为软件著作权、美术作品、电影作品等,但和其他同位阶的权利相比,它们属于同一类,如无论是摄影作品、美术作品还是电影作品,它都是著作权客体。

第二节 科技成果所有权的性质

科技成果所有权本是来自科技成果转化过程中为解决国有资产权属问题而创造的一个不伦不类的概念。它带有国家所有权的公权影子,却又披着民法所有权的私权外衣,它到底是民法所有权的一种形态,还是一种行政权力?民事法律关系的基本理论、规则、学说等,是否适用于科技成果所有权?这些问题的答案都需要明确其到底是公权还是私权的性质。

---

[1] 参见齐爱民:《知识产权法总论》,北京大学出版社2010年版,第160页。

一、从知识产权私权属性的争议说起

大陆法系国家长期以私权和公权界定某种权利属性,公法与私法、公权与私权有着严格疆域并具有不同法律原则,在此基础上形成了不同法律部门。公权与私权的划分最早可追溯到罗马法,古罗马的市民权既有选举权和被选举权等公权,也有婚姻权、财产权、遗嘱能力和诉讼权等私权。[1] 尽管后来的学者将衍生于罗马法理论的公权与私权划分标准进行具体化,出现利益说、关系说和法律说等学说[2],但关于公权与私权判断的基本标准却通常从权利内容和权利产生依据两个方面判定。私权是民事性的权利,源于私法关系,而公权是政治性的权利,源于公法关系,私权以自由经济为基础,是平等主体之间以权利义务为内容而构成的权利体系,公权则为掌管国家事务和公共事务之权利,体现国家和个人之间的权利义务配置关系。[3]

今天将知识产权归入民事权利体系已没有太多争议,尽管知识产权并非源于任何一种民事权利,也并非源于任何一种财产权,而是源自封建社会的特权。这种特权要么由君主个人授予、要么由封建国家授予、要么由代表君主的地方官授予,但不管权利来源为何,均是出于君主对思想的控制、对经济利益的控制或为了国家以某种形式从事垄断经营,知识产权恰是在这种完全不符合"私权"原则的环境下产生,并逐渐演

---

[1] 参见周枏:《罗马法原论》(上册),商务印书馆2014年版,第99~100页。

[2] 利益说,即公权是关于社会公益方面的各种权利,私权则是关于私人利益方面的各种权利;关系说,即公权是关于国家和公民之间的权利,私权则是关于公民相互之间的权利;法律说,即公权通常是公法上所确认的权利,私权通常是私法上所确定的权利。此外,学者还把公权分为国家公权(如命令权、形式权、强制权等)和公民公权(如生存权、自由权、参政权、请求权等)。参见栗劲、李放主编:《中华实用法学辞典》,吉林大学出版社1988年版,第326页;肖蔚云,姜明安主编:《北京大学法学百科全书:宪法学 行政法学卷》,北京大学出版社1999年版,第149页。

[3] 参见吴汉东:《关于知识产权私权属性的再认识——兼评"知识产权公权化"理论》,载《社会科学》2005年第10期。

化成今天被普遍认可的"私权"。[1] 当然,知识产权作为私权被认可只是学术界的通说,它并不是没有反对之声。由于作为民法典典范的《法国民法典》和《德国民法典》及随它们之后所出现的《日本民法典》等并未将"知识产权"纳入民事权利体系,加之法国、德国民法典历经数次修订,至今仍未将知识产权归至"财产权"、"物权"或其他民事权利项下,学者怀疑知识产权到底是否是真正的私权。"知识产权属于公权,应将其排除在现代商品流转之外,或者知识产权调整的对象至少是综合性权利关系,应赋予其独立法律形式"[2],"在现代社会,原本由私法确认和分配的财产权越来越多地由公法来予以确认和分配"[3],知识产权兼具公权与私权内容,融政治性与民事性为一体,其公权化趋势越来越明显。传统的专利权、商标权与物上所有权等传统民事权利形态并不相同,前者需要经过行政机关特别审查许可才能获得保护,后者是国家确认法的规范,不需要特别授权,这种"许可权"类似命令权,是传统公法中的公权概念,何以成为民事权利?将具有公权属性的知识产权归类为私权,将出现对"权利"概念理解上的混乱,不但要重新诠释"所有权"、"权能"、"权利"与"私人许可权"的内在一致性,还要为经过行政机关审查后的专利权等到底是公权力、行政授权抑或私权利找到解释依据。[4]

知识产权是否为私权的争议对于权利范围和对象与其重合交叉的科技成果所有权的性质判定有着重要借鉴。作为我国科技管理领域特有概念,科技成果所有权源于科技成果转化中的国有资产"羁绊",而在国有企事业科研单位的科技成果管理中,作为科技成果创造者的个人长期以来并没有对科技成果的法定处置权,这几乎是一种"惯例"。新中

---

〔1〕 参见郑成思:《知识产权论》(第3版),法律出版社2003年版,第2页。

〔2〕 A. П. Сергеев: Право интеллектуальной собственности в Российской Федерации, учебрик-2-е изд, перераб. Идоп. - М: ТК Велби, Изд-во Проспект, 2005. С. 14. 转引自鄢一美:《〈俄罗斯民法典〉对"知识产权"概念的立法取舍》,载《知识产权》2016年第10期。

〔3〕 王莉君:《权力与权利的思辩》,中国法制出版社2005年版,第123页。

〔4〕 参见徐瑄:《知识产权与财产法一体化构建》,载《暨南学报(哲学社会科学版)》2002年第6期。

国成立以来,有相当长时间,学术界不承认智力创造者对其创造物的权利为私权,批判"知识私有"观念,认为技术发明、创造成果或创作成果的获得离不开从全社会成员共有的知识宝库中吸收营养,这种智力创造成果因而成为一种具有社会性质的产品,由全体社会成员共同享有和无偿使用。[1] 从 1950 年政务院颁布《保障发明权与专利权暂行条例》到 1963 年《发明奖励条例》的制定实施,尽管法律也有发明权和专利权等权利内容规定,但我国实施发明人证书制度、国家给予发明人精神和物质奖励、发明属于国家、个人没有发明实施权和处置权等观点从未改变。可以说,在 1986 年《民法通则》颁布以前,专利权等智力成果权在我国还没有被当成私权看待,它并不是民事权利。

二、科技成果所有权的私权基因判定

(一)科技成果所有权符合私权的判定标准

知识产权作为私权得到普遍认可,经历了一个较为缓慢的过程。在法理上,知识产权与科技成果所有权具有相似性,前者的私权属性对后者的权利性质判定有着重要启发意义。无论是知识产权还是科技成果所有权,它们与所有权一样,都是财产权,有着同样的民事权利基因,其中最重要的支撑就是洛克的财产权劳动理论。获得财产的最正当方式莫过于劳动,任何人都可以通过劳动而获得财产。源于个人智力劳动产生的科技成果,凝结了创造者"额头上的汗水",作为推动社会生产力进步的源泉之一,它可以转化为财富。"让财产专属于那些获得财产的人",是为了保障创造者投入产生的"表达成本"得到回收,他们是知识生产过程中起决定作用的人,赋予他们对自己劳动成果的支配权是合情合理的。"没有什么所有权比由人的智力劳动产生的产权与这个人的关系更紧密了"[2],这是一种私人利益,属于私法所保护的权利,是为私

---

〔1〕 参见冯晓青、刘淑华:《试论知识产权的私权属性及其公权化趋向》,载《中国法学》2004 年第 1 期。

〔2〕 [西班牙]德利娅·利普希克:《著作权与邻接权》,联合国教科文组织译,中国对外翻译出版公司 2000 年版,第 8 页。

权。创造者是天然的权利人，围绕对其所创造成果的利用而发生的利益关系属于平等主体之间的财产关系，它的发生、行使和保护，适用于民事法律的基本原则和规范。[1] 尽管它有着不同于传统财产权利的特殊形态，如它没有有体物那样的物理形态，但作为财产权的物权和债权也有着各自的特殊形态，但这并没有影响它们成为财产权家族中的一员，因为它们的共性远远大于个性。如果在判定权利性质时，无限放大其个性，忽视其作为民事权利的共性，让其脱离民法理念、指导思想、理论基础和基本原则，包括整个知识产权制度在内的民事权利制度就会面目全非，我们所要讨论的科技成果所有权实际上也就没有价值了。

（二）科技成果所有权遵循私权的运行逻辑

创造科技成果的主体对智力成果的支配并不像物权那样自然取得，而是通过行政机关的授权产生。“知识产品的占有是人为的一种法定垄断利用权，不同于客观物的自然占有”[2]，权利主体支配科技成果的现实原因和独特制度安排使合法“垄断”形成了不同于传统有形财产所有权的权利生成方式。甲和乙均投入大量精力研制出某种成果，但甲因提前申请而获得权利并得到保护，而乙则无法获得保障，这种情况在有形财产所有权制度中绝不会出现。[3] 此外，科技成果权利保护制度本身并不是将成果“隐藏”起来，它还要考虑通过制度设计，使科技成果能够促进社会公共利益，由此，科技成果权利本身就具有了超越私权属性的正当性。科技成果所有权的出现是国家促进科技创新、成果转化、经济与科技融合以及建设创新型国家的政策工具，这也表明科技成果所有权具有超越传统私权本位的全局性视野。科技成果所有权不仅要在民法体系中找到坐标，它作为政策工具还要在《促进科技成果转化法》等社会法中找到坐标，它作为一项制度的设置、完善和实施具有上升到法律的必要性和可行性，作为国家调控科技关系的政策工具，它的作用和特

---

〔1〕 参见刘春田：《知识财产权解析》，载《中国社会科学》2003 年第 4 期。

〔2〕 马俊驹、梅夏英：《无形财产的理论和立法问题》，载《中国法学》2001 年第 2 期。

〔3〕 参见梅术文：《物尽其用与利益分享——物权法与知识产权法的价值之隔》，载《中国发明与专利》2007 年第 6 期。

质恰是现有传统所有权制度所不具备的。但基于科技成果转化而来的科技成果所有权,它的工具性价值目标并不能通过纯粹的行政指令安排而直接实现,它作为政策工具借助于法律的外壳其必然要遵循私权的运行逻辑,它将政策目标转化为私权主体的权利体系,激励科研人员参与科技成果转化的政策价值要符合私权的内在规律。尽管《科学技术进步法》《促进科技成果转化法》等规定了科技成果权属确权规则及其运行的相关内容,但它本质上仍然属于私权。换言之,科技成果在上述法律中的权利内容和它本身作为私权的属性并不矛盾。公法确认的权利不等于"权力",而司法规范赋予"权力"的现象也是存在的,不能以产生公法规范为依据,认为科技成果所有权的性质为公权或者公私结合之权。

(三)将科技成果所有权明确为私权具有现实意义

一是私权属性的认定是科技成果作为商品参与市场交易的前提。对自己的产品拥有唯一所有权或自由支配权是商品交换的前提,只有确立私权属性,使其在性质上和物权处于同一水平和状态,才能保障科技成果像"物"那样具有同样进入市场的机会。二是私权具有对抗公权力侵害的属性。私权属性的确立,对于"赋予科研人员职务科技成果所有权"等改革举措惠及科研人员,避免单位和行政机关的不当介入和侵害具有重要意义。三是私权属性的确立,说明科技成果所有权在法律性质上与物权等都是财产权。法律应该对科技成果提供与物同等保护,其保护水平和方式不应偏离财产的保护原理,既不能因科技成果转化将其"神圣化",也不能将其看成是冲破"所有权"原理的人造概念而将其"妖魔化"。

三、科技成果所有权的私权属性析出

(一)科技成果所有权是财产权

作为权利集合出现的科技成果所有权,是权利人控制特定知识财产并享受财产利益的权利,尽管其项下权利子项复杂,且著作权中的署名权等带有人身权属性,但它主要是一种财产权。曾将知识产权视为"物权"或"准物权"的学者,也大多主张其财产权属性。作为一类独立民事权利,科技成果所有权并没有像知识产权那样在学术界和立法上得到基本主张,但财产概念向来就没有固定范围,即便作为世界民法典典范的德国私权体系,也没有把物权和债权统一到财产权上。在《法国民法典》上,“债”没有独立地位,被作为“取得财产的一种方法”而隶属于财产权,故有债法为财产法之说,且被作为财产的债也仅限于“以可以追索的款项或动产物品为标的的债”,其他“债”并不包括在内,而《德国民法典》上的“债”则由“取得财产的方法”变成了一项独立法律制度。实际上,债的客体是行为,行为并不是财产,财产作为财产权的客体,是外在于人的客观存在,内在于人的东西不被认为是财产,比如人的身体不是财产,人的行为也不是财产。[1] 在这一点上,知识产权因其客体为“知识财产”,反倒成为了与物权并列的名正言顺的财产权。尽管科技成果所有权的客体到底是智力成果、知识产品抑或其他,笔者还没有给出定论,但它绝不是像债权那样以行为作为客体。我国学者已经接受了债权与物权作为财产权两大组成部分的观点,科技成果所有权的客体带有明显的财产属性,权利人以自己的意志直接控制其创造物并享受由此带来的利益,这种权利行使形态与财产权一致,因此,它作为民事权利体系中财产权的组成部分,也是完全符合逻辑的。

（二）科技成果所有权是绝对权

这个被视为不伦不类的中国特有概念,其作为一种绝对权是因其符合绝对权的特征,即它的义务人不确定,权利人行使权利无须通过义务人实施一定行为即可实现,并不是因为它带有“所有权”的印记就推断其必然为一种绝对权。绝对权的权利人可向一切人主张权利,可对抗除他之外的任何人,而相对权的义务人则为特定人,权利人必须通过义务人实施一定行为才能实现其权利,如债权。我们之所以创造科技成果所有权,就是要设计一种可对抗除权利人之外的所有人的权利,国有科技成果的“三权改革”经历了由国家所有到单位所有、再由单位所有到个人所有的历程,就是为了给个人设计一种可以对抗国家和单位的权利,

[1] 参见齐爱民:《知识产权法总论》,北京大学出版社2010年版,第30页。

确保个人权利的绝对性,如此才能调动个人参与科技成果转化的积极性。所有权作为绝对权的内在特定性与科技成果所有权概念的演化历程及其价值目标高度契合。

(三)科技成果所有权是支配权

支配权是法学家根据所有人对“物”是否有支配力及行使对该“物”的权利是否需要他人协助等事实而创造的一个法学概念,其本质与形成权一样,是法律为权利人划定的自由空间范围。[1] “支配”为物权概念,它是指依据权利人意志独立对“物”加以管理或处置。[2] 并不是所有民事权利都可被支配,债权的客体“给付”就不可被支配,因为一个人不可能支配他人的行为。[3] 物权中的“支配”是权利人通过对“物”的实际占有就可以实现对“物”的支配,因而占有成为物权的重要权能。科技成果所有权中的支配体现的是科技成果权利人与特定科技成果间的关系,意味着权利人得以自己的独立意志对特定智力成果创造物进行控制、复制、收益和处分并实现其利益。尽管权利人不能像对“物”那样通过物理占有而获得支配,但支配并不一定是通过物理占有,通过意志占有实现支配才是民法上“支配”的内在含义。自18世纪科学技术成果开始广泛应用于生产领域以来,保障知识产品私有的法律问题便开始凸显,资产阶级要求法律确认对知识的私人占有权,使得知识产品同物质产品同样成为自由交换的标的。在市场上交换的现实必然会产生以对交换物的控制和支配为内容的权利,这种权利后来演变成了知识产权。作为无形物的支配,对知识的占有无法体现为物理占有,而是通过自己的行为或“意思”来实现支配,康德和黑格尔的“意思支配说”遂成为解释此种权利为支配权的最好学说。权利人通过“意思”对其智力成果进行“支配”,这与债权人通过“意思”对债本身进行支配是同样的道理。债和智力成果都具有无体性,对于无体的债,我们不能将其掌控在手里,

---

〔1〕 参见汪渊智:《支配权略论》,载《晋阳学刊》2015年第2期。

〔2〕 参见王利明:《再论物权的概念》,载《社会科学研究》2006年第5期。

〔3〕 参见李琛:《法的第二性原理与知识产权概念》,载《中国人民大学学报》2004年第1期。

也不能在事实上将其毁损,这与科技成果一样。很难想象,我们怎样对这种“无体物”进行事实上的毁损和处分,不能把它扔在水里,也不可能将它从自己的手中移转给另外的人,虽然我们可以免除别人欠我们的钱,也可以将科技成果通过拷贝形式转移给他人,但这与“物”的支配有着根本不同。因此,法律上的支配并不必然要求是物理上的占有和控制,它以权利人的意思同样可以实现“支配”,我们不能因为某种权利的客体的无体性而排除实施支配的可能性,从而否定其支配权的本质。

第三节 科技成果所有权的法律关系

基于科技成果转化背景产生的科技成果所有权,它在主体、客体和权能等方面有着不同于物权和知识产权的诸多特性,这种特性是由我国的特殊国情和独有的科技管理政策所塑造的,但我国民法体系吸收和接纳科技成果所有权进入民事权利体系必须对其特性予以澄清和诠释。

一、科技成果所有权的主体

主体资格是民事主体在民法上的法律人格,是自然人及其组织成为民事主体的法律前提。[1] 作为所有权的一种权利形态,科技成果所有权可能的权利主体无外乎《民法典》总则所规定的自然人、法人和非法人组织。然而,我国《民法典》物权编的所有权类型包括国家、集体和个人三种,由于我国国有企事业单位的科技成果按照国家所有权理论向来归国家所有,国家成为该项权利主体具有理论现实性。国家能否成为所有权主体,向来争议颇多,争议的焦点在于享有所有权私权主体资格的是国家本身还是国家机关。[2] 实际上,国家成为民法所有权主体,不过

〔1〕 参见李开国:《民法基本问题研究:民法观念更新、制度完善及适用问题的若干思考》,法律出版社 1997 年版,第 54 页。

〔2〕 参见谢鸿飞:《〈民法典〉中的“国家”》,载《法学评论》2020 年第 5 期。

是继受《宪法》按照所有制类型设定的所有权主体，它体现的是我国社会主义所有制的特征。〔1〕 现实中，作为虚拟存在的“国家”，并不是各项权利证书上所登载的权利人，归属于“国家所有”的国有企事业单位的科技成果，其专利权、软件著作权等权利证书上的权利人往往是该单位。〔2〕 如果将“国家”这个虚拟主体排除在科技成果所有权主体之外，那么剩下的主体只可能是单位或个人。但问题的复杂性在于，在“赋予科研人员职务科技成果所有权”的改革背景下，科技成果所有权涉及的主体“科研人员”，是一个与法律术语不太相关的政策术语，它当然可以成为权利主体，归于民法上的自然人，但它的范围如何界定则并不清晰。是个人还是泛指以课题组、项目组等形式存在的团体？若是个人，其到底指哪些人，除成果主要完成人外，是否还包括对成果完成作出其他贡献的辅助人员？

（一）科研人员作为科技成果所有权主体的判断基准

“科研人员”是政策术语，法律上并无此表述。在法律上，《科学技术进步法》第六章中的“科学技术人员”及《民法典》第 847 条、《专利法》第 6 条、《促进科技成果转化法》第 19 条的完成职务技术成果的个人（包含发明人、设计人、成果完成人、参加人）是与之相关的概念。上述法律明确，完成职务技术成果的个人有获得奖励和报酬的权利，从报酬给付和奖励对象来看，此处的“个人”应指对职务科技成果的完成付出了智力劳动的人，他们是成果的权利主体。最高人民法院《关于审理技术合同纠纷案件适用法律若干问题的解释》将“个人”解释为“对技术成果单独或者共同作出创造性贡献的人”，《专利法实施细则》第 14 条将发明

〔1〕 参见谢鸿飞：《〈民法典〉中的“国家”》，载《法学评论》2020 年第 5 期。

〔2〕 “单位”是我国法律语言中特有词汇，现有法律对“单位”没有下过定义。20 世纪 80 年代中期以来，我国越来越多的法律文件赋予了国有企事业单位民法上的“法人”身份，但在公法上，它们依然是公权力结构中的“单位”，单位和“法人”的双重身份是法律对中国转型时期社会组织的一种表述，形式上的“法人”和实质上的“单位”是我国立法政策的一个缺漏。习惯意义上，“单位”一般包括机关、团体、法人、企业等非自然人的实体或其下属部门。参见方流芳：《从法律视角看中国事业单位改革——事业单位“法人化”批判》，载《比较法研究》2007 年第 3 期。

人或设计人界定为“对发明创造的实质性特点作出创造性贡献的人”。由于完成职务技术成果的个人与“赋予科研人员职务技术成果所有权”中的“科研人员”都是基于“职务技术成果转化”而衍生的称谓,因此,笔者认为,政策术语中的“科研人员”与《民法典》《促进科技成果转化法》等法律中“职务技术成果的完成人”是同一概念。“科研人员”与“获得报酬权和奖励权”的主体具有同等指向,即对成果完成提出实质性技术构成并实现技术方案的创造性贡献人员。由此,“付出智力劳动”“创造性贡献”就成为界定谁可以被赋予“职务技术成果所有权”的关键术语。但如何定义“付出智力劳动”“创造性贡献”,法律和政策文件并没有对此作出解释,若出现争议,则由法院在司法审判中,分解所涉及技术成果的实质性技术构成予以确定。[1] 实践中,若该成果以专利权等形式体现,则以权利登记证书上的权利人为准,若无权利登记证书,则通过科技成果登记、技术协议、项目合同等登记权利人、协议签订人、项目负责人等予以确认。[2]

(二)可赋予科技成果所有权的科研人员的范围界定

在政策操作中,“付出智力劳动”或“作出创造性贡献”的“科研人员”,其具体范围广义上应包括成果完成人和参与人,但实践中,参与人

---

[1] 参见刘俊士:《专利创造性分析原理》,知识产权出版社2012年版,第190页。

[2] 我国政府资助科研项目合同的当事人到底是资助方还是受资助的单位,抑或资助方与项目负责人,曾经引起过争议。以自然科学基金为例,《国家自然科学基金条例》第四章中多次出现“依托单位”“项目负责人”等表述,并且对其权利义务也进行了规定,这二者均是科研合同的主体还是只有其一,法律对此没有明确。虽然就具体的权利义务而言,真正享有实质性权利并履行实质性义务的主体为项目负责人,而依托单位仅仅是在其与项目申请人或负责人的关系中具有意义,是国家自然科学基金委员会管理的一种技术设置,并不享有实质性权利,也不承担实质性义务,但也不能因此将科研项目合同的一方当事人认定为项目负责人。合同签订主体始终是国家自然科学基金委员会和单位,因为签字盖章的是国家自然科学基金委员会和单位,经费划入单位账户,项目负责人只是合同条款中的一个享有一定权利且履行一定义务的人员而已,其与财务人员、项目管理人员等共同组成了合同条款,他们的权利义务关系更多体现为与单位之间的法律关系,与国家自然科学基金委员会本身不产生合同法律关系,因此不能作为项目合同的当事人。

员既有专业技术人员，也有科研管理及辅助人员。但“科研管理及辅助人员”的范围太大，可能包括项目财务助理、项目后勤保障人员等，由于他们并没有对成果的完成作出实质性学术性和技术性贡献，即并没有为成果的完成“付出足够的智力劳动”，且科研人员通常被理解为“科学技术研究人员”，科研管理及辅助人员并不具备“研究人员”的特性〔1〕，可见他们不能成为“职务科技成果所有权”的赋予对象。结合最高人民法院《关于审理技术合同纠纷案件适用法律若干问题的解释》对原《合同法》第326条、第327条所称完成技术成果的“个人”的界定，以及《专利法实施细则》明确将“只负责组织工作的人、为物质技术条件的利用提供方便的人或者从事其他辅助工作的人”排除在发明人或者设计人范畴之外的规定，笔者认为，“赋予科研人员职务科技成果所有权”中的权利赋予对象，即此处的“科研人员”并不包括科研服务人员、科研辅助人员等非创造性贡献人员，即不包括“提供资金、设备、材料、试验条件，进行组织管理，协助绘制图纸、整理资料、翻译文献等人员”。此外，由于多数职务科技成果是“科研团队”的集体成果，即一项成果中的完成人有多个，他们都是该项成果所指向的“科研人员”，若将成果直接赋予某一个人，其他完成人的权益如何得以保障？换言之，“赋予科研人员所有权”的“科研人员”是个人还是团体？是将所有权赋予某一个科研人员还是赋予完成团队？显然，将集体成果赋予“个人”并不是政策本意。“赋予科研人员职务科技成果所有权”的政策设计目的是促进科技成果转化，科研人员是相较于转化积极性不高的单位而言的，其与单位是相对应的概念，其既可以是个人，也可以是团队（团队从法律意义上来说也是个人，是个人的集合，实际上是多个自然人共有）。因此，政策实践中，将“职务科技成果所有权赋予科研团队”也符合政策原意。

（三）科研人员的所有权取得及单位的权利保留

在过去的科研项目管理上，由于国家资助形成的成果被作为国有资

〔1〕 参见管镠旎：《浅析农业科研单位技术类科研辅助人员短缺现状与建议》，载《农业科技管理》2018年第2期。

产管理，成果权属的界定上就过分强调“国家所有”，依托单位的权利则并不明确。尽管将国家资助的科研项目形成的成果权利归属于依托单位，符合我国社会主义公有制的经济形态，但任何科研项目的完成和科技成果的产生，都有赖于科研人员的创造性劳动，由此在权属规则设计上，若不考虑他们的利益，规则本身就会与目的相背离。为弥合这种矛盾，我国采取给予科研人员经济奖励的做法，但并没有取得显著成效。近年来，在科技成果转化改革的背景下，通过政策调控，国家确定了成果转化收益分配的比例规则，但依然没有产生应有的效果。其根源在于，我国的科技成果权利归属设计，往往侧重于依托单位、国家或资助机构的权利保护，并没有涉及科研人员，这种做法对科研人员积极性调动不利。而且，成果所有权归国家，不仅影响单位的技术创新和成果转化，还使单位对所有权保护的意识不强，重要的成果难以形成自主知识产权。由此，将科技成果的所有权赋予科研人员的基本理由就在于，科研人员是成果的最终完成人，对于成果的性质、功能、运行及特征最为清楚，其享有成果所有权有利于成果的转化实施。但所有权的赋予涉及国家、单位和个人三者间的利益，如何防止科研人员放弃或滥用所有权损害国家利益和公共利益，美国《拜杜法案》等相关制度并没有将受资助形成的科技成果的所有权无条件赋予科研人员，而是设置了前提条件：自单位不保留成果权利之日起，研究人员可以向资助单位提出保留权利，资助机构应该同意其请求，并将相关权利赋予研究人员，但若有证据证明赋予研究人员相关权属有损国家和社会利益，资助机构可以否决其请求。[1]我国可参考这一制度，对科研人员取得权利设置前置程序：一是科研人员向所在单位或资助机构声明保留权利，法定期间必须行使该种权利，否则视为放弃拥有成果所有权；二是在声明保留成果所有权之后，须及时提交权利申请，如果不及时提出，那么，所在单位和资助机构有权利提出所有权归自己的权利申请。通过前置程序设定，给予成果完成人

---

〔1〕 参见吴国喆：《国家自然科学基金项目成果知识产权法律问题研究》，中国社会科学出版社 2015 年版，第 49～54 页。

一个是否保留权利的选择权。之所以设计这个规则，是考虑到单位和完成人之间的利益平衡。在双方没有签订产权分割协议的情况下，科研人员选择保留项目成果的全部或部分权利时，需要向所在单位支付一定转化收益，并承担相应转化义务。一项没有转化价值的成果，科研人员是不会选择保留其权利的，这时他就会权衡是否需要提出保留权利的申请，因为保留权利将要承担一定的转化义务，未来还要支付相关费用。若单位和科研人员签订了产权分割协议，明确双方在产权分割或者收益中的分成比例，那么就按照协议约定执行。

二、科技成果所有权的客体

在民事权利体系中，权利对象扮演着重要角色，如不可让与之人格权，乃因其人格要素与主体无法分离，奠定了其作为权利的地位。“民事权利对象的自然属性的差别决定了各自发生不同的法律关系”[1]，与物权客体有着明显不同的科技成果所有权，作为一种权利，其所指向的对象若不存在或难以界定内涵与外延，那么，它就不足以成为法学概念。

（一）关于权利客体界定的典型主张

第一种观点认为权利客体作为利益，乃权利人依其权利所得支配之有形或无形社会利益之本体。[2] 第二种观点认为，权利客体为权利内容所指向的对象。私权之客体者，乃属于私权主体之对象，此对象即生活资料之存在，故物为私权之客体，亦即标的也。[3] 第三种观点为法律关系说。权利客体在两种意义上被使用，一为支配权或利用权的标的，二为权利义务关系。[4] 上述第一种观点模糊了各个权利之间的特性，将权利归为利益难免宽泛；第三种观点则将权利客体等同于法律关系，扼杀了概念独立性。笔者赞同第二种观点，即权利客体乃权利所指向的

---

〔1〕 刘春田：《知识财产权解析》，载《中国社会科学》2003年第4期。

〔2〕 参见刘春堂：《判解民法总则》（第4版），台北，三民书局1993年版，第75页。

〔3〕 参见刘清波：《民法概论》，台北，开明书店1979年版，第68页。

〔4〕 参见［德］卡尔·拉伦茨：《德国民法通论》，王晓晔等译，法律出版社2003年版，第377～378页。

对象。客体可分为自然客体和精神客体,精神客体可再进一步分为主观精神客体与客观精神客体,客观精神客体是主观精神客体的物化结果,如书籍、录音带等。[1] 因此,科技成果所有权的客体实际上就是其作为一种权利所指向的对象,但对于这个对象,我们也不能笼统地将其明确为"科技成果",因为科技成果概念太泛,在不同的标准中其范围也不相同。科技部印发的《科技成果登记办法》(国科发计字〔2000〕542 号)将其分为以科学发现为主的基础研究成果,以发明为主的应用研究成果,以决策咨询报告为主的软科学成果;2007 年《科学技术进步法》第 20 条罗列了发明专利权、计算机软件著作权、集成电路布图设计专有权和植物新品种权四种权利,相对应也会产生发明专利、计算机软件、集成电路布图设计和植物新品种四种科技成果;《促进科技成果转化法》第 2 条将科技成果界定为通过科学研究和技术开发所产生的具有实用价值的成果;科技部等 9 部门印发的《赋予科研人员职务科技成果所有权或长期使用权试点实施方案》(国科发区〔2020〕128 号)中的成果类型包括专利权、计算机软件著作权、集成电路布图设计专有权、植物新品种权以及生物医药新品种和技术秘密等。可见,政策和法律对科技成果所有权客体描述,要么采取不完全列举无法穷尽,要么就是没有抓到权利客体的本质,仅是对权利对象特征的描述。

(二)科技成果所有权客体的各种学说

因知识产权与科技成果所有权联系紧密,其客体具有某种相似性,前者客体界定的标准可为后者提供借鉴,而知识产权客体至少有如下几种学说:

1. 无体财产说。该说所称"无体财产",指知识创造物,与物权法上的有体物相对应而存在。[2] 罗马法将"物"分为有体物和无体物,后被德法两国民法所继承。法国法上的无体物即无形财产,特指所有权以外的财产权利。无形财产是一种非物质财富,知识产权为无形财产,它不

---

〔1〕 参见齐爱民:《知识产权法总论》,北京大学出版社 2010 年版,第 116 页。

〔2〕 参见[日]小岛庸和:《无形财产权》,日本株式会社创成社 1998 年版,第 2 页。

是直接针对物质资料，故其属于非物质财富。[1] 法国法上，无形财产包括作品、发明专利、商业名称、营业资产和商业信息等。英国法上没有"物"的概念，不存在无体物与有体物之分，无形财产是区别于实物动产的无体物或为象征财产利益的抽象物，既有知识产权、债权等权利，也有债券、股票等特殊种类物。可见，无形财产在不同国家有不同理解，将其概括成知识产权之客体，尚未在世界范围内形成共识。最重要的是，无形财产是个庞大的概念体系，它所涵盖的股权、票据权利等并不属于知识产权法的范畴。

2. 知识产品说。此说所称的知识产品包括创造性成果、经营性标记和经营性资信，是人们在科学、技术、文化等精神领域所创造的产品，具有发明创造、文学艺术创作等多种表现形式，与物质产品相区别而独立存在。[2] 此说直接借用了知识产权中的"知识"一词，且与国际通用的法律术语"知识产权"在用语上更为紧密，体现为知识"创造"的财产或产品之意，给人以形象感，避免精神产品、信息产品、智力成果等称谓过于抽象，同时也避开了无形与有形之争，直观上较易理解。[3] 此外，由于"物"的概念突出的是人类物质劳动的创造物，它可能是未加工的自然物，也可能是人类劳动的创造物，表现出客体的物质性，而知识产品则强调这类客体产生于精神领域，是人类知识的创造物，表现出客体的非物质性，体现了商品生产条件下知识产品作为商品的属性和财产性质，与我们所要讨论的科技成果所有权有契合之处。但问题在于，"知识产权"本身也是个颇受争议的词语，尽管这个词语顽强地生存下来且已经成为国际通用语言，但这不过是国际社会一致妥协的结果和长期使用的习惯使然。不仅类似于商标不能成为"知识"之产品，而且法学文献中很少用"产品"这种词语，更多的是"财产""物""成果"，相较于"知识产品"，事实上"知识财产"在法学研究中倒是使用更多的词语。

---

〔1〕 参见尹田：《法国物权法》，法律出版社1998年版，第51～53页。

〔2〕 参见吴汉东：《财产权客体制度论——以无形财产权客体为主要研究对象》，载《法商研究（中南政法学院学报）》2000年第4期。

〔3〕 参见钱矛锐：《知识产权客体问题的澄清》，载《西南政法大学学报》2002年第4期。

3. 智力成果说。该说是20世纪80年代在我国颇具代表和影响的一种学说,在"知识不能成为私有产品、被极少数人垄断"的传统观念下,它被认为是最能概括知识产权本质的学说。[1] 该说认为,知识产权的客体是人类的智力成果,而智力与创造有着天然联系。在1879年的Trade - Mark Cases案中,美国联邦最高法院在判决中认为,宪法中的"作品"指一种基于人类"头脑的创造力"(creative powers of the mind)而生成的"智力劳动成果"(the fruitsof intellectual labor)。[2] 智力成果是一种没有形体的精神创造物,不具有物质形态,不占据一定空间,看不见、摸不着,但可以被人为占有和控制,是知识产权成为独立权利的合理依据。[3] 不过,智力成果说忽视了科技成果的人格权和财产权双重属性,它以人格权为本位,忽视了其商业属性和价值属性。从方法论上说,它从客体的来源角度描述其性质,对法律制度构建的意义有限,譬如物权概念只关心"物"之形态,对于物源于何处并不关注。

4. 信息说。该说是在计算机、互联网等信息技术时代的背景下提出的,它将知识产权的产生和发展,看作科技创新和制度创新过程中科技、经济、法律协调发展的结果。信息作为物理学上的概念,与物质、能量共同构成客观世界的组成要素,由于物质并不是孤立静止的,它的运动就会留下"痕迹","痕迹"映射所指代的就是信息。而知识则是人类对自然界、人类社会及其思维方式与运动规律的认识,其本质也是一种信息。知识具有信息的特征,因此知识产权的客体是智力活动有关的非物质信息。发明创造是一种知识信息,工商业标记是一种识别信息,未披露过的信息也是一种信息,对无独创性数据库给予特殊保护的实质也是保护录入数据库的信息。[4] "信息说"符合时代潮流,扩展了知识产权的价值认知,为将商业秘密等纳入知识产权体系提供了理论依据。但信息是

---

[1] 参见郑成思:《知识产权论》(第3版),法律出版社2003年版,第71页。

[2] 参见熊文聪:《论"知识产权"概念的科学性——关于权利对象的本体探究》,载《知识产权》2013年第7期。

[3] 参见刘春茂主编:《知识产权原理》,知识产权出版社2002年版。

[4] 参见王兵:《知识产权基础教程》(第2版),清华大学出版社2010年版,第30页。

个外延很广的概念，几乎所有事物都可转化为信息，知识产权客体仅是众多信息中的一部分而已，且信息是物质之间的痕迹和映射，它进入社会关系必然体现为一种“符号”，“信息说”将不受主体意志而转移的客观存在的事物作为“客体”本身，混淆了客体和客体属性。

5. 思想说。该说认为，知识财产的本质不是“物”，也不是“信息”，而是思想，无论是专利还是作品，其本质都是思想。思想是经过人之大脑反映的对客观事物及其本质和规律的认识和表象，是隐含于表达之内的观念。思想属于意识范畴，与物质相对应而存在，虽区别于物质的客观实在性，但它的存在是客观的，作为人脑的产物，对社会发展和人类生活有重要价值。尽管知识产权的客体在物理上是不存在的，仅仅是观念上的东西，要依附于载体得以表现，但它既不是载体，也不是载体上记载的信息，本质为思想。正如新闻信息，作为著作权的客体，它既不是登载新闻的报纸，也不是报纸上的信息，而是其背后的思想。“思想说”将思想与信息进行了区分，基本抓住了知识产权客体的要害，是一种相对来说较为妥当的选择，但由于知识产权保护对象在各国范围不同，这种学说并不能涵盖所有知识产权的客体类型，如将发现、地理标志等体现为思想难免有些牵强。

除上述五种学说之外，还有无体物说〔1〕、符号说〔2〕、知识说〔3〕等，各种学说都有其道理，但也都有其相应弊端，这说明知识产权客体判定之复杂性。

---

〔1〕 该说认为，知识产权的客体是人的精神的创造物，精神创造物是可以与有体物相对应而被称为无体物，为知识产权客体之概括。参见梁慧星：《民法总论》，法律出版社2001年版，第64页。

〔2〕 该说认为，技术方案与作品一样，都是承载了思想的表达，而人类的表达工具是唯一的，那就是符号，知识产权对象的财产形态相似，同属于符号组合，因此能够适用统一的保护规则，即知识产权法。参见李琛：《知识产权法关键词》，法律出版社2006年版，第35页。

〔3〕 该说认为，知识产权的对象就是“知识”本身。参见刘春田主编：《知识产权法》，高等教育出版社、北京大学出版社2000年版，第4页。

(三)科技成果所有权客体的判定

由于各国知识产权的保护对象和范围不同,每个对象和范围有着不同特性,要用同一概念对不同对象进行涵盖,确实比较困难,前已论述的五种学说都无法达到令人满意的结果。“科技成果”作为科技管理领域的独有词汇,其复杂性决定了其本身并不能成为科技成果所有权客体,如果非要找到一种相对合理的学说来判定其客体,笔者赞同知识产品说。其原因在于,知识产品与物质产品对应,能体现出科技成果的非物质性,同时可体现出它的商品属性和财产属性,而这恰是科技成果所有权概念被创造的重要因素。前已论及,“技术商品所有权”与物质商品所有权一样,可用于交易,当它被创造出来那一刻,它与“物”一样就变成了“产品”,这种产品只要用于交易,就可以转化为“商品”。无论是否赋予知识产品创造者“所有权”或者别的什么权利,创造这个概念之目的不过是促进科技成果转化。《促进科技成果转化法》第 18 条规定的成果转化方式包括转让、许可和作价投资三种,实质是将科技成果隐含的价值通过协议定价、技术交易市场挂牌交易及拍卖等方式“计算”出来,“计算”之目的是转化科技成果,完成其作为商品的交易行为,而“所有权”本身也含有维护交易秩序之目的。因此,将“知识产品”作为科技成果所有权的客体是较为合理的。相较而言,如果将科技成果作为科技成果所有权的客体,虽易于理解,但体现不出科技成果作为商品的交易属性和财产属性,也体现不出创造科技成果所有权概念的目的。

三、科技成果所有权的权能

(一)所有权权能的各类学说及其评析

对于一项权利来说,必须具备一些基本要素方能存在,这些要素主要包括利益、主张、资格、权能和自由五个方面。其逻辑关系可以这样解释:权利成立的目的是保护利益;利益要成为权利,必须有人对它提出主张或要求;提出利益主张要有所凭借,就是要有资格提出此种主张;利益、主张、资格的成立还要求具有能够体现权利的实际和具体功能的权能;权利还包括主体按个人意志去行使或放弃某种权利,不受干预或威胁。按照这种逻辑,科技成果所有权的权能,就是其作为一项权利所具有的功能,是其内在所具有的、有益的功用和效能。作为一种“类所有权”,它必然具有所有权的部分权能,而所有权的权能在物权法上则有不同的学说。

其一,二权能说。该说照搬商品的使用价值和交换价值的二重属性,将权能解释为对客体的实际利用权和价值取得权。这种借鉴政治经济学术语来为“所有权”权能进行立论的做法,其本身就具有局限性,它偏重使用和处分两个层面,忽视了所有权的占有和收益权能,造成权能结构不完整,忽视了在市场经济中,人们拥有商品之目的不再局限于自己使用或物物交换,而是利用商品取得收益或增值这一现实,不能满足经济发展和法律制度本身之需要。

其二,三权能说。该说源于罗马法。罗马法上的所有权权能只有使用权、收益权和处分权,家长、家主可将一些财产交给家属或奴隶经营某项事业,家属或奴隶在授权范围内使用、收益、处分该财产。至于占有,罗马法不认为是权利,占有是事实,是物权的构成要素之一,与物权设定、取得和丧失具有重大关系。[1] 私有财产的真正基础是占有,但占有仅是一个不可解释的事实,而不是权利。[2] 现在的法国财产法受罗马法影响,也采取三权能说。实际上,占有权能在除俄罗斯和受俄罗斯民法影响的国家外的其他大陆法系国家,如德国、法国、日本等,是不被承认为所有权权能的。[3] 将占有列入所有权权能结构,是我国在移植大陆法系国家民法学过程中的创新,现在已成为我国民法学界关于所有权权能理论的通说,鲜有质疑者,原《民法通则》、原《物权法》及我国《民法典》等均使用该学说。

其三,四权能说。该说是在“三权能说”之基础上,增加了占有权

---

〔1〕 参见周枏:《罗马法原论》(上册),商务印书馆2014年版,第301页。

〔2〕 参见[德]马克思、[德]恩格斯:《马克思恩格斯选集》(第1卷),中共中央马克思恩格斯列宁斯大林著作编译局译,人民出版社1995年版,第382、407页。

〔3〕 参见吕瑞云:《公法法人财产所有权问题研究》,中国社会科学院研究生院2011年博士学位论文,第82页。

能。罗马法虽认为占有是事实,但其在法律上仍产生如下效果[1]:占有是所有权基础,先占、交付、时效取得均以占有为前提;占有受令状保护;在"物件返还之诉"中,占有人处于被告地位,故须由原告负举证责任,若原告无法证明其权利,则占有人即可胜诉并获得对标的物的继续占有;善意占有人可获得占有物孳息,对占有物毁损不负赔偿责任;占有人有留置权;占有人有权以自己力量保护占有。虽占有权能因所有权虚化或观念化而失其重要性,但不能因此否认其作为所有权基本权能的属性。[2] 物的使用、收益皆以占有为必要,应肯定占有为所有权的一项基本权能。[3] 占有作为物权的公示方式之一,除抵押权不以占有为首要条件外,大部分物权都要以占有作为前提条件,承认占有作为所有权权能具有积极意义。

其四,五权能说。该说认为,除占有、使用、收益和处分之外,所有权还包括管理权能。这个观点是学者在分析我国国有财产所有权权能结构中提出的,目的在于既保留国家对企事业单位财产的所有权,又能满足"搞活企业""权利下放"的需要。[4] 这个观点在民法学界未产生太多影响,不再赘述。

(二)科技成果所有权的权能选择及解析

科技成果所有权是与知识产权类似的民事权利,其权能除上述可能的权能之外,还包括组成知识产权权利体系的其他权利的权能。在我国,学者将专有权、实施权、禁止权、许诺销售权、标记权、专用权、许可权、转让权、特许经营权、发表权、署名权、复制权、表演权、改编权、注释权、整理权、翻译权、修改权、广播权、展览权、汇编权、摄制权、出租权、信息网络传播权、放映权、发行权、保护作品完整权、进口权、出口权、收费

---

〔1〕 参见吕瑞云:《公法法人财产所有权问题研究》,中国社会科学院研究生院2011年博士学位论文,第83页。
〔2〕 参见谢在全:《民法物权论》(上册),中国政法大学出版社1999年版,第123页。
〔3〕 参见王泽鉴:《民法物权》(第2版),北京大学出版社2010年版,第112页。
〔4〕 参见吕瑞云:《公法法人财产所有权问题研究》,中国社会科学院研究生院2011年博士学位论文,第82页。

权等多达30种权利作为知识产权权能构成。[1] 不过,我们所讨论的科技成果所有权作为“所有权”理论迁移的产物,它应具有前述权能学说所涉及的权能,而知识产权和物权又有着千丝万缕的联系,它也应该具有前述权能学说所涉及的权能。所以,无论在哪个层面,科技成果所有权的权能构成只能选择前述四种权能学说中的一种,这样才符合权能作为法律概念的科学性。笔者认为,作为我国民法通说的“四权能说”是较为符合科技成果所有权特征的权能构成学说。

一是占有权能。占有是权利人借以表明自己作为权利主体之“身份”的权利。民法在所有权制度之外,专门设立占有制度,通过占有事实推演出系列权利。物权法上对“物”的占有通常被理解为对“物”的事实上的支配、管领。但作为知识产品的科技成果,如何实现像“物”那样之占有,难免让人困惑。许可他人使用自己的专利,专利权人是否失去了占有?对专利这样的无形物如何实现占有?实际上,这种困惑是因为我们混淆了所有权权能的占有和纯粹事实状态的占有,《德国民法典》第845条[2]、《法国民法典》第2228条[3]均规定占有为事实,《瑞士民法典》第919条[4]、《日本民法典》第180条[5]则将对物的实际支配称为占有。上述法典描述的基于事实状态的占有,与所有权的占有是完全不同的两回事。事实状态的占有可能是非所有权人的占有,小偷的盗窃行为也可能成立占有,但这种占有是一种基本外观事实,而真正的所有权意义上的占有,是以所有权人的意思为独断,它需要明确占有权源,而占有的权源就是“本权”,“本权”决定了占有是否受法律保护。在所有权关系明晰的情况下,无论其财产在何处,所有权人有没有进行实际占有,其财产的归属状态和所有权均不受影响。自罗马法以来,人们就承认用

[1] 参见何敏主编:《知识产权法总论》,上海人民出版社2011年版,第137~138页。

[2] 《德国民法典》第845条规定,物的占有,因对物有实际的控制而取得。

[3] 《法国民法典》第2228条规定,对自己掌管物或行使权利的持有或享有,或者对他人以我的名义掌管物或行使权利的持有或享有,谓之占有。

[4] 《瑞士民法典》第919条规定,凡对某物有实际支配权的,为该物的占有人。

[5] 《日本民法典》第180条规定,占有权,因以为自己的意思,事实上支配物而取得。

益权、役权类的物权也可以占有，至少可以“准占有”，实际上就是“对权利的占有”。作为知识产品的“科技成果”，对其进行“占有”，实际上是基于一种专有权而对自己拥有权利的知识产品以自己的意思进行支配和管理的权利。比如，作品的作者可通过署名的方式来达成对自己作品的占有，借此来表明自己的著作权人身份。在这里，署名权是一种特殊的占有权，它是一种法律上的公示方法，具有公示推定的效力，如无相反证明，在作品上署名之人就视为作品的合法权利人。

二是使用权能。有用性是财产的共性，不具有使用价值之东西不能被称为“财产”，使用权就是所有人通过某种方式发挥财产价值的一种权利。所谓“使用”，体现为按照“物”的通常使用方法加以利用，不得以毁损方式使用，使用的结果不得造成物的性质变更。使用有两种方式：所有权人自己利用财产；所有权人将财产交给他人利用。在自己利用情况下，所有权人与利用人合二为一，利用财产的后果由所有权人承受，不影响他人利益。但在所有权人将财产交给他人利用之情形下，所有人和不特定的义务人间，就插入进了一个利用人，利用人从一个不特定的义务人变成了有权支配所有权人财产的权利主体，它作为实际占有和利用财产的人，不能像一般非所有人那样只尽不作为义务，它还要管好所有人的财产，而所有权人也要承认利用人的权益并约束自己的行为。科技成果作为一种“财产”，同样具有使用价值。科技成果所有权的使用权能，体现为权利人对其知识产品进行自行实施或许可他人实施。以著作权为例，使用权可体现为对作品的复制权、发行权、演绎权、展览权和改编权等；以专利权为例，权利人可通过许可、作价投资等促进科技成果转化。只不过此类使用权有不同于“物”的使用权的特点：其一，它的使用不会导致财产的磨损或消亡，如面包可被吃掉，机器的使用会使其价值减损，而作品可被反复利用且不会磨损或使其价值贬损；其二，它的使用权行使不以物理占有为前提，使用人可在不同空间同时利用该“财产”，甲在 A 地被许可使用专利，乙同样可在 B 地利用该专利，而物的使用则不可能如此；其三，物质财产经过长时间的使用最终都要消亡，而知识产品则一直存在，只不过超过法定保护期限，就会进入公有领域，丧失专有使用权。

三是收益权能。罗马法产生之时,罗马社会处于简单商品经济社会,收益权作为一项所有权的权能并不突出,它长期被视为使用权派生而来的权能。首先,罗马社会中,商品交换的目的只是满足生产和生活消费需要,而不是在此基础上追求价值,所有人更注重的是使用权。其次,自然经济条件下,生产规模小,生产方式简单,财产的所有权人往往是实际占有人和使用人,财产和所有人没有分离,财产上的利益完全由所有人获取,不可能产生所有人之外的生产人获取利益的情况。到了中世纪,注释法学派在解释罗马法时认为,在所有权的权能中应补充收益权,这与当时的社会背景有关。中世纪的西欧,封建社会的领主在宣布自己是土地主人的同时,也承认农民对土地地面的权利,土地的领主所有和农民的世袭占有构成了这个时代西欧封建土地双重所有权的基本特征。这种权利架构下,领主对土地享有的权利,实际是在土地上获取收益即占有农奴剩余产品的权利。同样,农奴虽没有对土地的所有权,但可享有获取部分剩余劳动产品的权利,收益权就这样产生并成为一种独立权能。现代民法的收益权理论将收益权解释为所有权人可通过对物的使用而获取收益的权利,如房屋所有人可通过出租该屋而收取租金,恰是对中世纪收益权内容的注释。领主可基于对土地的所有权获取收益,科技成果所有权的权利人同样可以通过行使其对知识产品的权利而获取收益。我国知识产权法学界曾有过"知识产权具有人身权和财产权的二元权能结构"的观点,这说明收益权是知识产权的重要权能。衍生于科技成果转化背景下的科技成果所有权,其概念创设之目的就是通过将权利明确给最有利于进行转化的主体,推动知识产品的推广应用。专利权人可以通过许可他人使用、自行实施、投资入股等多种形式获取收益。近年来,科技成果转化政策频出,我国多地出现技术要素交易市场及类似于"淘宝"的科技成果交易网站,如科淘网、科易网、易智网等,这本身也说明知识产品通过市场交易进行"变现"具有可行性,这也是科技成果所有权概念创设的重要目的。试想,当所有权人不能利用财产而财产又不能流动的情况下,法律上的所有权在经济上就不可能实现,即便所有人能够独占利用,它也不可能实现财产的最大化价值。科技成果转化就是要打破对国有企事业单位科技成果作为“国有财产”的消极保护观念,让最有可能推动科技成果转化、创造和实现成果经济价值的人成为财产的所有权人。

四是处分权能。所有权之本质,乃在于所有人自由之处分。[1] 处分权是所有人对其财产进行消费和转让的权利。[2] 物权法上,对物之处分包括事实处分和法律处分,前者系就标的物为物质变形、改造或毁损等物理上的实施行为,后者系就标的物所有权的移转、限制或消灭等的实施行为。在法律效果上,事实处分会导致所有权的绝对消灭,而法律处分不过是转移所有权的全部或部分权能。同样,对科技成果的处分也可分为事实上的处分和法律上的处分。只不过事实上的处分并不像我们摔碎一个杯子那样将其从物理形态上进行改变或消灭,它的特殊性决定其处分方式的特殊性。比如,对作品的处分就是通过修改其标点符号或对其文字内容进行补充、增删、调整段落顺序等。无论哪种方式,都会使作品形态发生变化,这与有形财产的“形态变化”并无根本区别,由此才出现了保护作品完整权的著作权权能。[3] 法律上的处分,典型的就是转让其权利,转让包括部分转让和整体转让,之所以有部分转让,是因为部分类型的科技成果作为权利,它具有人身权属性的权能是不能转让的,比如作品的署名权。实际上,人身权的权能不能转让并不是因其像人格权那样具有“人身性”,而是因为这种转让会损害社会评价体系。比如,个人发明的专利却将署名权让与他人,这会损害社会的有序性,诸如学术造假、代笔等都是被明令禁止的。此外,处分权之所以成为科技成果所有权的重要权能,还在于过去科研项目资助所产生的科技成果及国家举办的科研机构拥有的科技成果都归“国家所有”,单位和个人没有处分权,而国家作为权利人,在权利登记证书上无法体现,且作为国有

---

[1] 参见史尚宽:《物权法论》,中国政法大学出版社 2000 年版,第 2 页。

[2] 参见王利明:《国家所有权研究》,中国人民大学出版社 1991 年版,第 140 页。

[3] 参见杨延超:《著作权权利结构重构——以物权法第 39 条为模型》,载《学术研究》2007 年第 6 期。

资产管理的科技成果,并没有明确地促进其转化的义务主体和权利主体,"所有权"就是要解决主体、客体不特定的问题,其核心是处分权能的明确,从"国家所有"到"单位所有"再到"个人所有"的改革逻辑也印证了处分权作为"所有权"类型中最重要权能之重要性。

四、科技成果所有权的取得

(一)所有权取得的三种方式及其内涵要义

在自然法上,财产权取得的方式通常有先占、劳动和时效取得三种。关于先占,罗马法学家认为,先占是蓄意占有无主财产,目的是将取得财产作为己有。在他们看来,在从来没有过所有人的物件中,诸如野兽、野鸡、第一次被发掘出来的宝石以及新发现或从未被耕种过的土地、抛弃的动产、荒废的土地等都可以被第一个占有它们、意图保留它们作为己有的占有人所取得。关于劳动,任何人对他的劳动所产生的创造物享有天然所有权,劳动包括脑力劳动和体力劳动,前者如技术性发明创造,后者如耕种土地。关于时效取得,如果一个人明知其财产被另外一个人占有,并且这种占有的状态持续了很长时间而不对该财产提出权利主张,他就被视为已经放弃了对同一财产的一切权利,除非其沉默有充分理由。〔1〕 在英美法上,财产所有权的取得无外乎两种途径〔2〕:一部分是由自然力和人的行为产生出来的,从它被生产那一刻起,就有了与生俱来的所有权,英美法上称之为"初始权益";另一部分的财产则早已存在,人们须通过各种方式的法律上的转让,才能取得他们的所有权,英美法上称之为派生权益。初始权益取得行为包括生产、创作、发现、占有、添附和改造;派生权益取得行为主要是转让。我国民法上的所有权取得方式则主要包括原始取得和继受取得,前者如先占、拾得遗失物、添附等,后者包括买卖、互易、继承遗产、接受遗赠等。

---

〔1〕 参见[荷兰]格劳秀斯:《战争与和平法》,[美]A. C. 坎贝尔英译,何勤华等译,上海人民出版社2005年版,第155页。

〔2〕 参见[英]F. H. 劳森、[英]伯纳德·冉得:《英国财产法导论》,曹培译,法律出版社2009年版,第55页。

(二)科技成果所有权的原始取得及其特殊性

科技成果所有权的原始取得可分为两种情形:一种是依据创造事实而取得,另一种是知识产权登记机关基于当事人的申请而授予它。生产和创作行为所取得的所有权在英美法上被称为“第一产权”,它指的是对由自然力或人工生产的新的有形物所享有的与生俱来的权益,著作权等就属于其中之一。如果新生物是由人工创造的,它的第一所有人通常就是他的制造人或创造人。如果新生物由自然力产生,它得以产生的资源在财产法上属于谁它就属于谁,如苹果属于果园的所有者、羊羔属于母羊的所有者。就科技成果权属来说,知识产品的生产、开发活动本质上属于事实行为,任何人都可以通过自己的智力劳动取得知识产品创造者的身份。尽管创造者的身份在有的情况下也可能归属于个人或者主导创造活动并体现其意志或承担相应责任的法人,比如职务科技成果在无约定情况下其权属由所在单位享有,但这里的原始取得强调的是“第一产权”,就是这个权利的取得不以先前存在的权利为前提条件。比如经过劳动创作的技术方案,作者享有商业秘密权,这种方式强调的是权利人的“技术方案”是从无到有,并不是从他人手中获取的。换句话说,此种情况下,该科技成果非经创造者的劳动是并不存在的,它是新事物的诞生。再如发现,物权法上的发现其本质是对无主物的占有,发现人发现无人占有之物并将其占有,占有给了发现者一个可以转让的权利,这个权利受到法律保护。科学家对天体运行规律的发现,虽然不受现行知识产权法保护,但作为基础研究领域的重要成果,这个发现可以形成论文等著作权,而著作权本身是创造行为完成即产生权利,并不需要通过行政机关授权。

当然,与物权原始取得不同,在科技成果所有权原始取得中,国家机关的授权行为往往是权利主体资格最终得以确认的必经程序,这是由科技成果所有权客体的非物质性所决定的。知识产品不同于传统的客体物,不可能被有形地控制或占有,它容易从创造者手中“逃逸”而为他人所利用。换言之,只要知识产品公布于世,他人就极易通过非法处分途径而获取利益,因此,科技成果的所有权人不可能仅凭创造性活动的事实行为而当然、有效、充分取得、享有或行使其权益，而必须依靠国家法律的特别保护，即由主管机关审查批准后授予专有权或专用权。在此意义上，创造性活动是权利产生的“源泉”，而国家机关授权则是权利产生的根据。[1] 当然，并非所有知识产品都需要国家确认，如著作权就不需要国家确认。

（三）科技成果所有权的继受取得及取得方式解析

在民法学理论上，继受取得又称传来取得，其区别于原始取得有两个标准：一是它必须依据原权利人的意志才能发生；二是它以原所有权人的权利为根据并通过权利移转的方式发生。“一物一权”原则意味着不能在同一物上设立两个以上内容相同的所有权，表现在继受取得上就是一方让渡权利后，让渡者就失去了权利主体资格，继受权利者则成为新的所有权人。继受取得的上述特征，使科技成果所有权的继受取得面临着一定困惑。知识产品之上往往拥有若干权利主体，而且权利主体在不同情况下的权利内容也不尽相同。首先，原科技成果所有权人对其科技成果可能拥有人身权和财产权，其移转的只能是财产权，继受主体不能获得专属于创造者的人身权，这样同一知识产品的人身权和财产权就被不同主体所享有；其次，所有权的各项权能可以分离，在原始主体不变时，会产生一个或数个拥有部分权利的不同主体，即权利和权能的分离，使占有人成为了物的实际支配者，原权利人成为了不能直接控制物的“空虚权利主体”。但科技成果是非物质形态的精神产物，它可以在不同时空下被诸多主体利用，原始主体也同样可以利用，转移其权能并不能影响原始权利人的利用，比如专利权授权许可。

尽管科技成果所有权的继受取得与物权有所不同，但二者的取得方式大体相同：一是转让，即权利人基于自己的意志，依法将自己的专有科技成果权转移给他人，如科技成果转化中的知识产权拍卖行为或技术成果的交易行为；二是赠与，即权利人自愿将其对科技成果的权属转移给

---

〔1〕 参见吴汉东：《关于知识产权本体、主体与客体的重新认识——以财产所有权为比较研究对象》，载《法学评论》2000 年第 5 期。

他人,如单位将自己作为专利权人的科技成果无偿划转给科研人员,不过与物权不同,赠与人没有所谓的瑕疵担保责任;三是互易,即权利人将其拥有权利的科技成果与他人金钱以外的财产进行交换,本质上是转让行为;四是继承,权利人死亡后,其继承人按照法律规定继承其成果所有权,继承的权利实际上是财产权,而不是科技成果中的人身权;五是遗赠,按照权利人生前所立的合法有效的遗赠协议取得科技成果权;六是承受,原权利人是法人或非法人组织时,该组织发生变更或终止,由其他法人或非法人组织取得科技成果权属,如公立大学合并后,原归属于大学的科技成果归新的法人取得。

(四)科技成果所有权时效取得及制度创设

民法上的时效取得是指以所有的意思,和平、持续、公开占有某物达到一定期间者,占有人取得某物所有权。由于我国民法吸收了苏联的法学观点,认为时效制度与我国传统道德相悖,助长不劳而获和鼓励侵夺他人财产,因此并没有在法律上明确。近些年,法学界多数认为应该承认和建立时效取得制度,这有利于经济秩序稳定,也符合物的占有原因多样化。[1] 但我国《民法典》依然没有规定取得时效制度,知识产权法上也没有相应规定。不过有学者认为,时效取得制度可以适用于知识产权[2],还有学者就知识财产使用权的时效取得进行了论证[3]。笔者认为,传统的时效取得制度仅适用于动产和不动产,因此要求以排他性占有为前提条件,但实际上时效取得不以占有为必要条件。源于罗马法上的时效制度,将财产范围局限于动产和不动产,是受时代局限,那时还未出现精神创造物也可作为财产的基础条件,人们也没有此种观念,并且取得时效制度的目的是督促财产权利人在行使权利的同时,履行一定社会义务,解决怠于行使权利和权利人的恶意"放水养鱼"。知识产品

[1] 参见沈健州:《知识产权适用取得时效制度问题研究》,载《广西社会科学》2015年第11期。

[2] 参见谢在全:《民法物权论》(上册),中国政法大学出版社1999年版,第166页;梁慧星:《中国物权法草案建议稿》,社会科学文献出版社2000年版,第237页。

[3] 参见李雨峰:《论知识财产使用权的时效取得》,载《法学评论》2011年第5期。

作为一种财产,也存在督促财产权人履行社会义务的目的,在其他国家(如日本)和地区(如我国台湾地区)也并没有将占有作为取得时效的前置条件。因此,科技成果所有权的取得是可以适用取得时效的,只要行为人在行使他人的知识财产时,不是以暴力手段、隐秘方式等,如公开出版他人作品、销售他人享有专利权或商标权的商品等,是可以达到占有目的取得"所有权"的。至于时效取得制度中的"经过一定期间"究竟是多久,建立时效取得制度的国家和地区对期间长短的规定不一。随着互联网、现代通信手段的发达,权利人维护权利的成本不断下降,且得知自己知识财产权被侵害的方式多样,未来若建立时效取得制度,可将期间设定在善意占有人为 5 年、恶意占有人为 10 年。当然,对科技成果的时效取得仅是财产权的取得,而不能取得专属于原始权利人的人身权。

(五)国有科技成果所有权的取得方式及定性

国有科技成果所有权的取得在实践中有三种:一是以政府采购形式取得科技成果。民法中的买卖是最典型的法律行为,这是继受取得的一种。依据现行法律,国有企事业单位若需从市场上获得科技成果,需采取政府购买的方式。但《政府采购法》是否适用政府从市场上通过拍卖、交易等方式取得科技成果呢?尽管《政府采购法》第 2 条只规定了各级国家机关、事业单位和团体组织使用财政性资金采购标准限额以上的"货物、工程和服务"需通过政府采购方式,没有明确说采购知识产品或科技成果需要通过此种方式,但《政府采购法》中的货物所指代的形态和种类极为广泛,包括原材料、燃料、设备、产品等,并且这里的"服务"又将货物、工程以外的采购对象统统纳入。因此,只要其购买的经费源于"财政拨款",无论购买对象是什么都必须纳入政府采购。由此,国有企事业单位通过市场交易取得的科技成果其所有权属于政府,因为政府对购买款项拥有所有权,那么,用这些款项购买的"服务"的所有权也属于政府。不过,这里的"政府"最终是要落实到具体的法人主体上,一般为实际使用该成果的企事业单位。二是政府举办的科研企事业单位取得的科技成果。我国是以公有制为主导的社会主义国家,国家承担着社会经济建设的宪法使命，以国家名义直接组建的各种企事业单位以及政府参与投资组建的企事业单位，其形成的知识产品按照国有资产管理，其所有权归国家。但实际上，各种科技成果权属登记证书上的权利人则为各单位。困惑的是，虽然单位为权利人，但要处置或变卖科技成果，必须经过财政部门的审批，实际上真正的权利人并没有权利登记证书上所载明的那些权利，它只享有部分权能。三是政府资助科研项目所形成的科技成果。这是政府出资、政府投资所形成的科技成果，部分类型的成果国家通过《促进科技成果转化法》等直接将其授权给项目承担者享有，这属于公法途径的取得方式。除上述立法取得方式之外，公法取得还包括国有化、征收、没收、税收等。政策中“赋予科研人员职务科技成果所有权”跟“授权项目承担者依法享有”的规定都是立法取得所有权的重要方式，尽管《科学技术进步法》和以《重庆市促进科技成果转化条例》为代表的地方性法规笼统地作了此种规定，但没有具体的操作条文，哪些科技成果可以直接赋予科研人员以及如何赋予都不太明确。况且，所有权制度是民事法律的基本制度，地方性法规可否作此规定，也值得商榷。

五、科技成果所有权的消灭

民法所有权的消灭可分为标的物灭失的绝对消灭和权利放弃的相对消灭。前者是指作为客体的物不复存在，后者是指转让、抛弃等。科技成果所有权与其类似，只不过它存在超过保护期限而使该项科技成果进入公有领域的情况。总体来看，科技成果所有权的消灭有以下几种情形：一是科技成果所有权客体灭失。若一项科技成果仅以唯一的载体为表现，该载体灭失，仅靠记忆等手段无法重现或恢复，那么该客体就不复存在，比如著作权客体的作品原稿毁损而无法靠记忆恢复。二是因保护期届满而消灭。部分科技成果的权属具有保护期限，超过法定期间就会进入公有领域，失去法律保护效力。比如，专利权、著作权、商标权就有明确的期限性，发明专利保护期限为 20 年，实用新型为 10 年，作品中著作财产权保护期限为作者终生或死后 50 年，法人为 50 年。三是因权利转让而消灭。若原权利人将科技成果所有权让渡给他人,那么,“他人”就成为新的权利人,原权利人的权利消灭。不过,这里的权利让渡是科技成果中的财产权,专属于原权利人的人身权是不能转让的。四是因权利抛弃而消灭。物权上的抛弃即权利人放弃所有意思,这是单独行为,无须向任何人为意思表示,抛弃后的“物”成为了无主“物”。不过科技成果所有权的抛弃与物权不同,如将一篇论文的原稿抛弃,先占的人可以获得被抛弃“原稿”的物权,但是任何人不能获得被抛弃论文的著作权。此外,物权的抛弃无须明示,而科技成果所有权的客体具有无形性,对其载体的抛弃并不意味着对负载其上的权利的抛弃,抛弃人必须有明确的对其权利抛弃的意思表示。五是因主体消灭而消灭。原则上权利主体的消灭,如自然人死亡、法人解散,都不会引起权利的绝对消灭,自然人死亡由继承人继承,或由受遗赠人接受遗赠,法人终止,其财产则由其他有权的法人或自然人享有。不过,没有承继主体时如何处理,长期以来法律没有规定,学术界也有争论。笔者认为,应该由国家享有,因为国家没有私的利益,由其享有无人承继的科技成果,有利于知识传播和科技成果转化。六是因公法行为而消灭。人民法院经过审判程序,判决科技成果归国家或他人享有所有权,或行政管理部门依照相关法定程序确认权利无效或被撤销,权利人未提起诉讼的,所有权消灭。

第四节　科技成果所有权共有制度

“赋予科研人员一定比例的职务科技成果所有权”作为推动科技成果转化的重大举措和典型经验正在逐步向全国推广,作为科技成果所有权概念产生的重要政策诱因,“一定比例”的规定引出了科技成果所有权的共有问题,科技成果在内涵和性质上的特殊性决定了科技成果所有权共有跟物权法上的所有权共有必然有所不同,“一定比例”的共有在法律上到底如何解释,值得探究。

一、科技成果所有权共有的理论困惑

（一）科技成果共有面临的理论困惑

在所有权制度中，若干人在同一时间、以同一方式共同拥有同一财物的财产共同所有制度在罗马法时代就已形成。一些研究古罗马法的法律学者甚至认为，社区的、家庭的、部落的和家族的共同财产所有权先于个人财产所有权而产生。[1] 家庭成员共有他们的住房、家具、汽车或者行业合伙人共同拥有合伙财产并经营他们共同的生意，这种共同所有的例子在今天的生活中比比皆是。罗马法认为共有是纷争之源，故尽量避免发生共有或使之消灭，对共有不分按份共有和共同共有，认为实际上都是按份共有。[2] 现代民法上的共有可分为按份共有和共同共有[3]，按份共有的特点在于共同所有人不能拥有共同财产的某个具体部分，但它的不可分割的份额是可以转卖或继承的，并且无须其他共有人同意，如股份公司的股东各自拥有独立股份，可以转让和继承，但股东不能跑到公司的办公大楼去，指着其中的一间办公室说这是我的份额。而共同共有的最大特点在于幸存者继承全部财产，一个共同所有人死亡，他的份额不能被他的后代所继承，而只能归于其他还活着的共同共有人所有。可以说，民法的共有制度已经形成了较为固定的通说，但这种共有制度是建立在财产权基础之上的，针对科技成果这种精神成果的共有在学术界却长期存在争论，这主要是因为科技成果的共有与所有权共有在共有性质、共有人范围、权利客体、权利存续期间等方面显著不同。

所有权是稳定财产归属关系的重要权利，且首要价值在于确认权利

---

〔1〕 参见［英］F. H. 劳森、［英］伯纳德·冉得：《英国财产法导论》，曹培译，法律出版社2009年版，105页。

〔2〕 参见周枏：《罗马法原论》（上册），商务印书馆2014年版，第353页。

〔3〕 所有权上的共有分为分别共有和共同共有。分别共有为数人按其应有部分，对于一物共同享有所有权；共同共有是指依法律习惯或法律行为或习惯，成一共同关系之数人，基于其共同关系，而享有一物之所有权。参见王泽鉴：《民法物权》（第2版），北京大学出版社2010年版，第216、253页。

主体资格，共有作为所有权的组成部分，其首要价值当然也在于明晰财产的归属，因而，所有权制度中的共有根据按份共有和共同共有不同，确立了份额多数决和全体共有人一致同意的共有规则。[1] 科技成果所有权作为民事权利，其首要价值应该在于告知社会公众何人为权利主体，因其客体的无形性，社会公众不能通过占有的外观推定权利主体，必须创设一种所有权模式的制度来保护此类智力成果。在明确权利主体之后，其第二价值才是鼓励社会公众从事智力创造活动，但智力创造活动本身不是目的，其最终是通过创造活动来产生经济和社会效益，这就是我们谈及的科技成果转化。这样的价值逻辑决定了科技成果所有权的共有制度不能简单地套用物权法上所有权的共有制度，它的规则应该与其价值相一致。我国民法学界多认为知识产权具有人身性和财产性的双重属性，但知识产权学界则认为知识产权为财产权，只有著作权例外，这个争议也适用于科技成果所有权。但在今天我们连何为知识产权共有都无法达成共识的情况下[2]，对"赋予一定比例的科技成果所有权"的制度建构就必然产生困惑。幸运的是，我国《著作权法》《专利法》对智力创造物的共有已有规定[3]，这对阐释科技成果所有权的共有提供

---

[1] 参见曾培芳：《知识产权共有问题研究》，载《学海》2009 年第 6 期。

[2] 现有的知识产权共有文献中，对其表述不一。比如，"共有知识产权，一般是指当事人各方就某一研究开发项目或创作题材共同合作、相互协作或达成共有约定基础上形成的无形财产的共有"。温旭、王立华编著：《共有知识产权》，北京大学出版社 1992 年版，第 37 页。"知识产权共有，是指两个或两个以上的民事主体基于共同的或互相联系的创造劳动，对创造出来的智慧成果所享有的共有权。知识产权共有也可以称为共有知识产权，其内涵是完全一致的。""知识产权共有只包括共有著作权、共有商标权和共有专利权，不包括其他财产权。"杨立新：《共有权理论与适用》，法律出版社 2007 年版，第 247～248 页。

[3] 《著作权法》第 14 条第 3 款规定："合作作品可以分割使用的，作者对各自创作的部分可以单独享有著作权，但行使著作权时不得侵犯合作作品整体的著作权。"《专利法》第 14 条第 1 款规定："专利申请权或者专利权的共有人对权利的行使有约定的，从其约定。没有约定的，共有人可以单独实施或者以普通许可方式许可他人实施该专利；许可他人实施该专利的，收取的使用费应当在共有人之间分配。"第 2 款规定："除前款规定的情形外，行使共有的专利申请权或者专利权应当取得全体共有人的同意。"至于商标权共有，我国《商标法》对此仍然为立法空白。

了思考路径。

(二)科技成果共有与物的共有的联系与区别

共有通常为所有权意义上的共有,即共有物的客体为物权法上的"物",对于著作、专利等科技成果的共有,往往采取"准共有"制度。"准共有"强调的是处理法律纠纷时,针对所有权之外的财产权,其裁判规则可参照适用所有权共有规则。但笔者认为,科技成果所有权既然带着"所有权"的光环,我们对它的共有制度的理论建构就还是要回到传统的共有制度上来。传统的所有权制度调整对象并不涉及知识产品或科技成果,尽管法国民法理论对"物"作广义理解,但它所指的无体物专指具有财产内容的权利,德国民法的所有权概念体系中的客体虽也不限于"物",却将知识产品等智力创造物的权利称为"精神所有权"。尽管科技成果所有权并不是传统意义上的所有权,它更类似于知识产权,但它的确与自然法上的所有权有着千丝万缕的联系,这也为共有制度的构建提供了依据。当然,科技成果所有权的共有和传统的所有权共有有着区别:一是共有客体不同,前者的客体为知识产品,而后者为动产和不动产;二是权利内容不同,前者的共有除了财产权共有,可能存在人身权共有,比如合著的作品或发表的学术论文,而后者仅指财产的共有;三是价值取向不同,前者的共有不只是确定权利归属,还有激发创造和实现公共利益的目的,而后者的共有基本价值取向就是确定物的归属和利用关系。

作为财产权的一种形式,科技成果所有权的共有只不过是所有权共有的一个特例,它成立共有既有理论上的支撑,也有法律实践的支撑。[1]笔者认为,科技成果所有权共有是两个或两个以上的民事主体对同一知识产品享有同一的所有权。它具有以下特征:一是主体的复合性。即权利主体为两个或两个以上,可以是自然人,也可以是自然人和

---

〔1〕 江平先生认为,共有是指两个以上公民、法人对同一项财产共同享有所有权、使用经营权及知识产权等民事权利。在实践中,我国申请专利的表格为申请人留了三个空当,并且不够的仍可以另行作出补加,这说明专利法是主张专利权共有的。参见齐爱民:《知识产权法总论》,北京大学出版社2010年版,第377页。

法人的组合。二是权利的复合性。尽管权利人为多数,但“所有权”只有一个,如西南交通大学的科技成果权属改革也是单位和科研人员共同拥有一个“所有权”。三是客体的特定性。2020 年 5 月科技部等 9 部门印发的《赋予科研人员职务科技成果所有权或长期使用权试点实施方案》(国科发区〔2020〕128 号)中提出的科技成果类型包括专利权、计算机软件著作权、集成电路布图设计专有权、植物新品种权以及生物医药新品种和技术秘密等。对这些成果的共有必须是基于整体而不能就其中一部分形成共有,如不能针对著作权中的某一个软件代码而形成共有。四是内部关系的可分性。如共有关系终止后,可将共有成果进行处置,将获取的收益按照一定比例在共有人之间进行分配。上述这些特征与传统的所有权的共有具有相似性。但需注意的是,在现行法律制度下,科研人员并不能取得职务科技成果的“一定比例”。职务科技成果是科研人员执行本单位任务或履行岗位职责所取得的,它是单位物质技术条件和科研人员智力劳动结合所产生的成果,而科研人员的劳动实际上是基于与单位的劳动合同,由单位支付“工资”所取得的。若科技成果归科研人员所有,就意味着单位付给劳动者个人的劳动报酬并没有实现它意欲实现的价值。即便是双方在劳动合同中约定,科研人员可分享科技成果及分享的比例,但这已然超出了《劳动法》《劳动合同法》的调整范畴,实际上单位与科研人员间的关系不再是雇佣关系,而是一种合作开发技术成果的关系。

二、科技成果所有权共有的表现形式

(一)科技成果确权的考量因素

一项科技成果归谁所有,应该着重考虑其科研行为活动是谁决定的或体现谁的意志、科研失败的风险由谁来承担、谁能更好地促进科技成果转化和应用推广。据此,科技成果所有权是否赋予科研人员,有以下几种情况:第一,职务科技成果和财政资助所形成的科技成果,其投资人均体现单位和国家意志,且科研失败的风险及成果转化中的侵权责任均由单位承担,即便科研人员对推动科技成果转化具有重要性,但该成果的权属也只能属于单位。第二,科研人员自行立项、研究开发并承担失败的风险和转化中的侵权责任,这种情况下,将成果权属归于科研人员较为妥当。但问题是,国家财政资助的科研项目,即便将其确定为自研项目,资助单位无经费投入,其依然要签订项目任务书,且任务书签订主体只能是依托单位,从合同法角度来说,此时的合同相对人并不是科研人员,研发失败风险和转化侵权责任依然由依托单位承担,所以也可将该成果归属依托单位。第三,科研人员按照自己的个人意志立项并开展研究,仅使用单位的物质技术条件,其研发风险、成果转化等均由科研人员自己承担,此种情况下,将科技成果权属赋予科研人员较为妥当。第四,科研人员按照个人意志立项并开展研究,单位提供了物质技术条件,但成果的转化和应用推广由单位负责,此种情况下,科技成果归单位所有比较妥当。第五,科研项目由单位立项并组织团队进行研发,单位承担风险,但成果的转化及应用推广由科研人员负责,此种情况可将权属赋予科研人员。总之,科技成果所有权确权本身不是目的,通过确权推动科技成果转化和应用推广才是目的,只要坚持互利原则,支付了相应对价,就要将科技成果赋权给最有利于推动成果转化的一方。

(二)单位与科研人员共有科技成果的形式

首先,转让、许可和作价投资是科技成果转化的三种方式,单位将职务科技成果的权属全部或部分让渡给科研人员,科研人员支付对价,在法律上并不存在障碍。此种情况下,科研人员可以获得科技成果所有权,但这种“所有”是单独所有或共有。其次,单位是否有权将自己持有的科技成果赠与科研人员,要先判断赠与人是否拥有科技成果的所有权。至少国家设立的高等院校和科研院所,其所形成的科技成果所有权归“国家所有”,单位是没有处置权的,这种情况下的赠与是违法的。尽管 2007 年《科学技术进步法》第 20 条将四种由财政资金资助的科研项目所形成的科技成果权属授权给项目承担单位享有,但这种享有是否包含单位可随意处置的意思? 即便包含,四种科技成果类型外的其他成果处置依然是违法的,因为单位享有处分权的成果类型是由法律明确规定的,它的处分权是法律授权,而不是天然拥有。若是非国有机构将自己拥有所有权的职务科技成果全部或部分赠与科研人员，因赠与人有处分权，法律是允许的，赠与后就形成了科技成果的共有。最后，该职务科技成果本来是属于科研人员所有的，如非职务科技成果、科研人员自己开办企业所开发的成果、科研人员与单位合作进行开发研究所形成的成果、科研人员通过交易所获取的科技成果等，但因各种原因其权属登记证书上的权利人并不是科研人员，此种情况只需要按照相关要求提供证明材料，经审核后就可以办理权利的移转，从而形成单位与科研人员的共有。

三、科技成果所有权共有的法律障碍

2018 年 12 月，国务院办公厅印发《关于推广第二批支持创新相关改革举措的通知》（国办发〔2018〕126 号），将“赋予科研人员一定比例的职务科技成果所有权”作为科技成果转化激励改革的重大举措，向全国 8 个改革试验区域推广。2020 年 5 月，科技部等 9 部门印发《赋予科研人员职务科技成果所有权或长期使用权试点实施方案》（国科发区〔2020〕128 号），分领域选择了 40 家高等院校和科研机构开展赋予科研人员一定比例的科技成果所有权试点改革。这个最早由西南交通大学开展试点的所谓“职务科技成果混合所有权”制度改革已被当成典型经验在全国推广，但《西南交通大学职务科技成果转化实施细则（试行）》并没有明确规定事前国有科技成果所有权的产权比例，只是在“收益分配”中明确了已经分割确权的科技成果，完成人享有 70% 的产权而不再对其进行收益分配。那么，政策文件中提出的“赋予科研人员职务科技成果所有权”中的“所有权”是纯净的所有权还是与单位按照不同比例所形成的混合所有权？通过事前产权激励的方式来探索“赋予科研人员一定比例的科技成果所有权”，此处的“一定比例”指的是与单位就成果权属形成的按份共有，还是对科技成果转化所获收益的分配比例约定？这涉及人格权共有和财产权共有问题。西南交通大学等单位试点的职

务科技成果混合所有权改革将“一定比例”理解成为按份共有[1]，但科技成果所有权的“按份共有”是否真的符合政策原意？即便符合，它真的能够实现政策目的吗？

（一）职务科技成果所有权改革的政策逻辑

科技部提出的“混合所有权”政策试点应是基于如下目的：一是《促进科技成果转化法》第19条明确规定国家设立的研发机构对其持有的职务科技成果进行转化时，不能改变该成果权属。这里的“权属”指的是所有权性质不能变，“混合所有”仅仅改变了权利内部的比例结构，但权利外观上单位依然为所有权主体之一，只是此时的所有权由过去的单独所有变成了现在的共同共有。由于没有将职务科技成果100%的产权赋予科研人员，此种做法就称不上违反《促进科技成果转化法》及国有资产管理规章制度的规定。二是通过事前的产权比例约定，成果转化后，科研人员的收益分配能够得以确定化。在科技成果所有权100%归单位的情况下，收益的分配比例由单位决定，科研人员的比例无法确保，即便《促进科技成果转化法》第45条设定了无约定时50%的下限，但交易的复杂性以及人的有限理性导致了交易双方不可能预见到所有的或然情况并以没有争议的语言写入契约[2]，它仍不足以保护科研人员的收益权，所以在对职务科技成果进行混合所有制改造后，转化的收益将由单位和科研人员按照各自持有的所有权比例来分享，可避免收益分配中的纠纷[3]。

（二）职务科技成果所有权改革的法律限制

“赋予科研人员职务科技成果所有权”的国家政策，在政策逻辑及其进路上虽可自洽，但政策设计目的能否真的实现，在现行法律上尚有疑问。

---

[1] 参见刘凤等：《高校职务科技成果混合所有制分析——基于产权理论视角》，载《中国高校科技》2017年第9期。

[2] 参见林满、官全龙：《高校科技成果转化中产权的配置：含义与应用——基于不完全契约理论视角》，载《科技管理研究》2010年第11期。

[3] 参见张文斐：《职务科技成果混合所有制的经济分析》，载《软科学》2019年第5期。

其一,《促进科技成果转化法》第 19 条提及"不能变更权属",此处的"权属"可分解为使用权、收益权和处置权。科研人员作为成果完成人当然享有成果的免费使用权,而收益权则是在成果有效转化前提下,单位将获取的转化收益按一定比例分配给科研人员。由此,"不能变更权属"指的是不能将成果直接处置给个人,即不能让国有资产"私有化"。可以说,《促进科技成果转化法》为了保护职务科技成果的单位权益,防止国有资产流失,赋予了单位一个完整的 100% 的所有权。那么,在现有政策逻辑下,将如此一个纯净且完整的所有权进行分解,将产权的一定比例赋予科研人员,使得单位享有的完整所有权变成了不完整的所有权,此种处理是否符合立法原意?笔者认为,原《合同法》第 326 条将职务科技成果的所有权在事先无约定的情况下,确定原则上归单位所有,是为了保护单位利益,国有科研机构的职务科技成果作为国有资产,更是严格保护,这也符合《促进科技成果转化法》第 19 条保护国有资产不流失的立法目的。现在政策将所有权按比例分解后赋予科研人员,实际上是将部分国有科技成果直接确权给个人,这是"看得见"的资产流失,与《促进科技成果转化法》第 19 条的立法目的并不吻合。

其二,即便单位和科研人员之间通过协议约定了科技成果所有权的产权比例,但在实际转化中,按照现有的知识产权法原理,对共有科技成果进行处分时,应征得其他共有人同意。如果在成果转化中,科研人员很积极,但共有人单位却不积极甚至不愿意转化,如何处理?就当时西南交通大学等单位的做法来看,为了确保国有资产的优势地位,通过科研人员与所在单位对职务发明的共同申请,双方按照 3∶7 的比例对所获得的专利权收益共同共有〔1〕,但这只是约定收益分配比例,并不是产权比例的约定。由此,科技部正在试点的"赋予科研人员一定比例的职务科技成果所有权"面临着"按份共有的科技成果"转化时若单位不同意转化的操作障碍。现有《专利法》等法律并没有对科技成果权属份额

〔1〕 参见丁明磊:《地方探索职务科技成果权属混合所有制改革的思考与建议》,载《科学管理研究》2018 年第 1 期。

转让作出相关规定[1],若共有专利权的处分无法取得单位同意,那么,“促进科技成果更好转化”的政策设计目的并不比《促进科技成果转化法》第19条所意图实现的目的体现出多少优越性。

其三,若将此政策目的解释为“防止成果转化后的收益分配不公,确保科研人员收益更好实现”,那么,此种理由同样牵强。由于科研人员的收益源于成果转化取得的收益,科研人员想获得收益,其前提必须是成果能够顺利得以转化。但按照上述分析,共有科技成果是否转化以及何时转化,科研人员个人并没有决定权。但成果转化的收益多少却跟转化时效相关,若单位不愿意转化或不积极转化,那么可能导致成果的价值随时间流失而贬损,即便将来转化,其收益也会随之减少。总收益减少后,科研人员按照其所占的产权比例所能获得的收益也必然会减少。

由此可见,科研人员收益的保障及成果转化目的的实现,必须解决科研人员成果处置权不足的问题,在赋予其100%产权有违《促进科技成果转化法》第19条及国有资产管理法规的情况下,其可能的操作办法就是在赋予科研人员一定比例所有权的同时,允许其在无须征得单位同意的情况下,对职务科技成果自主决定转让,但此种做法仍需寻求对“共有科技成果进行处分无须征得共有人同意”及“职务科技成果不转化资产流失会更大”等质疑的法律依据。

四、科技成果所有权共有的规则构造

(一)准共有制度简述

按照通说,“准共有”指的是对所有权以外财产权的共有或共同共有[2],其本质是参照所有权共有规则处理债权共有、知识产权共有、准物权共有等引起的纠纷。“赋予科研人员一定比例的职务科技成果所有权”是科技成果所有权的按份共有吗?将科技成果所有权看成一种产权,确定比例是为了对基于产权所获取的收益按比例进行分配,这个逻

[1] 参见慎理:《试论专利权共有制度》,载《科技与法律》2009年第2期。

[2] 参见王泽鉴:《民法物权》(第2版),北京大学出版社2010年版,第262页。

辑在经济学上当然没有问题。但科技成果所有权作为具有财产权和人身权双重属性的权利,它毕竟与传统的所有权不同,由此,“赋予一定比例”试图建构的共有制度也必然不同。甲、乙二人共同完成一项发明,其专利权由甲、乙共有,但专利权既有人格权属性,也有财产权属性,专利权的共有仅是科技成果财产权的共有?试想,我们如何对一项著作权、专利权通过权利让渡而进行“所有权”意义上的共有呢?我们能够让渡署名权和发明人的身份权吗?对于这个难以回避的问题,学术界提供了另一种思路,就是将所有权之外的共有定义为“准共有”,如已经形成通识的债权共有、用益物权共有。尽管对“准共有”的定义有不同观点〔1〕,但其历史沿革则与所有权以外的财产权的共有有着同样的演化过程。历史上,他物权出现之后“准共有”就产生了,《德国民法典》、《日本民法典》及我国清末拟定的《大清明律草案》等也都有关于准共有的规定。〔2〕对于财产权之外的共有,尽管现行民事立法没有对其进行规定,但作为一个客观存在的现象,知识产权可以成立“准共有”已经成为学术界共识。〔3〕“准共有”中的“准”字有比照之意,就是对其他领域的共有,可参照所有权的共有。

(二)科技成果共有的形成原因

既然知识产权可以仿照所有权共有建构起属于自己的“准共有”制度,那么,科技成果所有权即便与知识产权有不同之处,它仍然可以适用所有权共有的规则。实际上,笔者也认为,科技成果所有权的共有状态类似于所有权共有,尽管它的客体、权利内容等与所有权共有有明显区别,使它不能完全适用于所有权共有规则,比如对专利权等共有科技成

〔1〕 我国学者对准共有的界定,代表性的观点有:“准共有是指两个或两个以上民事主体对所有权以外的财产权共同享有权利的共有”,“所谓准共有,是指对于所有权以外的财产权共有,换言之,它是指两个或者两个以上民事主体,共同享有所有权以外的财产权”。上述各种表述所反映的一个共识是:准共有是财产法的概念,为所有权之外的财产权共有。参见王利明:《物权法论》,中国政法大学出版社 1998 年版,第 350 页。

〔2〕 参见王瑞龙:《知识产权共有概念辨析》,载《湖北社会科学》2014 年第 4 期。

〔3〕 参见杨立新:《共有权理论与适用》,法律出版社 2007 年版,第 246 页。

果分割时，因专利的无形性，无法像实物分割，且它的共有仅仅是科技成果中的财产权共有，发明人等身份属性的权利则不能共有，但无论是共有还是“准共有”，科技成果所有权概念的创立不过是想在科技成果形成之前，通过约定形式确定“财产权”的权属比例，为日后财产“变现”和收益分配提供法律依据。实践中，科技成果共有形成的原因通常有：一是科研项目团队承担的各类科研项目，因团队中的科研人员都作出了贡献，所以团队申请基于科研项目所形成的成果权属时，可将权利人登记为团队中的某些科研人员，或科研人员与单位的组合。二是两个或两个以上的自然人、法人、非法人组织共同出资购买一项科技成果或联合开展研究，从而形成对该成果的共有，最为常见的是联合资助和联合体研究开发两种情形。联合资助涉及联合资助各方、依托单位和项目承担者（项目负责人）三方。对于项目承担者而言，由于其行为属于职务行为，相应权利义务可依照相关法律确定。因此，联合资助所形成的科技成果的权属，可根据联合资助各方出资的资金来源性质确定。若资助方的资金主要是国家财政资金（财政资金超过 50%），在无约定情况下，则按照《科学技术进步法》等法律规定，相关权属由依托单位享有；若联合各方出资资金中的财政资金低于 50%，法律对此无明文规定，就要依据联合出资方与项目承担单位间的合同来确定权利归属。[1] 研究开发联合体的成果权属，依据联合体的性质和组织形式不同而不同。若为单独突破某项关键技术的法人组成的临时联合体，其权属由内部享有；若为技术创新战略联盟等不具有法人资格的组织，则由联合体内成员共享权属。三是原来的权利主体因死亡、合并、终止等原因，其权利义务承继者有多个时，它们之间形成共有关系。

（三）科技成果按份共有的法律之梗

参照所有权的按份共有和共同共有，科技成果所有权按份共有，就是指两个或两个以上共有人对同一科技成果财产权按各自份额分享权

---

〔1〕 参见詹映、朱雪忠、朱蔚彤：《浅析国家自然科学基金联合资助研究成果的知识产权归属》，载《中国科学基金》2005 年第 4 期。

利、承担义务,也就是政策中所谓的“一定比例”。但现实中的软件著作权登记证书、专利权登记证书中的权利人一栏中则并没有对上述权利的“份额”进行明确,单从证书上判断不出共有人的“份额”到底是多少。与不动产产权证书上明确标记的单独所有、按份共有、共同共有不同,著作权、专利权等科技成果权属证书上并没有标明到底是按份共有还是共同共有。而且迄今为止,《著作权法》《专利法》《商标法》等都没有明确的关于按份共有、共同共有的法条,而原《物权法》等则对两种共有方式有着明确规定。笔者不否认知识产权的共有,因为《民法典》技术合同章中,有关于共同开发完成发明创造,在无约定情况下,申请专利的权利属于合作开发当事人共有的规定。但科技成果的共有到底能否成立一种“按一定比例”的按份共有呢?合作开发的当事人一方不同意申请专利的,另一方不得申请,这说明它的共有在法律上是一种“共同共有”。尽管政策中的“一定比例”,是基于事前产权配置协议而来,是为了保护科研人员在未来成果诞生时获得权属并且依据该权属获得成果转化收益,但无论以何种形式来确定“份额”,在实践中,享有科技成果权属的主体对权利的行使均涵盖该成果全部,而不是特定份额,如专利权的共有人不是按其份额使用专利,原则上他可以单方决定、全面自由实施该专利,且无须告知共有人,只要这种行使不损害其他共有人权益。再以科技成果所有权、使用权、处置权的“三权改革”中的处置权为例,若要对共有的科技成果进行变卖、拍卖,其中的某个共有人不同意,那么,我们是否可以按照事前协议约定的共有份额来表决呢?若按份共有协议中并没有针对处置该成果的表决方式及程序约定,即没有类似三分之二多数或过半数等关于“份额”多数决的约定,是否可以参照物权共有制度的相关规定,以份额多少来进行表决?我国专利法等法律并没有对此作出规定。笔者认为,专利法等之所以不规定此种情况,是因为科技成果跟物权法上的“物”不同,它是全体共有人智力劳动的成果,不像房屋那样具有可替代性,它不仅具有财产价值,而且是一种身份标识,将其进行处分就会形成类似于“版权买断”那样的对知识成果的“垄断”。共有人对自己创造的成果进行“垄断”,具有对自己劳动产品进行支配的天然道义性和合理性,而通过多数决形式将其“知识”转让给他人,使他人形成对该知识成果的“垄断”,这是对不同意处分该成果的共有人的反向“垄断”,不仅损害该共有人利益,而且有悖于知识产权制度的价值目的。当然,保护不同意处分其份额的共有人利益,并不意味着要损害其他共有人利益,其他共有人可以通过单独实施或普通许可的方式许可他人实施该成果并获取收益,这在专利法等法律中也有明确规定。况且政策中“赋予一定比例的科技成果所有权”,其“一定比例”的设计并不是为了确定对科技成果进行处分时的表决规则,而是要通过事前的产权结构和比例配置,防止单位基于雇佣合同关系对科研人员形成的某种优势,从而侵占科技成果转化中科研人员应该获取的利益。所以,笔者不赞同“一定比例”的科技成果所有权是针对科技成果财产权的按份共有,它既没有理论支撑,也没有法律制度支撑,只是学者仿照物权的共有制度炮制出来的一个概念而已。

(四)化解科技成果共有难题的建议

我国当前的科技成果所有权共有较为复杂的情形主要涉及国家资助机构、依托单位间的共有,其常见的情形为项目任务书中约定的资助机构与依托单位就项目成果形成的共有,这种共有并不是按份共有,因为任务书中没有所谓的“份额”。尽管科技成果转化的“三权改革”试点,使国家财政资金资助所形成的科研项目成果权属由项目承担单位享有,但政策的配套并没有跟上。这主要是因为国家资助行为没有界定标准,各级政府及其所属部门都在进行资助,不同的资助单位对项目成果权属的规定不同。国家资助还停留在国家自然科学基金委员会所资助项目的层面,对于地方政府资助的大量科研项目,其任务书中并没有将其所形成的成果权属授予依托单位单独所有的规定。之所以如此,原因在于:一是受资助的项目越来越多地由多个单位共同申报并承担,构成共同体的机构性质不一,即便授权项目承担单位享有成果权属,但各单位对项目研发的贡献大小不一,若不加区分地将其确定为共有人,会损害主要依托单位的利益,后期的成果转化也会产生诸多争议;二是依托单位若为国有科研单位,虽然其获得了项目成果的权属,但这个权属并不是真正的"所有权",它对项目成果的处置依然要受制于作为资助人的国家及国有资产管理的相关规定。作为资助机构的政府部门,不可能绕开国有资产管理规定而另行制定一套规则。

基于此,笔者对科技成果的"共有"提出如下建议:一是应当尽量避免形成对成果的共有。现行的"赋予一定比例"试图通过"所有权"的按份共有来保障成果转化过程中的科研人员利益,这不仅违背了专利法等"无约定时职务科技成果权属归单位"的法律规定,而且使成果转化的流程更为复杂。实际上,只需要在科研项目任务书或成果转化协议中约定成果转化后的收益分配比例即可,规定产权比例也是为了确定成果转化收益比例,只要能实现这一目的即可。多个项目依托单位间若形成共有,必然产生成果处置时的权益分配之争,若各共有人间的权利义务关系难以协调,成果转化目的就会落空。针对此,可以在项目任务书中约定各参与单位的权利义务,将诸如专利申请权等权利明确给一家单位,但同时明确日后专利权使用及许可所获取收益的分配规则。二是在可能出现共有的情况下,国家资助机构应建立完善的成果登记制度,对已登记的科技成果进行评估,以共有人身份对应用价值较高的成果面向社会公开发布,吸引相关机构和个人通过支付使用费、投资入股等形式共同转化,转化收益在各共有人间进行分配。三是在共有人间的权利义务关系确定上,当某一共有人将共有成果授予他人排他性许可使用权时,应征得其他共有人一致同意;共有人平等享有直接或间接使用该成果的权利;任何共有人许可他人使用共有成果,在无约定或约定不明时,应将其许可所获取的收益,在共有人间平均分配。

结　语

社会需求和历史事件一直都是法律人从事学术研究最主要的动因。研究现实问题,政策文本无疑是很好的窥探窗口和素材来源,这样的研究不仅契合社会发展,体现出“接地气”的学术导向,而且能够与决策层同频共振,共同完善和优化相关法律制度。如果说论著选题时“科技成果所有权”尚是政策术语,研究价值不甚明朗甚或饱受争议,那么,在该著作成文时它的价值不仅凸显且显得相当应时。随着《科学技术进步法》明确提出“探索赋予科学技术人员职务科技成果所有权或者长期使用权”的表述入法,以及重庆、深圳等地方性法规将“科技成果所有权”纳入并用多个条款进行阐释,它进入更多的地方性法规,渗入更多的全国性法律,也不过是时间早晚而已。

所有权制度不仅是民法的核心制度,还是宪法和其他法律的核心制度。我国所有的法律制度直接或间接地都受到所有权制度影响,上至国家政治制度、经济制度,下至关乎个人日常生活的民事制度,所有权都发挥着重要作用。所有权作为如此重要的基础性法律制度,在创造乃至将冠以“所有权”称谓的语词写入法律之时,就应考虑其不仅要符合社会治理的政策需求,更应符合民事法律的基本原理。无论基于何种需要创设带有“所有权”称谓的语词,都应依据民法理论来论证该概念的合理性。在民法中,所有权定义虽历经学术界多次争论,但发展至今天,它已有了较为确切的含义。它通常是指"以所有人的资格支配自己之物的权利"或指"除受自身实力和法律的限制外,就其标的物可以为他所想为的任何行为的能力",它具有"占有、使用、收益、处分"四大权能,这是所有权的基本含义。但在社会日常用语中,"所有权"则是一个多义词,人们在确定"归属关系"时都会使用"所有"或"所有权"这个概念。但毕竟现实生活用语与法律概念还是有所不同。所有权作为法律技术的创制,是确定财产支配秩序的主要法律手段,它在发挥这一作用时必须遵守"特定主体对特定客体的支配权"这个法律规则。然而,作为科技成果所有权客体的"科技成果",如何与民法所有权"客体"所指代的"物"进行衔接,关系科技成果所有权概念与传统民法所有权理论如何契合。从所有权的客体角度,借鉴英美法系的财产权理论,可将科技成果归于无形财产,进而归入财产所有权的范畴。这固然是可借鉴的论证方式,但笔者认为,还有如下理由:

一是所有权及其对应的客体"物"本就是法律拟制的产物,拟制之目的在于确定概念所涵摄的范围,发挥概念的法律价值。试想,若所有权的含义是不稳定的,没有预见力,那么,我们如何确定社会成员所持有资源的方式呢?如此,我们也不太可能对不同人的财富形成稳定的概念化理解。科技成果作为财产,如果当前的所有者自动放弃这项财产,它将归谁?而他手上的财产又是谁给予的?那个给予他财产的人是否保留任何利益?没有一个概念能如所有权这样清晰地界定科技成果的产权配置问题。二是科技成果所有权已经如此深入地嵌入政策文本和社会观念之中,以至于简单地抛弃这个概念必将大动目前预设的理论和假设。但诸如这样的概念,肯定得有能够把握的和稳定的含义,起码在政策中已不太可能消灭它。三是所有权本是占统治地位的思想,但在历史演化中,任何对所有权的概念界定都不是绝对的。在我国历史上,关于所有权的探讨曾有过两次热潮:第一次是国有企业改革所引起的国家所有权与个人所有权关系处理,第二次便是原《物权法》制定时所引起的对绝对所有权的反思。从这个意义上来说,对科技成果所有权可以这样界定:科技成果所有权就是当一个人按照对所有权的一般模式对作为财产的科技成果拥有完全的使用权、转让权和收益权,且这些权利都不受国家出于分配目的予以干涉时,它所享有的权利。四是所有权与其他权利的根本区别究竟是什么,或者它存在的根本目的究竟是什么?笔者认为,能够带来收益的东西就是所有权的客体,这个收益可能是货币、财物,也可能是股票、科技成果等。有很多"客体",我们可以从中直接获得经济利益,但它却不是所有权的客体,我们应该摒弃这种思维和判断标准。所有权,它本质上反映的是一个人与其他人关于某有形物或无形物的关系,在职务科技成果产权改革中构造的所有权范式,它不过就是降低交易成本、提升交易效率、实现社会财富最大化的工具而已。

参考文献

一、著作类

(一)中文著作

1. 安连成:《民事法律制度研究》,天津人民出版社 2018 年版。
2. 曹新明:《中国知识产权法典化研究》,中国政法大学出版社 2005 年版。
3. 陈朝璧:《罗马法原理》,法律出版社 2006 年版。
4. 陈健:《知识产权权利制度研究》,中国政法大学出版社 2015 年版。
5. 陈美章:《知识产权的魅力》,知识产权出版社 2010 年版。
6. 陈孟麟:《墨辩逻辑学》(修订本),齐鲁书社 1983 年版。
7. 陈耀东主编:《物权法》,南开大学出版社 2015 年版。
8. 程淑娟:《国家所有权民法保护论》,法律出版社 2013 年版。
9. 崔建远:《准物权研究》,法律出版社 2003 年版。
10. 戴东雄:《中世纪意大利法学与德国的继受罗马法》,中国政法大学出版社 2003 年版。
11. 邓曾甲:《日本民法概论》,法律出版社 1995 年版。
12. 丁焕春主编:《企业法概论》,中国政法大学出版社 1989 年版。
13. 方江宁:《知识产权法基础理论》,知识产权出版社 2014 年版。
14. 付梅臣、张建军、谢苗苗:《不动产登记原理与方法》,地质出版社 2017 年版。

15. 顾培东:《法学与经济学的探索》,中国人民公安大学出版社 1994 年版。
16. 郭广辉、王利军:《我国所有权制度的变迁与重构》,中国检察出版社 2005 年版。
17. 郭明瑞、王轶:《合同法新论 · 分则》,中国政法大学出版社 1997 年版。
18. 郭寿康主编:《知识产权法》,中共中央党校出版社 2002 年版。
19. 何敏主编:《知识产权法总论》,上海人民出版社 2011 年版。
20. 何勤华:《西方法学史纲》,商务印书馆 2016 年版。
21. 侯水平、黄果天等:《物权法争点详析》,法律出版社 2007 年版。
22. 纪坡民:《产权与法》,三联书店 2001 年版。
23. 江平主编:《法人制度论》,中国政法大学出版社 1994 年版。
24. 江平主编:《中国物权法教程》(修订版),知识产权出版社 2008 年版。
25. 姜振寰等:《科学技术哲学》,哈尔滨工业大学出版社 2001 年版。
26. 蒋坡主编:《科技法学理论与实践》,上海人民出版社 2009 年版。
27. 阔维明、张锦智主编:《现代科技管理辞典》,广东高等教育出版社 1986 年版。
28. 兰仁迅主编:《民法总论》,知识产权出版社 2012 年版。
29. 李琛:《知识产权法关键词》,法律出版社 2006 年版。
30. 李开国:《民法基本问题研究:民法观念更新、制度完善及适用问题的若干思考》,法律出版社 1997 年版。
31. 李少伟:《现代文化与现代私法》,陕西人民出版社 2012 年版。
32. 李扬等:《知识产权基础理论和前沿问题》,法律出版社 2004 年版。
33. 梁慧星编著:《中国物权法草案建议稿:条文、说明、理由与参考立法例》,社会科学文献出版社 2000 年版。
34. 梁慧星:《民法总论》,法律出版社 2001 年版。
35. 梁慧星主编:《中国物权法研究》(上册),法律出版社 1998 年版。
36. 刘春茂主编:《知识产权原理》,知识产权出版社 2002 年版。
37. 刘春茂主编:《中国民法学 · 知识产权》,中国人民公安大学出版社 1997 年版。
38. 刘春堂:《判解民法总则》,台北,三民书局 1993 年版。
39. 刘春田主编:《知识产权法》,高等教育出版社、北京大学出版社 2000 年版。
40. 刘春田主编:《知识产权法教程》,中国人民大学出版社 1995 年版。

41. 刘得宽:《民法诸问题与新展望》,中国政法大学出版社 2002 年版。
42. 刘俊士:《专利创造性分析原理》,知识产权出版社 2012 年版。
43. 刘清波:《民法概论》,台北,开明书店 1979 年版。
44. 刘心稳主编:《中国民法学研究述评》,中国政法大学出版社 1996 年版。
45. 马一德:《创新驱动发展与知识产权战略研究》,北京大学出版社 2015 年版。
46. 梅夏英:《物权法 · 所有权》,中国法制出版社 2005 年版。
47. 孟勤国:《物权二元结构论——中国物权制度的理论重构》(第 2 版),人民法院出版社 2004 年版。
48. 潘宇鹏、宋雅莼编著:《技术合同法及其实施》,陕西科学技术出版社 1990 年版。
49. 彭汉英:《财产法的经济分析》,中国人民大学出版社 2000 年版。
50. 齐爱民:《知识产权法总论》,北京大学出版社 2010 年版。
51. 钱明星:《物权法原理》,北京大学出版社 1994 年版。
52. 屈茂辉:《民法引论》,商务印书馆 2014 年版。
53. 石少侠:《公司法》(修订版),吉林人民出版社 1996 年版。
54. 史尚宽:《物权法论》,中国政法大学出版社 2000 年版。
55. 史世鹏:《高技术经济:创造国民财富的战略方法》,长安出版社 2002 年版。
56. 孙宪忠:《德国当代物权法》,法律出版社 1997 年版。
57. 孙宪忠等:《国家所有权的行使与保护研究》,中国社会科学出版社 2015 年版。
58. 孙宪忠:《中国物权法总论》(第 3 版),法律出版社 2014 年版。
59. 孙晓洁:《商事合同法律规制》,中国政法大学出版社 2014 年版。
60. 孙永生:《民法学的新发现》,广西师范大学出版社 2018 年版。
61. 谭启平主编:《中国民法学》(第 2 版),法律出版社 2018 年版。
62. 唐素琴、周轶男:《美国技术转移立法的考察和启示:以美国〈拜杜法〉和〈史蒂文森法〉为视角》,知识产权出版社 2018 年版。
63. 陶鑫良等编写:《技术合同法及其实施条例名词解释》,专利文献出版社 1990 年版。
64. 佟柔主编:《民法原理》,法律出版社 1983 年版。
65. 汪晓华:《物权法分则研究》,合肥工业大学出版社 2018 年版。
66. 王兵:《知识产权基础教程》(第 2 版),清华大学出版社 2010 年版。

67. 王九云编:《法学概论教程》,哈尔滨工业大学出版社 1988 年版。
68. 王莉君:《权力与权利的思辩》,中国法制出版社 2005 年版。
69. 王利明:《国家所有权研究》,中国人民大学出版社 1991 年版。
70. 王利明:《物权法论》,中国政法大学出版社 1998 年版。
71. 王利明主编:《中国物权法草案建议稿及说明》,中国法制出版社 2001 年版。
72. 王迁:《著作权法》,北京大学出版社 2007 年版。
73. 王清杨等主编:《科学技术论原理》,山东科学技术出版社 1991 年版。
74. 王泽鉴:《民法物权》(第 2 版),北京大学出版社 2010 年版。
75. 文庭孝:《国立科研机构实力比较:理论、方法与实证》,湘潭大学出版社 2010 年版。
76. 文希凯等编撰:《专利法释义》,专利文献出版社 1994 年版。
77. 吴国喆:《国家自然科学基金项目成果知识产权法律问题研究》,中国社会科学出版社 2015 年版。
78. 吴汉东等:《西方诸国著作权制度研究》,中国政法大学出版社 1998 年版。
79. 吴汉东、胡开忠:《无形财产权制度研究》(修订版),法律出版社 2005 年版。
80. 吴汉东主编:《知识产权法新论》,湖北人民出版社 1995 年版。
81. 吴汉东主编:《知识产权法学》(第 4 版),北京大学出版社 2000 年版。
82. 吴汉东:《著作权合理使用制度研究》,中国政法大学出版社 1996 年版。
83. 吴锦标:《邓小平法治思想研究》,山东大学出版社 2001 年版。
84. 吴礼林编著:《知识产权法》,武汉理工大学出版社 2002 年版。
85. 武衡、杨浚主编:《当代中国的科学技术事业》,当代中国出版社 1991 年版。
86. 夏吉先:《经济犯罪与对策:经济刑法原理》,世界图书出版公司 1993 年版。
87. 肖厚国:《所有权的兴起与衰落》,山东人民出版社 2003 年版。
88. 肖蔚云、姜明安主编:《北京大学法学百科全书:宪法学 行政法学》,北京大学出版社 1999 年版。
89. 谢在全:《民法物权论》(上册),中国政法大学出版社 1999 年版。
90. 徐国栋:《民法哲学》(增订本),中国法制出版社 2015 年版。
91. 徐国栋主编:《蒙古国民法典》,海棠、吴振平译,中国法制出版社 2002 年版。
92. 薛波主编:《元照英美法词典》(缩印版),北京大学出版社 2013 年版。
93. 杨炳芝主编:《中国科学技术法律知识全书》,中国科学技术出版社 1993 年版。

94. 杨立新:《共有权理论与适用》,法律出版社 2007 年版。
95. 杨明东:《基于市场产权的国家经济主权权能研究》,知识产权出版社 2013 年版。
96. 杨瑞龙:《现代企业产权制度》,中国人民大学出版社 1996 年版。
97. 尹锋林:《新〈促进科技成果转化法〉与知识产权运用相关问题研究》,知识产权出版社 2015 年版。
98. 尹田:《法国物权法》,法律出版社 1998 年版。
99. 于玉林编著:《无形资产哲学》,首都经济贸易大学出版社 2015 年版。
100. 袁晓东:《激励技术创新的法律制度研究》,华中科技大学出版社 2007 年版。
101. 张兰、屈茂辉:《新合同法释论》,湖南人民出版社 1999 年版。
102. 张淞纶:《财产法哲学:历史、现状与未来》,法律出版社 2016 年版。
103. 张伟、陈金库、孙燕玲:《转型期我国知识产权保护与经济增长的互动传导机制及对策研究》,山东大学出版社 2015 年版。
104. 赵萃萃:《英美财产法之 Estate 研究:以财产和财产权的分割为视角》,法律出版社 2015 年版。
105. 赵宇霆:《无形财产权理论研究》,法律出版社 2011 年版。
106. 赵元果编著:《中国专利法的孕育与诞生》,知识产权出版社 2003 年版。
107. 郑成思:《知识产权论》(第 3 版),法律出版社 2003 年版。
108. 郑克中:《商品经济与产权制度原理——客观效用价值论之二》,山东人民出版社 2005 年版。
109. 郑玉波:《民法物权》,台北,三民书局 1977 年版。
110. 周俊强:《无形财产权的类型化与体系化研究:基于信息哲学的分析》,北京大学出版社 2018 年版。
111. 周枏:《罗马法原论》(上册),商务印书馆 2014 年版。
112. 朱雪忠、乔永忠等编著:《国家资助发明创造专利权归属研究》,法律出版社 2009 年版。

(二)译著

113. [澳]彼得·德霍斯:《知识财产法哲学》,周林译,商务印书馆 2017 年版。
114. [德]汉斯·J. 沃尔夫、[德]奥托·巴霍夫、[德]罗尔夫·施托贝尔:《行政法》(第 2 卷),高家伟译,商务印书馆 2003 年版。
115. [德]黑格尔:《法哲学原理》,范扬、张企泰译,商务印书馆 1961 年版。
116. [德]卡尔·拉伦茨:《德国民法通论》,王晓晔等译,法律出版社 2003 年版。
117. [德]康德:《法的形而上学原理——权利的科学》,沈叔平译,商务印书馆 1991 年版。
118. [德]M. 雷炳德:《著作权法》,张恩民译,法律出版社 2005 年版。
119. [德]罗伯特·霍恩、[德]海因·科茨、[德]汉斯·G. 莱塞:《德国民商法导论》,楚建译,中国大百科全书出版社 1996 年版。
120. [德]马克思、[德]恩格斯:《马克思恩格斯全集》(第 4 卷),中共中央马克思恩格斯列宁斯大林著作编译局译,人民出版社 1958 年版。
121. [德]马克思、[德]恩格斯:《马克思恩格斯选集》(第 1 卷),中共中央马克思恩格斯列宁斯大林著作编译局译,人民出版社 1995 年版。
122. [德]马克思:《剩余价值理论》(第 1 册),中共中央马克思恩格斯列宁斯大林著作编译局译,人民出版社 1975 年版。
123. [德]马克思:《资本论》(第 1 卷),中共中央马克思恩格斯列宁斯大林著作编译局译,人民出版社 2004 年版。
124. [俄]伐维洛夫:《苏联科学三十年》,储舜甫译,永祥印书馆 1949 年版。
125. [法]卢梭:《社会契约论》(第 3 版),何兆武译,商务印书馆 2003 年版。
126. [法]蒲鲁东:《什么是所有权》,孙署冰译,商务印书馆 2015 年版。
127. [法]雅克·盖斯旦、[法]吉勒·古博:《法国民法总论》,陈鹏等译,法律出版社 2004 年版。
128. [法]伊夫·居荣:《法国商法》(第 1 卷),罗结珍、赵海峰译,法律出版社 2004 年版。
129. [古罗马]盖尤斯:《法学阶梯》,黄风译,中国政法大学出版社 1996 年版。
130. [荷]格劳秀斯:《战争与和平法》,[美]A. C. 坎贝尔英译,何勤华等译,上海人民出版社 2005 年版。
131. [罗马]查士丁尼:《法学总论》,张企泰译,商务印书馆 1989 年版。
132. [美]康芒斯:《制度经济学》(上册),于树生译,商务印书馆 1962 年版。
133. [美]克里斯特曼:《财产的神话:走向平等主义的所有权理论》,张绍宗译,广西师范大学出版社 2004 年版。
134. [美]理查德·A. 波斯纳:《法律的经济分析》(上),蒋兆康译,中国大百科全书出版社 1997 年版。
135. [美]罗伯特·考特、[美]托马斯·尤伦:《法和经济学》(第 6 版),史晋川、董雪兵译,格致出版社、上海三联书店、上海人民出版社 2012 年版。
136. [美]罗斯科·庞德:《普通法的精神》(中文修订版),唐前宏、廖湘文、高雪原译,法律出版社 2018 年版。
137. [日]青山纮一:《日本专利法概论》,聂宁乐译,知识产权出版社 2014 年版。
138. [日]小岛庸和:《无形财产权》,日本株式会社创成社 1998 年版。
139. [日]盐野宏:《行政法》,杨建顺译,法律出版社 1999 年版。
140. [苏]库德利雅夫采夫等编:《苏联法律辞典》(第 1 分册),法律出版社编译,法律出版社 1957 年版。
141. [西班牙]德利娅·利普希克:《著作权与邻接权》,联合国教科文组织译,中国对外翻译出版公司 2000 年版。
142. [英]F. H. 劳森、[英]伯纳德·冉得:《英国财产法导论》,曹培译,法律出版社 2009 年版。
143. [英]F. H. 劳森、[英]B. 拉登:《财产法》(第 2 版),施天涛等译,中国大百科全书出版社 1998 年版。
144. [英]洛克:《政府论》(下篇),叶启芳、瞿菊农译,商务印书馆 1964 年版。

二、报刊论文类

1. 鲍家志:《非经营性国有资产使用权研究》,武汉大学 2012 年博士学位论文。
2. 卞绍斌:《联合的意志与普遍自由——康德所有权理论的规范性阐释》,载《江苏行政学院学报》2018 年第 3 期。
3. 蔡维生、王树华:《法哲学视域下的病历著作权和所有权研究》,载《医学与哲学(A)》2017 年第 2 期。
4. 曹爱红、王涵、王艳辉:《职务科技成果所有权的法律归属研究》,载《科技中国》2018 年第 5 期。
5. 曹新明:《知识产权与民法典连接模式之选择——以〈知识产权法典〉的编纂为视角》,载《法商研究》2005 年第 1 期。
6. 陈强:《转型期中国国有科研院所的改制问题研究》,南京理工大学 2005 年博士学位论文。
7. 陈文通:《社会主义产权理论和产权制度改革》,载《经济研究参考》1992 年第

Z1 期。
8. 崔勤之:《国营企业经营管理权是新型的财产权》,载《现代法学》1984 年第 1 期。
9. 崔政:《当代科学与技术知识所有权问题——以实践的观点看》,浙江大学 2013 年博士学位论文。
10. [德]安斯加尔·奥利:《智慧所有权》,范长军译,载易继明主编:《私法》,华中科技大学出版社 2010 年版。
11. 丁明磊:《地方探索职务科技成果权属混合所有制改革的思考与建议》,载《科学管理研究》2018 年第 1 期。
12. 窦海元:《再回首:〈拜杜法案〉是激励还是误导——基于乔纳森·科尔〈大学之道——美国名校的崛起、不可或缺的地位、必须保护的理由〉的分析》,载《教学研究》2018 年第 2 期。
13. 杜颖:《日本〈智慧财产基本法〉评介》,载易继明主编:《中国科技法学年刊》2005 年卷,北京大学出版社 2005 年版。
14. 方流芳:《从法律视角看中国事业单位改革——事业单位"法人化"批判》,载《比较法研究》2007 年第 3 期。
15. 冯晓青、刘淑华:《试论知识产权的私权属性及其公权化趋向》,载《中国法学》2004 年第 1 期。
16. 冯晓青:《知识产权的劳动理论研究》,载《湘潭大学社会科学学报》2003 年第 5 期。
17. 高恩胜:《浅析洛克财产权劳动理论》,载《人民论坛》2013 年第 14 期。
18. 葛章志:《权利流动视角下职务科技成果转化机制研究》,中国科学技术大学 2016 年博士学位论文。
19. 郭锋:《股份制企业所有权问题的探讨》,载《中国法学》1998 年第 3 期。
20. 郭广:《卢梭财产观的哲学透视及其现实启示》,载《上海财经大学学报》2012 年第 6 期。
21. 郭庆存:《科技成果权刍议》,载《科研管理》1990 年第 5 期。
22. 郭庆存:《科技成果权属争议及其处理》,载《科技与法律》1995 年第 4 期。
23. 郭庆存:《谈谈技术成果权》,载《知识产权》1996 年第 1 期。
24. 郭庆存:《知识产权的属性、范围及有关问题的哲学思考》,载郑胜利主编:《北大知识产权评论》第 1 卷,法律出版社 2002 年版。

25. 郭雪军:《专利权的所有权构造方式及其功能》,载《电子知识产权》2018 年第 10 期。
26. 何炼红、陈吉灿:《中国版“拜杜法案”的失灵与高校知识产权转化的出路》,载《知识产权》2013 年第 3 期。
27. 何敏:《知识产权客体新论》,载《中国法学》2014 年第 6 期。
28. 胡朝阳:《试析政府资助科技项目成果转化的法律调整》,载《科学学研究》2010 年第 4 期。
29. 胡开忠:《无形财产形态的历史演变及启示》,载《云南大学学报(法学版)》2003 年第 1 期。
30. 黄汇:《解释与转型:知识产权去“智力化”的阐明》,载《知识产权》2007 年第 1 期。
31. 黄汇:《知识产权非理性扩张的法哲学解读——基于知识产权与所有权理念差异的视角》,载《西南民族大学学报(人文社会科学版)》2006 年第 6 期。
32. 黄武双:《制度移植与功能回归——新中国专利制度的孕育与发展历程》,华东政法学院 2006 年博士学位论文。
33. 姜福晓:《人格权财产化和财产权人格化理论困境的剖析与破解》,载《法学家》2016 年第 2 期。
34. 姜天成:《知识产权浅析》,载《发展研究》2001 年第 5 期。
35. 康永超:《论知识生产关系》,载《自然辩证法研究》2006 年第 7 期。
36. 孔祥俊:《企业法人财产权研究——从经营权、法人财产权到法人所有权的必然走向》,载《中国人民大学学报》1996 年第 3 期。
37. 寇孟良:《对劳动力所有权的再研究——关于劳动力所有制讨论的一个侧面》,载《经济问题探索》1983 年第 3 期。
38. 李昌庚:《国家所有权理论拷辨》,载《政治与法律》2011 年第 12 期。
39. 李琛:《法的第二性原理与知识产权概念》,载《中国人民大学学报》2004 年第 1 期。
40. 李芬:《知识产权性质的理论分析——兼论知识产权的法经济学分析》,载《中州学刊》2003 年第 1 期。
41. 李开国:《国营企业财产权性质探讨》,载《法学研究》1982 年第 2 期。
42. 李伦良:《论知识产权的形成与发展》,载《甘肃科学学报》1993 年第 1 期。
43. 李扬:《智慧财产法中的几个基本理论问题》,载《科技与法律》2008 年第

2 期。
44. 李雨峰:《论知识财产使用权的时效取得》,载《法学评论》2011 年第 5 期。
45. 李玉清:《美国高校科技成果转化的经验及启示》,载《中国高校科技》2012 年第 Z1 期。
46. 林满、官全龙:《高校科技成果转化中产权的配置:含义与应用——基于不完全契约理论视角》,载《科技管理研究》2010 年第 11 期。
47. 刘春田:《知识财产权解析》,载《中国社会科学》2003 年第 4 期。
48. 刘凤、张明瑶、康凯宁、陈光:《高校职务科技成果混合所有制分析——基于产权理论视角》,载《中国高校科技》2017 年第 9 期。
49. 刘丽霞、蔡永刚:《知识产权保护之法理学检视——基于洛克劳动财产权理论视域的研究》,载《人民论坛》2014 年第 19 期。
50. 刘美希:《论近代所有权绝对原则遭遇的现代挑战》,载《法学论坛》2006 年第 1 期。
51. 刘群彦:《科研人员法律意识的社会学研究——以上海为例》,华东师范大学 2017 年博士学位论文。
52. 卢周来:《从美国的经验看政府在科技创新中的作用》,载《经济导刊》2019 年第 2 期。
53. 吕瑞云:《公法法人财产所有权问题研究》,中国社会科学院研究生院 2011 年博士学位论文。
54. 骆严:《我国国立科研机构的创新政策及其与创新模式的协同研究》,华中科技大学 2015 年博士学位论文。
55. 马俊驹:《论国家企业法人的财产权性质》,载《中国法学》1987 年第 6 期。
56. 马俊驹、梅夏英:《无形财产的理论和立法问题》,载《中国法学》2001 年第 2 期。
57. 马俊驹、张翔:《人格权的理论基础及其立法体例》,载《法学研究》2004 年第 6 期。
58. 梅术文:《物尽其用与利益分享——物权法与知识产权法的价值之隔》,载《中国发明与专利》2007 年第 6 期。
59. 梅夏英:《两大法系财产权理论和立法构造的历史考察及比较》,载《私法》2001 年第 1 期。
60. 梅夏英:《民法上“所有权”概念的两个隐喻及其解读——兼论当代财产权法

律关系的构建》,载《中国人民大学学报》2002 年第 1 期。
61. 梅雪芹:《关于约翰·洛克"财产"概念的一点看法》,载《世界历史》1994 年第 6 期。
62. 齐爱民:《数字文化商品确权与交易规则的构建》,载《中国法学》2012 年第 5 期。
63. 钱弘道:《法律经济学的理论基础》,载《法学研究》2002 年第 4 期。
64. 钱矛锐:《知识产权客体问题的澄清》,载《西南政法大学学报》2002 年第 4 期。
65. 乔朝飞、阮于洲、宁镇亚:《我国科技体制现存的问题及深化改革的措施建议》,载《科技管理研究》2009 年第 5 期。
66. 秦汉:《从〈拜杜法案〉看科技成果转化》,载《宁波通讯》2019 年第 7 期。
67. 冉昊:《论英美财产法中的产权概念及其制度功能》,载《法律科学(西北政法学院学报)》2006 年第 5 期。
68. 冉昊:《"相对"的所有权——双重所有权的英美法系视角与大陆法系绝对所有权的解构》,载《环球法律评论》2004 年第 4 期。
69. 冉倩婷、张明海:《"成都新十条"力促科技成果转移转化,发明人可享有不低于 70% 的股权》,载《四川日报》2016 年 6 月 3 日,第 7 版。
70. [日]丰崎光卫、[日]丰田善雄:《论法国专利制度》,郭布、罗润麒译,载《环球法律评论》1979 年第 3 期。
71. 单美玉、李彩霞、王戴尊、戴磊:《〈拜杜法案〉对美国大学基础研究的影响》,载《技术与创新管理》2014 年第 6 期。
72. 单平基、彭诚信:《"国家所有权"研究的民法学争点》,载《交大法学》2015 年第 2 期。
73. 沈健州:《知识产权适用取得时效制度问题研究》,载《广西社会科学》2015 年第 11 期。
74. 慎理:《试论专利权共有制度》,载《科技与法律》2009 年第 2 期。
75. 史敏:《台湾的科技创新与知识产权保护体制简介》,载《科技与法律》2001 年第 1 期。
76. 舒国滢、王夏昊:《2019 年中国法学研究的回顾与展望》,载《中国社会科学报》2019 年 12 月 25 日,A05 版。
77. 税兵:《自然资源国家所有权双阶构造说》,载《法学研究》2013 年第 4 期。

78. 孙敏洁:《合作研发中的专利共有新探》,载《兰州学刊》2011 年第 8 期。
79. 孙宪忠:《所有权制度的历史分析》,载《河南财经政法大学学报》2013 年第 3 期。
80. 孙芸、王程、胡雪洁:《实施科技成果所有权和长期使用权的建议》,载《中国科学报》2019 年 4 月 18 日,第 6 版。
81. 唐晓晴:《拓荒与万恶之源:财产权正当性论题的反思》,载《浙江社会科学》2020 年第 6 期。
82. 唐昭红:《知识产权规范的建立与产权体系的嬗变》,载《武汉科技大学学报(社会科学版)》2003 年第 2 期。
83. 万浩、黄武双:《论国有科技成果权属制度——使用权"类所有权"化》,载《科技与法律》2019 年第 1 期。
84. 汪渊智:《支配权略论》,载《晋阳学刊》2015 年第 2 期。
85. 王兵、王金英:《对我国著作权法关于专有出版权规定的几点思考》,载《清华法学》2005 年第 2 期。
86. 王晨雁:《对知识产权概念的质疑与反思》,载《福建论坛(人文社会科学版)》2005 年第 9 期。
87. 王春燕:《也论知识产权的属性》,载《中国法学》1996 年第 3 期。
88. 王海波:《美国版权法中的"所有权"定义解释——从著作权独占许可的角度》,载《电子知识产权》2018 年第 3 期。
89. 王和平:《有关咨询成果的几个问题》,载《科技与法律》1993 年第 4 期。
90. 王竣峰:《国家所有权理论新探》,山东大学 2007 年硕士学位论文。
91. 王开国:《国有企业法人所有权的确立与国家最终所有权的行使》,载《经济理论与经济管理》1994 年第 3 期。
92. 王利明:《论股份制企业所有权的二重结构——与郭锋同志商榷》,载《中国法学》1989 年第 1 期。
93. 王利明:《再论物权的概念》,载《社会科学研究》2006 年第 5 期。
94. 王瑞龙:《知识产权共有概念辨析》,载《湖北社会科学》2014 年第 4 期。
95. 王太平、张燕民、王俊英:《论知识社会的民法调整》,载《社会科学论坛》2003 年第 7 期。
96. 王新红:《国有企业所有权与经营权相分离理论批判》,载《政治与法律》2019 年第 8 期。

97. 王涌:《所有权概念分析》,载《中外法学》2000 年第 5 期。
98. 魏振瀛:《我国民法对外国法的借鉴》,载《法学家》2009 年第 5 期。
99. 文学国:《法治驱动下的美国政企学协同创新机制》,载《国外社会科学》2018 年第 6 期。
100. 吴汉东:《财产权客体制度论——以无形财产权客体为主要研究对象》,载《法商研究(中南政法学院学报)》2000 年第 4 期。
101. 吴汉东:《法哲学家对知识产权法的哲学解读》,载《法商研究》2003 年第 5 期。
102. 吴汉东:《关于知识产权本体、主体与客体的重新认识——以财产所有权为比较研究对象》,载《法学评论》2000 年第 5 期。
103. 吴汉东:《关于知识产权本质的多维度解读》,载《中国法学》2006 年第 5 期。
104. 吴汉东:《关于知识产权基本制度的经济学思考》,载《法学》2000 年第 4 期。
105. 吴汉东:《关于知识产权私权属性的再认识——兼评"知识产权公权化"理论》,载《社会科学》2005 年第 10 期。
106. 吴汉东:《科技、经济、法律协调机制中的知识产权法》,载《法学研究》2001 年第 6 期。
107. 吴汉东:《试论知识产权限制的法理基础》,载《法学杂志》2012 年第 6 期。
108. 吴汉东:《知识产权的私权与人权属性——以〈知识产权协议〉与〈世界人权公约〉为对象》,载《法学研究》2003 年第 3 期。
109. 吴汉东:《知识产权"入典"与民法典"财产权总则"》,载《法制与社会发展》2015 年第 4 期。
110. 吴寿仁:《何为科技成果?》,载《华东科技》2019 年第 2 期。
111. 吴寿仁:《科技成果转化若干热点问题解析(十四)——科研人员科技成果所有权探析》,载《科技中国》2018 年第 7 期。
112. 吴寿仁:《中国科技成果转化 40 年》,载《中国科技论坛》2018 年第 10 期。
113. 武学超:《美国研究型大学技术转移政策研究》,西南大学 2009 年博士学位论文。
114. 向波:《知识产权正当性之批判解读——以利益冲突为基本视角》,载《法学杂志》2015 年第 8 期。
115. 萧诗美:《黑格尔所有权理论的哲学诠释》,载《学术研究》2009 年第 7 期。
116. 肖尤丹:《科技成果转化逻辑下被误解的〈拜杜法〉——概念、事实与法律机制的厘清》,载《中国科学院院刊》2019 年第 8 期。
117. 肖尤丹、徐慧:《职务发明国家所有权制度研究》,载《知识产权》2018 年第 8 期。
118. 谢次昌:《国家所有权理论在实践中的运用和发展》,载《中国法学》1996 年第 6 期。
119. 谢鸿飞:《〈民法典〉中的“国家”》,载《法学评论》2020 年第 5 期。
120. 谢怀栻:《论民事权利体系》,载《法学研究》1996 年第 2 期。
121. 熊文聪:《论“知识产权”概念的科学性——关于权利对象的本体探究》,载《知识产权》2013 年第 7 期。
122. 熊筱伟:《职务科技成果改革为何必须动所有权?》,载《四川日报》2017 年 3 月 14 日,第 9 版。
123. 徐棣枫:《威斯康星之路与 WARF 奇迹:高校技术转移实现模式选择》,载《学海》2009 年第 3 期。
124. 徐洁:《科技成果转化的制度障碍与消除——以加快建设创新型国家为旨要》,载《现代法学》2018 年第 2 期。
125. 徐瑄:《知识产权的正当性——论知识产权法中的对价与衡平》,载《中国社会科学》2003 年第 4 期。
126. 徐瑄:《知识产权与财产法一体化构建》,载《暨南学报(哲学社会科学版)》2002 年第 6 期。
127. 薛军:《人格权的两种基本理论模式与中国的人格权立法》,载《法商研究》2004 年第 4 期。
128. 鄢一美:《〈俄罗斯民法典〉对“知识产权”概念的立法取舍》,载《知识产权》2016 年第 10 期。
129. 鄢一美:《论所有权的法哲学》,载《哲学研究》2016 年第 3 期。
130. 严永和:《遗传资源财产权演进的历史逻辑》,载《甘肃政法学院学报》2013 年第 1 期。
131. 杨德桥:《专利契约论及其在专利制度中的实施机制》,载《理论月刊》2016 年第 6 期。
132. 杨建斌:《试论无形财产》,载《求是学刊》1992 年第 5 期。
133. 杨青、钟书华:《美国国立科研机构成果处置经验及对中国的启示》,载《中国科技论坛》2015 年第 10 期。

134. 杨青、钟书华:《美国国立科研机构科技成果所有权研究——基于美国 ARS、NIH 等 10 所科研机构》,载《科学管理研究》2016 年第 2 期。
135. 杨涛:《知识产权专有性特质的理论阐释》,载《法制与社会发展》2020 年第 3 期。
136. 杨延超:《著作权权利结构重构——以物权法第 39 条为模型》,载《学术研究》2007 年第 6 期。
137. 杨紫烜:《财产所有权客体新论——兼论公司财产权和股东财产权的客体》,载《中外法学》1996 年第 3 期。
138. 易继明:《评财产权劳动学说》,载《法学研究》2000 年第 3 期。
139. 易继明:《知识产权的观念:类型化及法律适用》,载《法学研究》2005 年第 3 期。
140. 易继明:《知识产权法定主义及其缓和——兼对〈民法总则〉第 123 条条文的分析》,载《知识产权》2017 年第 5 期。
141. 尹田:《论物权与知识产权的关系》,载《法商研究》2002 年第 5 期。
142. 余海燕:《论科学技术对知识产权立法价值目标的影响》,载《科技与法律》2011 年第 2 期。
143. 余海燕:《"智力成果权"范式的固有缺陷及危机——兼论知识产权统一性客体》,载《理论导刊》2011 年第 7 期。
144. 曾培芳:《知识产权共有问题研究》,载《学海》2009 年第 6 期。
145. 翟晓舟:《科技成果转化"三权"的财产权利属性研究》,载《江西社会科学》2019 年第 6 期。
146. 詹映、朱雪忠、朱蔚彤:《浅析国家自然科学基金联合资助研究成果的知识产权归属》,载《中国科学基金》2005 年第 4 期。
147. 张恒山:《财产所有权的正当性依据》,载《现代法学》2001 年第 6 期。
148. 张建文:《俄罗斯知识产权与民法典关系的立法史考察》,载《河北法学》2009 年第 12 期。
149. 张金平、李霄敏:《"产权"概念再辨析》,载《知识经济》2010 年第 4 期。
150. 张平:《市场主导下的知识产权制度正当性再思考》,载《中国法律评论》2019 年第 3 期。
151. 张勤:《论知识产权的道德基础》,载《知识产权》2012 年第 1 期。
152. 张文斐:《职务科技成果混合所有制的经济分析》,载《软科学》2019 年第

5 期。
153. 章礼强:《对知识产权根本特征的体认》,载《法治论丛》2003 年第 2 期。
154. 赵萃萃:《论英美法信托的特质》,载《东岳论丛》2010 年第 3 期。
155. 赵娟霞:《近代中国的知识产权制度安排》,载《江西财经大学学报》2010 年第 1 期。
156. 赵希璇:《法国知识产权法律性质探析》,载《知识产权》2017 年第 5 期。
157. 赵震江:《论法律在科技、经济一体化进程中的作用——关于知识产权问题的法理学思考》,载《中国法学》1996 年第 1 期。
158. 郑成思:《知识产权若干问题辨析》,载《中国社会科学院研究生院学报》1993 年第 2 期。
159. 郑成思:《知识产权与知识产权法》,载《科技导报》1991 年第 2 期。
160. 郑英隆:《市场经济与知识产权》,载《经济科学》1993 年第 5 期。
161. 郑友德:《德国知识产权法的演进》,载《电子知识产权》2010 年第 10 期。
162. 仲相、司艳丽:《知识产权法中物权理论的应用》,载《烟台大学学报(哲学社会科学版)》2002 年第 3 期。
163. 周林彬、李冬青:《所有权客体新论》,载《科学 · 经济 · 社会》2000 年第 2 期。
164. 周梦玲:《我国科研管理体制机制研究》,南京大学 2015 年博士学位论文。
165. 朱一飞:《高校科技成果转化法律制度的检视与重构》,载《法学》2016 年第 4 期。